国家社科基金一般项目"我国数字创意产业跨界融合研究"（17BJY002）最终成果

国家社科基金丛书
GUOJIA SHEKE JIJIN CONGSHU

我国数字创意产业
跨界融合研究

Research on the Cross-Border Integration of
Digital Creative Industry in China

熊正德 著

人民出版社

前　　言

随着信息技术的快速发展,数字经济发展迅猛,在经济发展中的引擎作用不断增强。做大做强数字经济,以信息化培育新动能,以新动能推动新发展成为世界各国争抢的创新发展之路。数字创意产业在数字经济高速发展的浪潮下应运而生,于 2016 年在政府工作报告中被首度提及,随后被纳入《"十三五"国家战略性新兴产业发展规划》,现已发展成为引领中国未来经济社会发展的新支柱之一。当前,中国正处于机遇与挑战并存的关键时期,大力发展数字创意产业,是推进供给侧结构性改革的重要抓手,是推动新旧动能转换的重要引擎,更是构建信息时代国际竞争优势的必然选择。

跨界融合作为促进数字创意产业健康发展的重要风向标,是打造新产品、创造新服务、开发新模式、形成新业态、构建创意无边渗透格局的重要途径,也是应对经济下行压力、释放实体经济活力的关键举措。数字创意产业自提出以来,虽短短几年时间就已与农业、工业、服务业等各行各业广泛开展深度融合,将数字技术、文化创意注入传统的生产力与生产关系网络,不断缔造新的产品、新的业态与新的社会生产力。在数字经济的大浪潮下,产业边界的模糊甚至消失,使不同产业之间的跨界融合实践不断推陈出新,应用领域不断扩大。从某种意义上来说,数字创意产业跨界融合的实践已经走在了理论研究的前面。因此,明确数字创意产业跨界融合概念,知悉数字创意产业跨界融合现状,厘清数字创意产业跨界融合及其过程,明晰数字创意产业跨界融合模式,总结数字创意产业跨界融合经验,有助于在理论上形成对数字创意产业跨界融合的系统性认知,从而在实践中更好地培育与发展数字创意产业,使数字创意产业成为新时代经济发展的新动能,助推国家经济高质量发展。

本书是国家社会科学基金一般项目资助课题"我国数字创意产业跨界融合研究"(17BJY002)的最终成果。具体研究内容体现在以下五个方面:

1. 全面系统地梳理了数字创意产业、产业跨界融合的相关理论,分析总结了我国数字创意产业发展概况与跨界融合趋势

在相关理论回顾方面,一是从理论基础出发,介绍了系统理论、生命周期理论和战略性新兴产业理论等理论基础;二是着眼数字创意产业的相关理论,分析了创意产业的内涵和数字创意产业的内涵及特征;三是从跨界融合的概念、模式、效应和实证等方面对产业跨界融合的相关理论进行了文献梳理;四是对已有研究进行评介,并指出了进一步研究的方向。

在发展概况与跨界融合趋势方面,首先,依据 PEST 理论,从政治、经济、社会和技术四个方面具体分析了我国数字创意产业发展的宏观环境,并逐一介绍分析了网络文学、动漫、影视、游戏、创意设计、虚拟现实和在线教育等细分行业的发展概况及其特征;其次,探究了我国数字创意产业发展中的主要瓶颈及成因;最后,总结归纳了我国数字创意产业跨界融合发展四大新的趋势。

2. 系统研究了数字创意产业的跨界融合机制和跨界融合模式,丰富了数字创意产业跨界融合的理论成果

在数字创意产业跨界融合的机制方面,本书分别从动力机制、过程机制、实现机制三方面对数字创意产业跨界融合的驱动因素、内在作用机理和结果表现进行了全面的分析。首先,将跨界融合的动力机制归纳为政府政策、市场需求、企业资本和科学技术四个方面;其次,从渗透提升机制、传导迭代机制、叠加放大机制、集聚联动机制和创新扩散机制四个方面详细阐述了我国数字创意产业跨界融合发生的基本过程,一系列环环相扣的过程相互适应与融合、相互支撑与促进,最终实现数字创意产业的跨界融合;最后,从技术融合、业务融合和市场融合三个方面讨论了跨界融合的实现机制。

在数字创意产业跨界融合的模式方面,本书根据数字创意产业的特殊性提出了"既跨且融"新模式,并结合具体案例研究了我国数字创意产业跨界融合的基本模式,即跨门类融合、跨要素融合、跨行业融合、跨地域融合、跨文化融合的"五跨"模式和主动融合、被动融合、互动融合的"三融"模式。

3. 实证分析了我国数字创意产业的跨界融合程度、跨界融合效应,丰富了数字创意产业跨界融合领域的定量研究

在我国数字创意产业跨界融合程度的测度方面,本书以《战略性新兴产业分类(2018)》中数字创意产业的最新分类标准为依据,选取微观企业数据,通过对主流测量方法进行优劣势分析并结合数据可得性,选用"赫芬达尔—赫希曼"指数方法测度了我国数字创意产业跨界融合程度,实证结果表明,我国数字创意产业跨界融合程度总体处于中高度融合阶段,产业跨界融合现象日益普遍。

在我国数字创意产业跨界融合效应的评价方面,本书采取定性与定量相结合的方式,在分析数字创意产业跨界融合经济效应、社会效应和创新效应的基础上,引入了政策评估领域的"倾向得分匹配—双重差分法"进行相关检验,实证结果表明,我国数字创意产业跨界融合的经济效应和创新效应显著,社会效应不显著。

4. 通过对国内外数字创意产业跨界融合的对比分析,总结出了国内不同区域的跨界融合模式和国外发展的经验启示

国内选取了京津冀、长三角、珠三角和中西部四大区域,分别从发展概况、相关政策支持及典型企业的跨界融合模式三个方面进行对比分析,得出各大区域数字创意产业跨界融合发展的主要模式,即京津冀继续发挥跨要素融合发展优势、长三角不断加大跨行业融合发展力度、珠三角更加重视跨地域和跨文化的融合发展、中西部坚持走跨门类融合发展之路。

国外选取了英国的创意设计业、美国的电影业、日本的动画业、韩国的电子游戏业、芬兰的在线教育业,在分析各国特点及做法差异的同时,重点从文化基础、创新能力、政府支持、产权保护、产业集聚、国际水平六个方面进行中外对比分析,最后从政府主导、要素供给、跨界协作、品牌输出四个方面得到了相关启示。

5.明确了我国数字创意产业跨界融合的战略选择,并有针对性地提出了推动我国数字创意产业跨界融合发展的对策与建议

我国数字创意产业发展起步较晚,产业自身的体系建设还不够成熟,其跨界融合进程仍处于探索阶段,亟须相关政策的扶持与保障。为此,本书站在国家战略的高度,将数字创意产业发展的一般规律与数字创意产业发展的国情相结合,提出了推动我国数字创意产业跨界融合发展总的指导思想、基本原则与重点任务。与此同时,研究成果又紧密结合理论研究、实证研究及比较研究所得出的相关结论与启示,指出政府应充分发挥其主导职能,市场应重视企业主体作用,社会应厚植广泛性参与沃土。

本书具有重要的学术价值和应用价值。其中,学术价值主要体现在:一方面,对数字创意产业跨界融合的相关理论及其作用机制、发展模式进行系统梳理与深刻剖析,形成对数字创意产业跨界融合的系统性认知;另一方面,对我国数字创意产业跨界融合程度、效应的实证研究,使研究结论更具科学性和说服力,增强了理论研究的适用性。

应用价值主要体现在:基于我国数字创意产业跨界融合的实际,通过定性与定量分析得出经验证据,结合国内区域对比分析及国际经验借鉴,增强了政策建议的针对性与科学性,为推动我国数字创意产业的跨界融合发展提供了方向与思路,为政府决策提供了前瞻性的政策建议,为加快产业结构优化升级、加速新时代经济高质量发展提供了重要的参考依据。

目　　录

第一章　绪　论

第一节　问题的提出

当前,全球经济已步入后危机时代的转型调整期,数字经济发展迅猛,在经济发展中的引擎作用不断增强。在全球化背景下,我国数字创意产业跨界融合发展成为经济高质量发展的新动能。

一、国际背景

(一)全球经济已步入后危机时代的转型调整期

一方面,世界经济新旧动能的快速转换使得经济发展有望进入加速增长的新阶段,新一轮科技革命和产业变革的蓬勃兴起使得创新战略成为世界各国的共同需求,如何利用好这一发展趋势谋求自身发展成为各国共同关注的重点。另一方面,尽管经济整体向好趋势明显,但转型调整期间的矛盾愈加突出,全球经济治理面临的风险挑战与日俱增,"逆全球化"思潮不断升温使得保护主义的不利影响日益显现,严重阻碍了贸易自由化进程,中美贸易摩擦不仅损害了两国人民的切身利益,也在更深层次上加剧了全球金融市场的高波动性,对实体经济发展产生了巨大的负面效应。面对机遇与挑战并存的关键时期,各国只有投身技术革新浪潮,不断挖掘经济增长新动力,才能在复杂多变的世界竞争格局中赢得一席之地。

(二)数字经济浪潮席卷全球

信息技术快速发展,数字经济发展迅速,在经济发展中的引擎作用不断增强。2016 年杭州 G20 峰会《二十国集团数字经济发展与合作倡议》明确指出,数字经济成为发展最快、创新最活跃、辐射最广的经济活动,正在成为全球经济复苏和增长的重要驱动力,在扩展经济发展空间、推动传统产业转型升级、带动创新发展方面具有极为重要的价值和意义。① 随着大数据、人工智能、区块链及以 5G 为代表的移动网络技术的创新应用,数字经济已成为世界主要国家争相布局的新高地,"十四五"规划强调数字产业化、产业数字化、数字化治理和数字价值化的数字经济"四化"框架正成为我国经济增长的新引擎。因此,做大做强数字经济,以信息化培育新动能,以新动能推动新发展成为世界各国争抢的创新发展之路。

二、 国内背景

(一)数字创意产业出现

伴随全球的数字经济发展浪潮,我国数字经济高速发展,以新一代信息技术为代表的技术革新和协同创新正在促使产业的业态裂变,催生出数字创意产业这一新兴文化业态。数字创意产业于 2016 年在我国政府工作报告中被首度提及,随后被纳入《"十三五"国家战略性新兴产业发展规划》——以数字技术和先进理念推动创意产业加速发展,促进文化科技深度融合、相互渗透,形成文化引领、技术先进、链条完整的数字创意产业发展格局。大力实施大数

---

① 黄润中:《紧紧抓住数字化新机遇,阔步迈向银行转型发展新时代》,《中国银行业》2018年第 2 期。

据战略、"互联网+"、区块链行动计划等一系列重大举措,做到因事而谋、应势而动、顺势而为,经过几年的发展,数字创意产业现已发展成为引领中国未来经济社会发展的新支柱之一。据《中国数字经济发展白皮书(2021)》显示,2020年我国数字经济规模达到39.2万亿元,占GDP比重为38.6%,位居世界第二①,数字经济发展迎来"满园春",成为推动我国经济高质量发展的强劲动力,数字文化产业也成为优化供给、满足人民美好生活需要的有效途径和文化产业转型升级的重要引擎。

(二)跨界融合是促进数字创意产业健康发展的重要风向标

数字经济的高速发展,促使跨界融合愈演愈烈。跨界融合既是打造新产品、创造新服务、开发新模式、形成新业态、构建创意无边渗透格局的重要途径,又是应对经济下行压力、释放实体经济活力的关键举措。实务界已经对数字创意产业跨界融合跃跃欲试,而理论界对该问题的研究才刚刚起步。因此,明确数字创意产业跨界融合概念,知悉数字创意产业跨界融合现状,厘清数字创意产业跨界融合及其过程,明晰数字创意产业跨界融合模式,总结数字创意产业跨界融合经验,有助于在理论上形成对数字创意产业跨界融合的整体性认知与系统性认知,从而在实践中更好地培育与发展数字创意产业,使数字创意产业成为新时代经济发展的新动能,助推国家经济高质量发展。

第二节 研究意义

在"互联网+"趋势下,产业融合经历了从"融合"到"跨界+融合",再到"跨界融合"三个大的阶段。当前,"跨界融合"已然成为我国战略性新兴产业(包含数字创意产业)下一步发展的重要风向标,本书围绕数字创意产业跨界

---

① 中国信息通信研究院:《中国数字经济发展白皮书(2021)》,中国新闻网,2021年4月26日,见 http://www.inpai.com.cn/news/new/20210426/96992.html。

融合的理论与现实问题展开探讨,无疑具有十分重要的意义。

一、理论意义

(一)厘清了数字创意产业跨界融合发展的动因与作用机制

本书基于系统理论、战略性新兴产业理论和产业融合理论,对产业跨界融合的动因、过程及结果进行了系统梳理。首先,分别从政府政策、市场需求、企业资本和科学技术四个方面阐释了数字创意产业跨界融合产生的驱动因素;其次,以组成要素在各系统间的运动轨迹为分析依据,明晰了数字创意产业跨界融合的作用过程;最后,从技术、业务、市场三个方面阐述了数字创意产业跨界融合的结果表现,突破了以往研究单纯从经营角度追求简单的业务组合的局限。

(二)构建了数字创意产业跨界融合的概念模型

本书立足于我国培育社会经济发展新动能的现实要求,以数字创意产业跨界融合为切入点,将"五跨"(跨门类、跨要素、跨行业、跨地域和跨文化)与"三融"(主动融合、互动融合和被动融合)有机结合起来,构建了我国数字创意产业"既跨且融"新模式,丰富了产业跨界融合理论,并为新时代我国数字创意产业跨界融合的高质量发展提供了新思路。

(三)丰富了数字创意产业跨界融合的效应研究

本书采用定性与定量相结合的方法,依据数字创意产业自身的发展特点,分别从经济效应、社会效应和创新效应三个角度探讨了跨界融合对企业成本管控、经济发展、就业改善、生态优化、技术创新、市场拓展等方面的影响,并采用"倾向得分—双重差分法"进行实证检验,增强了数字创意产业跨界融合理论研究的科学性与适用性。

二、 现实意义

（一）为助推我国产业转型升级与高质量发展提供决策参考

本书立足我国实际，在技术红利持续涌现、文化消费不断激活的大背景下，就数字创意产业跨界融合的概念模型、作用机制、发展模式等进行了深入探讨，为助推我国数字创意产业的跨界融合发展提供了方向，有助于充分发挥数字创意产业对产业数字化转型的带动与辐射作用，进而优化产业结构，推动数据赋能全产业链协同转型，打造经济发展新引擎，推动新时代经济高质量发展。

（二）为提升我国数字创意产业国际影响力提供经验借鉴

本书立足我国新时代数字创意产业跨界融合的实际，合理借鉴英国、美国、韩国、日本、芬兰等发达国家数字创意产业跨界融合的发展经验，以前瞻性和国际化的视野，探讨我国数字创意产业"走出去"参与国际竞争的途径，提高数字技术创新应用能力，加速数字产业化及产业数字化进程，推动中国品牌打造与文化输出，进而通过高质量的跨界融合，提升我国在数字创意产业领域的国际话语权，助推国内国际双循环新格局形成，促进内需和外需协调发展。

（三）为促进我国数字经济蓬勃发展探索了有效途径

本书站在产业高质量发展的战略高度，结合数字创意产业的发展特征，通过理论研究、实证检验与国际比较，为政府管理科学决策提供了前瞻性的政策建议，同时也指出了我国数字创意产业跨界融合发展的现实途径，对将数字创意产业打造成我国数字经济的"火车头"、促进数字技术与产业深度融合、打造数字经济新优势具有重要而广泛的社会实践价值。

第三节　研究思路与方法

一、　研究思路

本书遵循"理论分析—实证研究—比较分析—政策设计"的总体思路,综合运用产业经济学、金融经济学、组织行为学、计量经济学等学科理论知识与方法,对我国数字创意产业跨界融合的一系列问题进行了全面、深入的研究。将理论分析与实证分析结合起来,从多维角度构建了我国数字创意产业跨界融合的理论分析框架,希冀为政府将数字创意产业打造成经济社会发展新引擎、创造引领新消费、促进产业数字化转型升级、催生新产业新业态新模式、助推经济高质量发展提供参考与决策咨询。

二、　研究方法

(一)文献研究法

通过广泛、系统地对国内外有关产业跨界融合的文献进行梳理与总结,同时注意收集各类分析评述文章,如行业分析报告和新闻动态,从而对国内外数字创意产业跨界融合发展现状、未来趋势等进行了深入了解,有利于把握数字创意产业的发展规律和最新动态,借鉴国外发展经验,汲取先进思想精髓,以更开阔的视野和更清晰的思路厘清了数字创意产业跨界融合的进程。

(二)规范分析法

通过对数字创意产业理论体系的探究,准确界定数字创意产业的科学内涵,并就其业态特征、发展瓶颈与进展趋势进行了提炼与总结。与此同时,结合产业跨界融合的理论脉络展开研究,基于以往学者关于产业跨界融合的理论研究与实证分析成果,对数字创意产业跨界融合机制、模式、效应等方面进行讨论与分析,进一步明晰了我国数字创意产业发展的过程机理与影响机制。

(三)数理建模法

通过构建数字创意产业跨界融合程度与效应测度模型,利用统计分析软件对模型进行数理分析,深化机理性研究。一方面,采用赫芬达尔指数法(HHI)等对数字创意产业跨界融合程度进行测量,从企业融合、市场融合的角度测算产业跨界融合程度并进行对比分析;另一方面,运用倾向得分匹配与双重差分法(PSM-DID)将数字创意企业分为对照组和处理组,并进行对比分析,以此来测度我国数字创意企业跨界融合所产生的经济效应、社会效应与创新效应等。

(四)比较研究法

通过对比分析京津冀、长三角、珠三角、中西部等区域数字创意产业跨界融合发展基础和政策支持,有助于明晰我国不同区域、不同地区数字创意产业跨界融合的基础支撑条件差异;与此同时,通过从文化基础、创新能力、政府支持、产权保护、产业集聚和国际水平六个维度对比分析以英国、美国、日本、韩国和芬兰为代表的国外数字创意产业跨界融合的特点及做法,为推动我国数字创意产业跨界融合发展提供了经验借鉴。

(五)案例分析法

通过选取国内4个区域(京津冀、长三角、珠三角、中西部)数字创意产业跨界融合发展的16个典型企业、5个发达国家(英国、美国、日本、韩国和芬兰)数字创意产业跨界融合发展的11个典型企业进行案例剖析,进一步生动形象地展示了国内外数字创意企业跨界融合发展如何落地,增强了数字创意产业跨界融合理论对实践的指导性与具体对策建议的可操作性。

第四节 研究框架与创新点

一、 研究框架及内容

本书以数字创意产业跨界融合为研究对象,全书共分为十章,具体内容安排如下:

第一章绪论。基于我国经济发展的现实背景和社会实际,阐述了本书的意义所在、研究方法、研究思路、研究内容以及主要创新点。

第二章相关理论回顾与评述。在阐述本书理论基础的同时,本章分别回顾与梳理了数字创意产业、产业跨界融合的相关理论,厘清了数字创意产业、产业跨界融合的概念,准确把握其科学内涵,最后对已有研究进行了评介,并指出了进一步研究的方向。

第三章我国数字创意产业发展概况与跨界融合新趋势。本章主要讨论了我国数字创意产业发展的宏观环境、细分行业发展特征、主要瓶颈以及我国数字创意产业跨界融合发展的四大新趋势。

第四章我国数字创意产业跨界融合机制。本章主要从三个方面进行理论阐释:一是数字创意产业跨界融合的前置驱动因素,二是数字创意产业跨界融合"渗透提升—传导迭代—叠加放大—集聚联动—创意扩散"的作用过程,三是来自技术、业务、市场三个维度的数字创意产业跨界融合实现结果。

第五章我国数字创意产业跨界融合模式。本章结合典型案例,分别对数字创意产业跨界融合中的"五跨"(跨门类、跨要素、跨行业、跨地域和跨文化)与"三融"(主动融合、互动融合和被动融合)进行系统阐述,并将数字创意产业跨界融合的"既跨且融"模式进行类型化,为探寻我国数字创意产业跨界融合的基本模式提供依据。

第六章我国数字创意产业跨界融合程度。本章以沪深 A 股的数字创意产业上市公司为样本,采用赫芬达尔指数法(HHI)对基于企业层面的我国数字创意产业跨界融合程度进行定量测度与分析。

第七章我国数字创意产业跨界融合效应。本章运用倾向得分匹配与双重差分法(PSM-DID),将数字创意企业分为对照组和处理组进行对比分析,并从微观企业层面测度我国数字创意产业跨界融合产生的经济效应、社会效应和创新效应。

第八章我国数字创意产业跨界融合区域比较。本章选取京津冀、长三角、珠三角和中西部地区作为国内区域代表,从发展概况、相关政策支持及典型企业的跨界融合模式三个方面进行比较分析,并对每个区域数字创意产业跨界融合的成功经验进行归纳总结。

第九章数字创意产业跨界融合的国际比较。本章选取英国创意设计业、美国电影业、日本动画业、韩国电子游戏业和芬兰在线教育业作为典型代表进行对比研究,并立足我国实际情况与数字创意产业发展阶段得出相关启示。

第十章我国数字创意产业跨界融合的政策建议。首先,本章站在国家产业高质量发展战略的高度,结合数字创意产业的一般规律与中国国情,重点探讨了我国数字创意产业跨界融合发展的指导思想、基本原则与重点任务,为新时代数字创意产业跨界融合高质量发展的顶层设计与战略决策提供咨询与参考。其次,从政府层面,为政府管理科学决策提出了若干兼具前瞻性与可操作性的我国数字创意产业跨界融合发展政策建议。最后,从市场和社会层面,对企业与公众如何参与数字创意产业跨界融合提供了针对性的实践指南。

二、　主要创新点

本书的创新点主要体现在以下四个方面:

(一)将数字创意产业和跨界融合纳入同一研究框架,在一定程度上开拓了两者的研究视阈

数字创意产业自提出以来,虽短短几年时间就已与农业、工业、服务业等

各行各业广泛开展深度融合,将数字技术、文化创意注入传统的生产力与生产关系网络,不断缔造新的产品、新的业态与新的社会生产力。在数字经济的大浪潮下,产业边界的模糊甚至消失,使得不同产业之间的跨界融合实践不断推陈出新,应用领域不断扩大。从某种意义上来说,数字创意产业跨界融合的实践已经走在了理论研究的前面,相关的理论研究较为滞后。为了满足数字创意产业跨界融合实践的需求,本书围绕数字创意产业跨界融合的理论溯源、发展概况、动因、作用机制、模式、程度及效应测度等诸多方面展开了系统研究,创新性地将"跨门类融合、跨要素融合、跨行业融合、跨地域融合和跨文化融合"与"主动融合、互动融合和被动融合"有机结合起来,着力体现"创意+数字"和"五跨+三融"的协同渗透与良性互动作用,克服了已有研究大多只关注单一要素作用的局限性,构建了数字创意产业跨界融合的"既跨且融"概念模型与新模式,丰富了产业跨界融合理论,在一定程度上开拓了两者的研究视阈,为新时代我国数字创意产业跨界融合的高质量发展提供了新思路。

（二）所构建的数字创意产业跨界融合完整机制,在理论研究层面较好地明晰了我国数字创意产业跨界融合的动因与作用机制,丰富了数字创意产业跨界融合的理论研究成果

本书从动力机制、过程机制与实现机制三个方面构建了数字创意产业跨界融合的完整机制,进一步明晰了我国数字创意产业跨界融合的前因后果。首先,从政府政策、市场需求、企业资本与科学技术等方面探析了我国数字创意产业跨界融合发生的主要原因;其次,以数字创意产业各组成要素在跨界融合中的渗透提升机制、传导迭代机制、叠加放大机制、集聚联动机制和创新扩散机制等一系列运动轨迹为主线详细阐述了我国数字创意产业跨界融合发生的基本过程;最后,从技术融合、业务融合与市场融合等方面展示了我国数字创意产业跨界融合的结果表现。可以说,这一数字创意产业跨界融合完整机制系统梳理了产业跨界融合的动因、过程及结果,不仅在一定程度上弥补了目

前数字创意产业跨界融合理论研究滞后于实践的遗憾,而且克服了已有研究只关注产业跨界融合单一方面的局限性,为相关理论研究提供了多个视角,进一步丰富了系统理论、战略性新兴产业理论和产业融合理论等相关理论。

（三）从实证角度对我国数字创意产业跨界融合程度和效应进行分析,进一步明晰当前我国数字创意产业跨界融合水平及影响效果,丰富了数字创意产业跨界融合领域的定量研究

在我国数字创意产业跨界融合程度的测度方面,本书以《战略性新兴产业分类(2018)》中数字创意产业的最新分类标准为依据,创新性地提出从微观层面入手,利用数字创意产业的基本构成单元,即微观企业个体的相关数据来研究数字创意产业跨界融合的一系列定量问题,如选取微观企业数据,通过对主流测量方法进行优劣势分析并结合数据可得性,选用了"赫芬达尔—赫希曼"指数方法来测度我国数字创意产业跨界融合的程度,较好地破解了因产业层面数据匮乏而导致量化分析无法进行的困境,研究结论为后续政策建议的制定提供了正确的方向。与此同时,在我国数字创意产业跨界融合效应的评价方面,本书采取定性与定量相结合的方式,在分析数字创意产业跨界融合经济效应、社会效应和创新效应的基础上,引入了政策评估领域的倾向得分匹配与双重差分法进行相关实证检验,有效地克服了传统配对方法的不足和样本自选择的弊端,进一步拓展了该方法的应用边界,丰富了数字创意产业跨界融合的效应研究,也增强了数字创意产业跨界融合理论研究的科学性与适用性。

（四）所提对策建议紧扣我国数字创意产业发展实际和数字创意产业跨界融合相关实证结论,具有前瞻性、有效性和可操作性

我国数字创意产业发展起步较晚,产业自身的体系建设还不够成熟,其跨界融合进程仍处于探索阶段,亟须相关政策的扶持与保障。本书从国家、政

府、市场与社会四个层面提出的推进我国数字创意产业跨界融合发展的具体对策与建议,是第一次较为全面地对数字创意产业跨界融合政策体系的构建,对推进我国数字创意产业跨界融合进程将提供全方位的保驾护航,对实现我国经济高质量发展更是有着重要的理论与现实指导价值。

第二章　相关理论回顾与评述

理念是行动的先导、理论是实践的指导。作为战略性新兴产业的数字创意产业的最新发展阶段——跨界融合的产业发展社会实践，显然需要科学前瞻的理论作为决策指引与实践指南。因此，本章将首先阐述支撑本书的三大理论基础，通过梳理数字创意产业、产业跨界融合相关理论，厘清数字创意产业、产业跨界融合相关概念，从而准确把握其科学内涵，并指出进一步研究的方向。

第一节　理论基础

一、　系统理论

系统是一个普遍的概念，是指事物中的每个部分应各居其位，构成整体。在系统论学者戈顿（G-Gorden）的定义中，系统是一个功能性的整体，由各种要素按照一定的规则组合起来，相互联系、相互作用，从而产生独特的价值与作用。然而，系统的功能不是一成不变的，而是随着外部环境变化、自身系统演化而相应地发生一些改变。生物学家路德维希·冯·贝塔朗菲（Ludwig Von Bertalanffy）所提出的开放系统理论开创了系统论的先河，随后发展为一般系统理论,该理论的核心思想是整体观,即认为所有系统均具有时序性、关联性、综合性、层次性和结构性等基本特征,应从整体去探索系统内各要素关系、把握系统的内在规律。

产业可看作是由技术、企业、产品与市场等要素构成的一个系统性整体,具有相对封闭和绝对开放的特性。在对产业经济的传统研究中,人们常常忽视产业系统与外部环境之间关于物质、能量和信息方面的交换,也几乎不考虑人才、技术、市场等要素方面的互动。根据热力学第二定律,系统的封闭环境往往会将能量阻挡在外部,从而使产业在经历萌芽、成长、成熟之后,最终走向衰退的生命结局。据此可知,一旦产业只着眼于自身的封闭式发展,缺乏与外界的互动协同,将导致自身成长受限,最终走向消亡。而开放系统具有自适应、自调节的优点,能够不断优化、调整系统结构与功能,适应瞬息万变的环境,持续保持相对稳定的状态。从系统论的角度来看,产业系统是指系统内部的各个要素在技术、产品、市场、制度等方面与外界之间持续动态的互动过程,既可以借助各类平台引进所需要的各种人力、技术等要素资源,又可以通过并购、联盟等方式获得产业自身发展所需的产品和市场等方面知识和信息。在这样的持续互动过程中,产品与服务的创新逐步实现,打破产业发展的"既定"命运,产业系统得以更新,向着更加适应时代需求的方向发展,最终形成新的业态和产业。

从系统论视角,数字创意产业可看作一个由多企业、多产品、多市场等构成的开放性系统。在开放的产业系统中,不同产业间的各种要素相互协作、共同演进,最终形成创新性的产品、模式和业态。运用系统论分析数字创意产业的发展变动规律,有利于更准确地把握产业跨界融合的演化过程,从而有针对性地创造条件,以此来促进数字创意产业跨界融合和协调发展。

二、 生命周期理论

生命周期理论通常包括产品生命周期理论和产业生命周期理论。由于理论界对产品生命周期、产业生命周期没有统一明确的界定,故常出现交替及不恰当使用的情况。厘清二者之间的区别,能够为数字创意产业的研究奠定清晰的理论基础。其中,产品生命周期理论由雷蒙德·弗农(Raymond Vernon)于1966年首次提出,在他看来,产品生命周期就是一种新产品自进入市场一直到被市场淘汰的过程,这个过程需要经历开发、引进、成长、成熟和衰退五个阶段[①];产业生命周期发展则是以产品生命周期理论为基础,指的是一个产业从诞生到完全退出社会经济活动的经历,包括初创、成长、成熟和衰退四个阶段。

产品生命周期属于单个产品生命周期范畴,产业生命周期是针对企业等产业组织因素的产业演化过程,可以看作产品生命周期的集合。被称为产业生命周期理论奠基人的戈特(Gort,1982)基于46个新产品生产者扩散轨迹对产业生命周期(初创期—成长期—成熟期—衰退期四个阶段)进行了刻画[②],产业初创期的特点一般表现为企业数量少、技术不成熟、市场规模小以及产业效益低等情形;成长期则表现为大量企业进入、技术实现突破并进入稳定发展轨道、市场规模扩大、产业效益提升并摆脱亏损状态等;成熟期的特点则是,企业数量趋向饱和、净进入接近零、技术趋向成熟、市场需求与产业效益增长放缓等;到了衰退期,则出现企业数量呈负增长、技术过时、企业效益下滑、产业竞争力降低等特征。

产业生命周期理论对数字创意产业发展的战略选择有着非常重要的意义,处于不同的产业发展阶段,就具有不同的战略态势。只有对数字创意产业有足够的认识,才能更加明确产业所处的生命周期阶段,认清未来发展趋势,从而确立科学有效的发展战略,引领数字创意产业发展的未来与创新。

---

① Raymond Vernon, "International Investment and International Trade in the Product Cycle", *The Quarterly Journal of Economics*, Vol.80, No.2, 1966, pp.190-207.

② Michael Gort, Steven Klepper, "Time Paths in the Diffusion of Product Innovations", *The Economic Journal*, Vol.92, No.367, 1982, pp.630-653.

三、 战略性新兴产业理论

(一)战略性新兴产业的内涵

在政策制定层面,"战略性新兴产业"的概念始于 2010 年颁布的《国务院关于加快培育和发展战略性新兴产业的决定》,基本的含义是以重大技术突破和重大发展需求为基础,对经济社会全局和长远发展有重大引领带动作用,知识技术密集、物质资源消耗少、成长潜力大、综合效益好的产业。现阶段战略性新兴产业主要包括节能环保、新一代信息技术、生物、高端装备制造业、新能源、新材料、新能源汽车等产业。2018 年,国家统计局发布的《战略性新兴产业分类(2018)》将数字创意产业正式纳入其中,明确了数字创意产业的重点发展战略和定位。

在学理层面,国内学者分别从不同角度对战略性新兴产业做出了界定。宋河发等(2010)从角色功能的角度出发,认为战略性新兴产业以高新科学技术为基础、发展迅猛、具有可期的市场前景和溢出效用、能够带动其他相关产业兴旺发展、对国家的经济、社会发展具有战略性的支撑作用,是未来的主导性与支柱性产业。[①] 刘洪昌(2011)从产业选择的角度出发,认为关乎经济命脉和产业安全、科技含量高、产业关联度高、市场空间大、生态友好的朝阳产业是战略性新兴产业的主要范围。[②] 王新新(2011)基于产业发展模式,认为战略性新兴产业应集聚技术、人才、资金等要素,逐步形成一批新型社会形态、经济形态、技术形态及组织形态的产业群。[③] 刘澄等(2011)提出战略性新兴产业具有导向性、全局性以及动态性等特征。[④] 而顾强等(2013)在综述了现有

---

① 宋河发、万劲波、任中保:《我国战略性新兴产业内涵特征、产业选择与发展政策研究》,《科技促进发展》2010 年第 9 期。

② 刘洪昌:《中国战略性新兴产业的选择原则及培育政策取向研究》,《科学学与科学技术管理》2011 年第 3 期。

③ 王新新:《战略性新兴产业发展规律及发展对策分析研究》,《科学管理研究》2011 年第 4 期。

④ 刘澄、顾强、董瑞青:《产业政策在战略性新兴产业发展中的作用》,《经济社会体制比较》2011 年第 1 期。

内涵界定的基础上,提出战略性新兴产业是指那些具有战略性技术特征的新兴产业,兼备战略技术与新兴技术的特征。① 胡慧芳(2014)认为,战略性新兴产业是符合国家战略取向且对国家战略价值有利的、在新兴技术驱动下快速兴起的、与高新技术产业具有内在高关联的产业。②

综上,对战略性新兴产业的理解需要把握两个要点:第一,必须是新兴产业,新兴产业往往基于突破性技术创新、发展速度快、创新性高;第二,必须是战略产业,这意味着该产业具备在未来成为主导产业或支柱产业的潜力,是各国争相发展的具有国家战略地位的产业。

(二)战略性新兴产业的融合发展

随着产业融合成为产业发展的新趋势,一些学者开始从融合角度分析新兴产业的产生。部分学者认为,产业间的融合促进了新兴产业的发展。马克·赫伯特(Mark-Herbert,2004)认为,医药制造业与食品制造业的融合推动了食品产业中功能食品的发展。③ 戎珂等学者(Ke Rong et al.,2013)提出,产业融合与系统演化是新兴产业形成的原因,探讨了产业融合的阶段。④ 更多学者则从技术融合的角度,提出高技术融合是产业融合与新产业形成的重要因素。梁伟军等(2009)以生物农业为研究对象,指出产业融合导致新的生产业出现,即农业与生物产业技术融合发展促进生物农业产业的诞生⑤;宋红坤(2009)提出了信息技术驱动的新兴产业,认为信息化与工业化融合是培育和

---

① 顾强、董瑞青:《我国战略性新兴产业研究现状述评》,《经济社会体制比较》2013 年第3 期。

② 胡慧芳:《战略性新兴产业的内涵、属性与新思维》,《东南学术》2014 年第5 期。

③ Cecilia Mark-Herbert, "Innovation of a New Product Category-Functional Foods", *Technovation*, Vol.24, No.9, 2004, pp.713-719.

④ Ke Rong, Yongjiang Shi, Jiang Yu, "Nurturing Business Ecosystems to Deal With Industry Uncertainties", *Industrial Management & Data Systems*, Vol.113, No.3, 2013, pp.385-402.

⑤ 梁伟军、易法海:《农业与生物产业技术融合发展的实证研究——基于上市公司的授予专利分析》,《生态经济》2009 年第11 期。

发展新兴产业的重要途径,实质是强调传统产业与信息技术产业融合后形成的新产业[1];甘巴德拉等(Gambardella et al.,2010)提出,开发通用技术能推动研发企业创新模式的形成,如纳米生物技术、纳米能源、纳米电子与纳米化学等新兴产业都基于纳米技术融合而出现。[2] 马蒂·卡尔沃宁等(Karvonen et al.,2012)指出,技术融合推动新产业的出现,并对传统产业和新兴产业的融合机制进行了分析。[3] 金姆等(Kim et al.,2012)也认为,新兴产业技术的快速发展较大程度上得益于技术融合。[4] 单元媛等(2012)认为,高技术产业融合导致了新产业的出现和成长,拓宽了产业发展空间。[5] 彭春丽等(2014)认为,技术融合是战略性新兴产业军民融合式发展进行技术创新的必然要求。[6] 沈蕾等(2015)发现,制造业与科技服务业的技术融合促进了制造业的结构升级,且我国制造业与科技服务业的技术融合仍处于中等程度。[7] 刘鑫等(2017)从专利情报视角出发,研究 3D 打印与传统制造业、互联网的技术融合,发现 3D 打印产业的技术融合呈现多样性特征,且关键技术间的紧密程度出现了明显的分化。[8] 赵玉林等(2017)通过研究技术融合引发新型竞争协同关系并最终提升战略性新兴产业绩效的机理,发现技术融合度明显促进了生

---

① 宋红坤:《信息技术驱动的新兴产业形成机制研究》,硕士学位论文,复旦大学,2009 年。

② Alfonso Gambardella, Anita M. McGahan, "Business－model Innovation:General Purpose Technologies and Their Implications for Industry Structure", *Long Range Planning*, Vol.43, No.2, 2010, pp.262-271.

③ Matti Karvonen, Matti Lehtovaara, Tuomo Kässi, "Build-up of Understanding of Technological Convergence:Evidence from Printed Intelligence Industry", *International Journal of Innovation and Technology Management*, Vol.9, No.3, 2012.

④ Moon-Soo Kim, Chulhyun Kim, "On a Patent Analysis Method for Technological Convergence", *Procedia-Social and Behavioral Sciences*, Vol.40, 2012, pp.657-663.

⑤ 单元媛、赵玉林:《国外产业融合若干理论问题研究进展》,《经济评论》2012 年第 5 期。

⑥ 彭春丽、黄朝峰:《战略性新兴产业军民融合式发展的产业融合分析——以核能产业为例》,《科技进步与对策》2014 年第 22 期。

⑦ 沈蕾、靳礼伟:《我国科技服务业与制造业技术融合对产业结构升级的影响》,《科技进步与对策》2015 年第 8 期。

⑧ 刘鑫、武兰芬:《面向专利技术融合的 3D 打印产业化路径选择研究》,《科技进步与对策》2017 年第 22 期。

物芯片产业的绩效,且同时提高技术融合的深度与宽度,更有利于带动产业发展。[①] 高智等(2019)提出装备制造业与高技术服务业的融合发展可以通过创新效应、制度效应、配置效应和协同效应提升装备制造业的创新效率。[②] 产业融合作为新兴产业成长的重要方式已经开始被各国学者关注,基于融合形成的新兴产业对未来经济发展至关重要。

本书认为,要科学把握数字创意产业融合发展,必须从战略性新兴产业的角度来理解其内涵特征、基本要求与角色定位,即应具备高技术、高质效、高附加值、无边界等基本要素。进一步地,再对数字创意产业跨界融合的具体机制与模式进行分析,探讨其经济效应、社会效应与创新效应等。

第二节　数字创意产业相关理论

一、 创意产业的内涵

创意产业的概念源自于对创意与知识在经济中作用的特别强调[③],最早由西方学者提出。英国政府于 1997 年成立了创意产业特别工作小组,分析英国创意产业的现状,提出以创意产业来解决就业问题、调整产业结构、振兴英国经济的发展战略。此后,发达国家掀起了一股研究创意产业的热潮。

各国对创意产业的内涵界定不尽相同,1998 年,英国在《英国创意产业路径文件》中将创意产业明确界定为以创意与才能为核心,通过生产和利用知识产权来创造价值,包含出版、广播电视、电影录像、软件和计算机服务、设计、

---

① 赵玉林、李丫丫:《技术融合、竞争协同与新兴产业绩效提升——基于全球生物芯片产业的实证研究》,《科研管理》2017 年第 8 期。

② 高智、鲁志国:《产业融合对装备制造业创新效率的影响——基于装备制造业与高技术服务业融合发展的视角》,《当代经济研究》2019 年第 8 期。

③ 周荣庭、宋怡然、田红林:《2017 年度数字创意产业研究述评》,《中国社会科学报》2018 年 1 月 3 日。

广告、建筑、时尚设计、音乐、表演艺术、古玩艺术、工艺、互动休闲软件等13项内容;美国把文化、创意相关的产业统称为版权产业,包括电影媒体等八类内容;日本和韩国也非常重视创意产业,它们把创意产业定义为数字内容产业,在原来的创意产业当中引入了技术的概念,定义了数字内容。正如沙希德·尤素夫等(Yusuf et al.,2005)所言,创意产业融合了大量高科技企业的特点,尤其是需要借助 IT 技术来打造。① 尼古拉斯·加汉姆(Garnham,2005)也指出"创意产业"的概念是信息社会的产物,具有时代性,信息与通信技术赋予了创意产业生命力。②

在数字化技术和大众传媒技术高速发展的推动下,创意产业已进入到数字化和网络化环境,从而产生了诸如数码创意产业、数字媒体产业、数字内容产业以及数字艺术创意产业等新概念,创意产业向数字创意产业发展已经成为时代主流。

二、 数字创意产业提出及其内涵

我国在 2016 年政府工作报告中正式提出了"数字创意产业"的概念,该报告提出,要大力发展数字创意产业,加强供给侧结构性改革,增强持续增长动力。随后,《中华人民共和国国民经济和社会发展第十三个五年规划纲要》第二十三章"支持战略性新兴产业发展"中明确列出了数字创意产业的具体内容,并提出将数字创意产业作为新兴支柱产业,向产值 8 万亿元的目标发展。"十三五"规划颁布实施以来,数字创意产业受到政府的高度重视,《国务院关于推进文化创意和设计服务与相关产业融合发展的若干意见》《国务院关于加快发展对外文化贸易的意见》《文化部关于推动数字文化产业创新发

---

① Shahid Yusuf, Kaoru Nabeshima, "Creative Industries in East Asia", *Cities*, Vol. 22, No. 2, 2005, pp.109-122.

② Nicholas Garnham, "From Cultural to Creative Industries", *International Journal of Cultural Policy*, Vol.11, No.1, 2005, pp.15-29.

展的指导意见》等一系列政策文件相继出台,积极推动了数字创意产业的发展,为转变经济发展方式、促进消费增长、繁荣群众文化生活、引领社会风尚等提供了有力支撑和有效供给。

近年来,国内学界开始对数字创意产业展开研究。薛晓东等(2007)将数字传媒产业定义为以数字技术为基础的,提供以满足消费者某些精神文化需求为目标的相关企业联合体,其具有数字技术性与知识文化性。① 夏光富等(2010)认为,构成数字创意产业的核心产业包括网络文化服务业、影视业、游戏业、动漫业与数字出版业等,同时还应当包括这些核心部门与其他产业的融合和延伸。② 王博等(2018)则从过程的角度,提出了一个较为完整的定义,即数字创意产业以创意资源为基础,数字化、网络化地进行文化价值的生产、创造和传播,包括运用文化创意和数字技术提高传统文化产业的附加值等。③ 国家统计局颁布的《战略性新兴产业分类(2018)》将数字创意产业纳入技术装备、创意活动、设计服务与融合服务等范畴。

基于此,本书认为,数字创意产业是以文化创意、设计服务为核心,依托数字技术与装备进行创作、生产、传播与服务,满足健康美好现代生活需求,在融合服务中引领新供给、新消费,正在高速成长的战略性新兴产业。数字创意产业是现代信息技术与文化创意产业逐渐融合而产生的一种新经济形态,主要集中在高度体现创意思维的领域,如网络文学、动漫、影视、游戏、创意设计、虚拟现实和在线教育等。

三、 数字创意产业的特征

数字创意产业因其数字技术带来的便利性、文化创意带来的价值性逐渐

① 薛晓东、谢梅:《数字传媒产业自组织运营模式研究》,《电子科技大学学报(社会科学版)》2007年第1期。

② 夏光富、刘应海:《数字创意产业的特征分析》,《当代传播》2010年第3期。

③ 王博、张刚:《中国数字创意产业发展研究——基于产业链视角》,《中国物价》2018年第3期。

成为新的经济增长点,渗透进人们的生活。凭借其与生俱来的高技术、高质效、高附加值、无边界等特征,数字创意产业在推动我国区域协同发展、加速产业提质增效、满足人民消费需求方面发挥了重要作用,有助于改变社会经济运行方式与运行结构,解决新时代"人民日益增长的美好生活需要和不平衡不充分发展之间的主要矛盾"。新时代数字创意产业具有以下四个主要特征:

（一）高技术

数字创意产业诞生于高新技术,也正是各种各样的高科技和新技术,构成了数字创意产业跨越式发展的基础。在大数据、人工智能、云计算以及区块链技术快速发展的驱动下,数字创意产业的生产、管理、流通和消费过程不断数字化、网络化、智能化和体验化。数字创意产业的高技术特征不仅有力地支撑了该产业的自身发展,还推动了产业的跨界融合创新发展,而进一步地,业态与模式的创新又对技术提出了更高的要求,只有实现技术的不断创新与突破,才能持续满足消费升级的需求,推动产业结构的转型。

（二）高质效

数字创意产业的高质效主要体现在三个方面。其一,日新月异的高新技术打造出众多高质量的数字创意产品与服务,实现了产品功能多样化和用户体验高端化,逐渐构筑了新一代消费者多元化、个性化的消费习惯以及生活方式。其二,数字创意产业具有高速多渠道的传播网络,相比其他产品,人们在体验和使用数字创意产品时更加便捷高效。其三,数字创意产业具有较强的内容核心与高新技术,不仅能在低耗能、生态友好的前提下展开产业活动,还能产生知识溢出效应和技术溢出效应,促进自身及相关产业的质效提升,也推动着经济向着高质量的方向发展。

（三）高附加值

数字创意产业的附加值高于大多数传统产业。数字创意产业链可分为创意策划、产品制作和产品流通三个环节，其中创意策划是附加值最高的环节。数字创意产业在创意核心的基础上，通过个人或团体的创造，将科技与文化的创意变现，转换为具有高商品价值的产品和服务，在产品策划、制作、流通等环节带来更高的经济回报。并且在由此拓展而生的衍生品市场中，数字创意产业的实体衍生品不仅为原始虚拟产品创造更多价值，还可以反向影响原始产品的创意设计，这种双向影响也体现了数字创意产业的高附加值特性。

（四）无边界

数字创意产业是数字技术与文化创意相结合的产物，本身就具有无边界融合的本质。这种无边界特性主要体现在三个方面：其一，数字创意产业在产品与服务的内容、设计、技术、传播和运营等方面都没有明显界限[1]，可以在与其他领域的跨界融合中形成新产品、新模式与新业态；其二，数字创意产业通过协作、授权与并购等方式，借助互联网、大数据与云平台，能够打破地域界限，辐射全球，配置生产资源，实现生产联动；其三，数字创意产业能够打造以产品和服务为核心的新型社群，打破供给方与需求方的界限，在消费方与生产服务方之间的互动圈中，推动产品和服务个性化、特色化调整。

综上所述，数字创意产业作为经济、文化与技术等相互融合的产物，使得其本身没有明显的边界，产业内外存在很强的横向协同性。高度密集的知识、创意与技术等都使数字创意产业能够有力地推动跨地域、跨行业以及跨组织的经济活动开展，促进区域发展和产业价值提升，不仅能够带动关联产业转型升级，还可以形成新型供需关系，加强消费者与生产服务者的双方充分互动，

---

[1]　韩若冰：《数字文化创意与动漫文化产业的生态化发展》，《济南大学学报（社会科学版）》2018年第4期。

进一步提升消费需求,引领产业发展方向。

第三节 产业跨界融合相关理论

21世纪以来,学术界对产业融合的概念、途径、测度以及效应等方面进行了广泛探讨,研究成果丰硕[1][2]。近年来,虽然跨界融合的实践步伐快于理论研究,但学术界也在产业融合的理论基础上对跨界融合进行了探讨并取得一定成果。本书将从产业跨界融合的概念、模式、效应、测度以及应用策略等方面展开综述,并提出未来研究展望,以期不断提高和加深对数字创意产业跨界融合的认知,推动未来产业跨界融合理论与实践的发展。

一、 跨界融合的概念研究

产业跨界融合源于产业融合。产业融合是指产业在内部或外部相互交叉、不断渗透,最终促进新业态、新产业的形成过程。[3] 从产业演进来看,产业融合范围经历了从信息技术产业内部融合,到该产业信息技术与其他行业融合,再到各产业之间的融合,并呈现出交叉融合趋势。[4] 新常态下产业融合已不再局限于单一产业内,有的甚至打破了行业和产业原本固化的界限,使得产业跨界融合成为新趋势。所谓"跨界"是指跨越原来区域划分或产业分类意义上的界限,实现资源的共享[5][6];"融合"意味着在其相互渗透、动态互动中

---

① Lind, J., "Ubiquitous Convergence: Market Redefinitions Generated by Technological Change and the Industry Life Cycle", in DRUID Academy Winter 2005 Conference, 2005, pp.27-29.

② 罗珉、李亮宇:《互联网时代的商业模式创新:价值创造视角》,《中国工业经济》2015年第1期。

③ 厉无畏:《产业融合与产业创新》,《上海管理科学》2002年第4期。

④ 肖志勇:《国内外产业融合的发展趋势》,《环球市场信息导报》2015年第49期。

⑤ 陈宪:《论产业跨界融合对服务经济的影响》,《科学发展》2010年第7期。

⑥ 连远强:《供给侧跨界耦合视角下产业创新发展研究》,《科技进步与对策》2016年第20期。

形成一个新的产业框架结构①。产业跨界融合是指产业之间围绕目标客户群体,寻求合作双方共通点,实现资源优势的效用与利润最大化,进而实现产业间协同效应和相互作用。② 从学术界已有研究来看,主要从横向与纵向两个视角对与跨界融合有关的概念分别进行过辨析。

(一)从横向视角对跨界整合与跨界耦合的辨析

王卉等(2016)认为,跨界的本质是"整合",是指利用自身资源的独特优势与其他资源搭配进行应用,可放大资源价值,融合为一个完整的新个体。③跨界整合不同于资源的简单重组和产业的扩张,而是需要依托某一资源优势,从用户需求出发,以用户价值为导向,整合产业资源,构建产业生态,实现资源效用最大化与产业转型升级。④⑤ 熊勇清等(2010)首次将"耦合"概念引入到产业协同发展研究中⑥,连远强(2016)提出跨界耦合是产业间的互动联结行为,产业从外界获取和溢出核心知识,促进跨界知识流动,在创新资源共享过程中形成新的创新网络,从而实现产业和组织间的协同创新。跨界整合侧重于资源效用最大化,而跨界耦合则强调产业间的知识性网络创新发展,二者与跨界融合的概念虽有所不同,但都是跨界融合研究的重要支点。⑦

---

① 陈颐:《跨界融合与跨界治理:论"一带一路"战略下两岸产业合作创新》,《福建论坛(人文社会科学版)》2016年第2期。

② 乔玢:《跨界融合,既要"跨"更要"融"》,《出版参考》2015年第11期。

③ 王卉、胡娟:《跨界整合:互联网环境下传统内容企业转型升级的路径选择》,《中国出版》2016年第19期。

④ 余猛、吕斌、孙建欣:《都市圈中不同级别城市的跨界整合》,《城市规划学刊》2009年第3期。

⑤ 杨桦、任海:《我国体育发展新视野:整体思维下的跨界整合》,《北京体育大学学报》2014年第1期。

⑥ 熊勇清、李世才:《战略性新兴产业与传统产业耦合发展的过程及作用机制探讨》,《科学学与科学技术管理》2010年第11期。

⑦ 连远强:《供给侧跨界耦合视角下产业创新发展研究》,《科技进步与对策》2016年第20期。

(二)从纵向视角对媒介融合与互联网跨界融合的辨析

媒介融合与互联网跨界融合是既有联系又有区别的两个业界概念。传播界的媒介融合亦称为媒体融合,戈登(Gordon,2003)认为,不同传播语境的媒介包括所有权、策略性、结构性、信息采集与新闻表达五种类型的融合。① 丁柏铨(2011)认为,媒介融合不仅涉及形态融合和业务融合,还包括其他相关因素的相互交融,也包括物质层面、操作层面和理念层面的融合。② 彭强(2014)结合互联网行业特征,将互联网跨界融合定义为根据发展需求,厂商、企业及个人突破原有界限,通过互联网来实现厂商跨界、体验跨界和终端跨界等融合方式。③ 可见,跨界融合的概念既具有多层次、多元化与广吸收等共性,又具有行业特点和针对性,极大丰富了跨界融合的基本概念,各行各业在跨界融合发展过程中应当相互借鉴、因需制宜。

(三)本书对产业跨界融合的概念界定

本书根据产业融合发展的规律,立足跨界视角,结合概念辨析的结果,将产业跨界融合定义为:在政府支持与带动作用下,以消费需求升级和生产要素重组为驱动,以创新发展和资源效用最大化为导向,产业领域之间基于开放边界的互相介入,通过要素的渗透、传导与延伸,实现产业内外部的集聚联动与融合迭代发展。

二、 跨界融合的模式研究

梳理产业跨界融合模式相关文献可以发现,学者的研究主要来自不同

---

① Gordon, R., "The Meanings and Implications of Convergence", in Kevin Kawamoto (ed.), *Digital Journalism: Emerging Media and the Changing Horizons of Journalism*, Lanham, MD: Rowman & Littlefield Publishers, 2003, pp.57~74.

② 丁柏铨:《媒介融合:概念、动因及利弊》,《南京社会科学》2011 年第 11 期。

③ 彭强:《对互联网跨界融合知识产权保护的若干研究》,《电子知识产权》2014 年第 12 期。

的角度和领域,虽然提法不尽相同,但其分类的角度可以划分为以下两大类:

(一)以跨界为视角来研究产业跨界融合模式的分类

综观已有研究文献,部分学者以跨界为视角对产业跨界融合模式进行分类研究。如陈颐(2016)、朱磊等(2018)均以两岸产业的跨界融合为主题,提出必须加强跨界、加快新旧产业融合,一致指出跨界融合新模式必须采取兼具三种属性的"跨界",即在政府的协调下实现跨行业、跨组织与跨区域的联合协作。[1][2] 在管理实践中,海尔通过跨国界、跨行业与跨领域的模式对全球资源进行聚合与转化,构建产业创新生态。[3] 张辉等(2016)在对"全域旅游"概念的讨论中提出应从"空间域、产业域、要素域与管理域"四个方面打破隔阂,实现跨界联动,以求资源最大效用和游客最佳体验。[4] 乔玢(2015)指出,跨界融合的基本跨界模式为跨国、跨地区、跨媒体、跨行业和跨所有制。[5] 李凤亮等(2015)则将文化产业的跨界融合分为跨门类融合、跨要素融合、跨行业融合、跨地域融合和跨文化融合的"五跨"模式。[6]

纵览已有研究文献,本书发现学者对产业跨界融合模式的分类可以归结为"五跨"范畴,即跨行业、跨门类、跨要素、跨地区、跨组织的融合模式。这五种产业跨界融合的模式总结分列如下:

---

① 陈颐:《跨界融合与跨界治理:论"一带一路"战略下两岸产业合作创新》,《福建论坛(人文社会科学版)》2016年第2期。

② 朱磊、蔡礼辉:《两岸经济合作的新时代与新模式——以"两岸跨界融合新模式"共建现代化经济体系》,《亚太经济》2018年第1期。

③ 滕东晖、万新明、高俊光等:《用户需求+跨界知识,打造突破性创新产品——HOPE平台的跨界融合》,《清华管理评论》2019年第Z1期。

④ 张辉、岳燕祥:《全域旅游的理性思考》,《旅游学刊》2016年第9期。

⑤ 乔玢:《跨界融合,既要"跨"更要"融"》,《出版参考》2015年第11期。

⑥ 李凤亮、宗祖盼:《跨界融合:文化产业的创新发展之路》,《天津社会科学》2015年第3期。

1. 跨行业融合

跨行业融合主要是指产业通过与外界的功能互补和拓展来实现跨界融合。如互联网与传统产业联袂向生产、消费领域的广度和深度渗透,并通过引导资金流、物流和人流变化,成为产业跨界投资和融合的重要平台[1][2];文化产业发展中的渗透、融合、转移和集聚特点使之能够与金融、时尚、制造、科技、通信、电脑、商贸与旅游等多个产业"跨界融合"联动发展[3][4];出版界以跨界融合的方式,结合科技和创意,进行"出版+教育""出版+影视""出版+金融"等方面的开发[5];传媒领域也体现出"媒体+互联网""媒体+金融""媒体+地产"等跨行业融合趋势[6]。

2. 跨门类融合

跨门类融合主要发生在行业内部各门类之间的优化重组过程中,目的在于适应市场需求,通过延伸产业链,提高行业核心竞争力和产品附加值,实质是产业价值链功能的解构与重构等[7]。如传媒业打破各种新旧媒体和业务的界限,使要素、产品、市场等一体化[8]。

3. 跨要素融合

跨要素融合是指寻找要素共通点,灵活配置资源,打造新型生态圈和形成新业态[9],主要表现为以文化、科技、信息、创意、资本、市场、人才、品牌与渠道

---

① 杨成长:《产业跨界融合呈现五大趋势》,《中国证券报》2014 年 10 月 24 日,第 A04 版。
② 田涛:《传统市场与网络市场跨界融合研究》,《互联网天地》2014 年第 5 期。
③ 花建:《文化产业集聚发展对新型城市化的贡献》,《上海财经大学学报》2012 年第 2 期。
④ 李君:《艺术品产业与新兴文化产业的跨界融合发展问题研究》,《山西财经大学学报》2016 年第 S1 期。
⑤ 宋朝丽:《跨界融合背景下出版文创的产业布局思考》,《出版广角》2017 年第 22 期。
⑥ 李彪、王永祺:《2017 年媒介融合趋势:从单向度融合到多层次融合》,《出版广角》2018 年第 3 期。
⑦ 夏毓婷:《服务业跨界融合的特征和形成机理》,《南通大学学报(社会科学版)》2016 年第 5 期。
⑧ 刘维维:《媒体融合的内涵、趋势及其对传统媒体的价值分析》,《出版广角》2017 年第 9 期。
⑨ 李凤亮、宗祖盼:《经济新常态背景下文化业态创新战略》,《北京大学学报(哲学社会科学版)》2017 年第 1 期。

等为代表的产业要素通过集聚创新形成的融合发展模式。如跨界营销可利用不同品牌间的共性,基于共同的客户、共同的消费市场、共同的商业机会以及相互联结的产业链等因素开展营销,树立品牌嵌入营销生态圈①②;文化产业集聚科技与金融等要素,在重视文化要素和创意设计的运用能力的前提下,促进各类新业务和新业态的持续开发,打造"文化+科技""文化+创意""文化+会展""文化+旅游""文化+金融"的"文化+5"模式,推动产业融合发展③④。

4. 跨地区融合

跨地区融合主要是指在经济全球化和信息化技术迅速发展的大背景下,形成跨地区产业协同治理,进一步形成社会、组织、管理的融合,通过文化产业区域合作,使文化及相关产品或服务具有增进文化交流、提升产业价值等功能。⑤ 如"双子城"概念用以描述跨越国家或地区行政边界、具有紧密社会、经济、文化联系与共同发展意愿的区域,其跨界融合过程被划分为物质空间融合、行为融合、组织融合与政治管理融合四个维度。⑥⑦

5. 跨组织融合

跨组织融合既包括民营资本和国有资本的融合、国内资本和国际资本的融合,也包括组织间的融合式管理,即在共同的战略目标下开放合作,扬长避短。在我国政府大力推动产业跨界融合的背景之下,覃子夏等(2014)开始探

---

①　周伟:《发现跨界营销的规律与模式》,《声屏世界·广告人》2015年第4期。

②　梅一:《跨界融合:互联网+背景下传统工艺产业的突围之道》,《邯郸学院学报》2016年第1期。

③　王资博:《民族地区文化产业跨界融合发展的路径思考》,《贵州民族研究》2015年第10期。

④　刘凌瑜:《以"文化+5"模式促进长沙文化产业跨界融合发展》,《现代商贸工业》2018年第35期。

⑤　李凤亮、宗祖盼:《跨界融合:文化产业的创新发展之路》,《天津社会科学》2015年第3期。

⑥　Buursink, J., "Becoming Twincitizens in Minneapolis and St Paul: A Case of Territorial Integration", in Society of South African Geographers, *Contemporary City Structuring*, Cape Town: IGU Commission on Urban Development and Urban Life, 1996, pp.78−92.

⑦　王盈、罗小龙、许骁等:《双子城跨界融合研究——杭州临平与嘉兴海宁跨界发展的实证研究》,《经济地理》2015年第8期。

索全新的适合产业特性的兼并重组可行性,提出了文化产业投资基金和淡马锡模式这两种跨所有制的融合路径①。王兰(2018)认为,未来将会呈现出跨国企业与国内企业、传统企业与新兴企业、加工企业与科技企业、制造企业与运营平台之间的跨界共赢新生态。②

(二)以融合为视角来研究产业跨界融合模式的分类

此种分类的视角是以融合形式为视角对产业跨界融合模式进行分类研究,由表2.1可以看出,学术界似乎更愿意从融合过程角度划分产业融合形式,本书认为,这种研究视角对于探究产业跨界融合的机制与模式更具理论意义。从融合过程的视角来看,已有研究对产业跨界融合模式可以归纳为"结合型融合、绑定型融合、重组型融合、延伸型融合"四种融合模式(简称"四融")。

表 2.1 产业融合的分类

融合视角	融合类型	学者	时间
产品关系	互补型融合、替代型融合、结合型融合	李美云	2006
融合程度	完全融合、部分融合、虚假融合	马健	2006
融合方向	横向融合、纵向融合、混合融合	胡永佳	2008
融合结果	吸收型融合、扩展型融合	胡永佳	2008
融合要素	资源融合、技术融合、市场融合、功能融合	麻学锋	2010
融合过程	高技术渗透融合、产业间延伸融合、产业内重组融合、取代性融合	聂子龙	2003
	产业渗透、产业交叉、产业重组	胡汉辉	2003
	高技术渗透融合、产业间延伸融合、产业内重组融合	陈宪	2010
	渗透型、重组型、延伸型	黄丽萍	2013
	渗透融合、重组融合、延伸融合	张冰	2017
	渗透融合、重组融合	崔慧玲	2019
	延伸融合、重组融合	齐飞	2019

---

① 覃子夏、储星星:《中国文化产业跨所有制兼并重组可行路径分析》,《现代商业》2014年第26期。

② 王兰:《跨界融合塑造共赢新生态》,《汽车观察》2018年第12期。

续表

融合视角	融　合　类　型	学者	时间
主体关系	被动融合、主动融合	赵立兵	2015
产业集成	业态一体化、链条一体化、线上线下一体化	谢军梅	2019

注:作者根据已有文献总结归纳而成。

1.结合型融合

结合型融合模式是指某一产业在另一产业中所占的比例越来越大,产业边界不断被突破与模糊化。如在零售业和制造业的结合型融合中,零售商获得了稳定的货源、批量采购的规模经济效应,而制造商也获得了稳固的营销渠道,最终实现了零售业创新发展。①

2.绑定型融合

绑定型融合模式是指实体与服务产品绑定在一起使用,使消费者获得完整的功能体验。如,流通业与农业、制造业、服务业以及互联网的深度融合,形成了以生活服务集成、商旅文一体化为代表的产业跨界融合模式,打破了流通业的原有边界,集成了生产性服务与生活性服务功能,使流通业的"商品流通中介职能"发生根本性变化,逐渐从传统中间商向平台提供商、服务提供商的角色转变。②

3.重组型融合

重组型融合模式是指不同行业的产品或服务在同一标准下,通过重组而结为一体,形成新型产品或服务。如,制造业是创意产业重要的融入方,创意产业通过"越界"进行重组融合,实现制造业的增值服务化。③

4.延伸型融合

延伸型融合模式是指产业的衍生创新带动相关产业共同发展,在经济活动中充分体现交叉渗透性、互补性,尽可能降低成本,从而达到合作共赢的合

---

① 龚雪:《零售商与制造商的动态战略联盟》,《企业管理》2015 年第 2 期。
② 路红艳:《基于跨界融合视角的流通业创新发展模式》,《中国流通经济》2017 年第 4 期。
③ 张艳辉:《创意产业的融合功能研究:共生演化视角》,《社会科学》2015 年第 5 期。

作机制,使行业界限模糊,逐步融合,形成产业发展的新进程。①②

综观业界在产业跨界融合模式方面的探索,主要呈现"五跨四融"的特点,而从已有研究来看,学者要么单独从"跨界"视角,要么单独从"融合"视角,即仅仅从单一视角对产业跨界融合模式进行分类研究,这显然带有一定的局限性。本书认为,"跨界融合"并不是"跨界"与"融合"的简单相加,因此,研究如何在跨界中达到融合的效果,以及如何在融合中体现跨界的特征,是未来学术界需要重点关注的问题。对于业态演变如此迅速的数字创意产业来说,文化创意是其核心价值所在,数字创意产业在融合过程中与其他主体积极互动,持续进行模式创新。数字创意产业可以跨越产业门类、要素集聚、行业主体、区域划分、文化差异等意义上的界限,在不断变化的环境下与其他主体主动融合、被动融合或者互动融合地发展。

三、 跨界融合的效应研究

(一)产业跨界融合效应的表现形式

从表现形式来看,学者们主要从以下三个角度对产业跨界融合效应进行讨论。一是从产业绩效角度,提出技术要素的融合有助于规模和范围经济,改善产业绩效③④;二是从产业结构优化及产业演化角度,提出产业融合可促进产业创新⑤,缩小产业间生产率上升差距⑥, 推动产业结构升级与商业模式创

① 张冰、余可:《"互联网+"视域下体育与旅游产业融合策略研究》,《商业经济研究》2017年第4期。

② 汤洪俊、朱宗友:《农村一二三产业融合发展的若干思考》,《宏观经济管理》2017年第8期。

③ Banker,R.D.,Charnes,A.,Cooper,W.W.,et al,"Constrained Game Formulations and Interpretations for Data Envelopment Analysis", *European Journal of Operational Research*, Vol.40, No.3, 1989, pp.299-308.

④ 郑明高:《产业融合趋势下的企业战略》,《中国流通经济》2010年第6期。

⑤ Hacklin,F.,"Management of Convergence in Innovation: Strategies and Capabilities for Value Creation Beyond Blurring Industry Boundaries", *Springer Science & Business Media*, 2007.

⑥ 柳旭波:《产业融合对产业结构理论的新发展》,《长白学刊》2006年第2期。

新①②；三是从市场竞争关系角度，提出产业融合可改变企业竞争合作关系，形成垂直公司以及联盟③④，促进产业链垂直分解和价值链解构，出现横向产业的企业重组⑤⑥等。

（二）产业跨界融合对不同主体的效应

从主体层面来看，学者们大多从企业、产业和国家三个角度探讨了产业跨界融合带来的效应。从企业层面来看，除了规模和范围经济效应⑦，还能获得边际成本下降效应和知识共享效应⑧，并扩大品牌边界和提高品牌价值⑨，拓展企业业务领域⑩⑪，增强企业竞争实力⑫；从产业层面来看，跨界融合提高了行业核心竞争力和产品附加值⑬，增强了产业发展的活力与动力⑭，促进了产

---

① Chesbrough, H., Schwartz, K., "Innovating Business Models with Co-development Partnerships", *Research Technology Management*, Vol.50, No.1, 2007, pp.55-59.

② 齐亚伟、刘丹：《信息产业发展促进区域产业结构合理化的灰色关联分析》，《经济经纬》2014年第4期。

③ Wirtz, B.W., "Convergence Processes, Value constellations and Integration Strategies in the Multimedia Business", *International Journal on Media Management*, Vol.1, No.1, 1999, pp.14-22.

④ 梁学成：《丝绸之路经济带：旅游业先行发展路径与对策研究》，中国经济出版社2015年版。

⑤ Pennings, J.M., Puranam, P., "Market Convergence & Firm Strategy: New Directions for Theory and Research", *in ECIS Conference*, *The Future of Innovation Studies*, Eindhoven, Netherlands, 2001, p.20.

⑥ 刘晓明：《产业融合视域下我国体育旅游产业的发展研究》，《经济地理》2014年第5期。

⑦ 龚雪：《零售业融合发展的内在机理研究》，《中国商贸》2014年第33期。

⑧ 夏毓婷：《服务业跨界融合的特征和形成机理》，《南通大学学报（社会科学版）》2016年第5期。

⑨ 周伟：《发现跨界营销的规律与模式》，《声屏世界·广告人》2015年第4期。

⑩ 彭强：《对互联网跨界融合知识产权保护的若干研究》，《电子知识产权》2014年第12期。

⑪ 陈少峰、李源：《文化产业的产业变动与商业模式创新》，《北京联合大学学报（人文社会科学版）》2017年第2期。

⑫ 刘维维：《媒体融合的内涵、趋势及其对传统媒体的价值分析》，《出版广角》2017年第9期。

⑬ 李凤亮、宗祖盼：《中国文化产业发展：趋势与对策》，《同济大学学报（社会科学版）》2015年第1期。

⑭ 王资博：《民族地区文化产业跨界融合发展的路径思考》，《贵州民族研究》2015年第10期。

业链的延展①,进而实现产业服务增值和业态创新发展②③,并且通过创意、技术、文化、金融、人才、信息等要素不断集聚、灵活配置、焕发生机,带来良性循环,促进形成新型生态圈④⑤;从国家层面来看,产业跨界融合拉动相关生产需求和消费需求⑥,拓宽人才就业领域⑦,有利于发挥各界之间的联动性,统筹协调发展⑧,并为经济发展提供叠加动力,更好地促进经济升级提质增效,推动经济结构调整、促进产业升级转型、创新发展模式,从而促进经济转型⑨。

本书认为,由于产业跨界融合涉及的范围更广,融合的层次更多,未来研究可以对不同模式下的产业跨界融合效应进行对比分析,并投入更多的定量研究。

四、 跨界融合的实证测度

（一）产业融合识别的原则与方法

在产业融合识别的原则与方法方面,马健(2006)提出共同的技术基础、产业融合全过程、产业界限模糊化是产业融合识别的三个原则⑩。卡兰等(Curran et al.,2010)提出以科学论文反映科学技术知识融合、以专利分析反

---

① 陈少峰、李源:《文化产业的产业变动与商业模式创新》,《北京联合大学学报(人文社会科学版)》2017年第2期。
② 张艳辉:《创意产业的融合功能研究:共生演化视角》,《社会科学》2015年第5期。
③ 苏海燕:《山东产业跨界融合对服务业的影响》,《合作经济与科技》2018年第4期。
④ 梅一:《跨界融合:互联网+背景下传统工艺产业的突围之道》,《邯郸学院学报》2016年第1期。
⑤ 李凤亮、宗祖盼:《经济新常态背景下文化业态创新战略》,《北京大学学报(哲学社会科学版)》2017年第1期。
⑥ 陈宪:《论产业跨界融合对服务经济的影响》,《科学发展》2010年第7期。
⑦ 陈少峰、李源:《文化产业的产业变动与商业模式创新》,《北京联合大学学报(人文社会科学版)》2017年第2期。
⑧ 李凤亮、宗祖盼:《文化与科技融合创新:模式与类型》,《山东大学学报(哲学社会科学版)》2016年第1期。
⑨ 洪振挺:《文化创意产业与相关产业融合发展的机理研究》,《中国市场》2016年第26期。
⑩ 马健:《产业融合论》,南京大学出版社2006年版。

映技术融合与互相介入程度、以合作项目反映产业商业模式融合是产业融合识别的三种方法。[1]

(二)产业融合的测度方法

在产业融合测度方面,学者运用多种不同方法对其深度、广度及贡献度进行了研究。主要包括:

1. 赫芬达尔指数法(Herfindahl-Hirschman Index,HHI)[2][3]

例如,甘巴德拉等(Gambardella 等,1998)采用 HHI 指数测量了电子信息产业中技术融合、业务融合、产业融合的程度。[4] 梁伟军等(2009)通过赫芬达尔指数法得出我国农业与生物产业的技术融合处于低度融合阶段的结论。[5] 吕洁华等(2018)采用改进的赫芬达尔指数法测算了黑龙江国有林区林业产业的融合程度,发现在 2011 年之前林业产业融合程度持续上升,而在 2011 年之后则基本保持稳定且融合水平较高。[6]

2. 熵权法

例如,吴福象等(2011)运用结构熵指数发现通过信息技术改造传统产业,可以产生对产业结构升级的溢出效应。[7] 赵玉林等(2016)采用区位熵对

---

① Curran,C.S.,Bröring,S.,Leker,J.,"Anticipating Converging Industries Using Publicly Available Data",*Technological Forecasting and Social Change*,Vol.77,No.3,2010,pp.385-395.

② 吴雷:《高端装备制造业原始创新中技术投资模式选择研究》,《工业技术经济》2013 年第 7 期。

③ 李锋、陈太政、辛欣:《旅游产业融合与旅游产业结构演化关系研究——以西安旅游产业为例》,《旅游学刊》2013 年第 1 期。

④ Gambardella, A., Torrisi, S., "Does Technological Convergence Imply Convergence in Markets? Evidence from the Electronics Industry",*Research Policy*,Vol.27,No.5,1998,pp.445-463.

⑤ 梁伟军、易法海:《农业与生物产业技术融合发展的实证研究——基于上市公司的授予专利分析》,《生态经济》2009 年第 11 期。

⑥ 吕洁华、刘艳迪、张滨:《林业产业融合度测算及其影响因素分析——以黑龙江省国有林区为例》,《林业经济》2018 年第 5 期。

⑦ 吴福象、朱蕾:《技术嵌入、产业融合与产业结构转换效应——基于北京与上海六大支柱产业数据的实证分析》,《上海经济研究》2011 年第 2 期。

湖北省先进制造业等产业集聚状态进行测度,衡量区域要素的空间分布情况,反映某一产业部门的专业化程度。① 方世敏等(2018)运用最优熵值法模型测度了 2003 年至 2017 年共 15 年,长江经济带和黄河经济带的农业与旅游产业融合系统的产业黏度。②

3. 专利技术法

例如,费利西亚·费等(Felicia Fai 等,2001)利用产业专利份额相关系数对技术融合进行测量。③ 单元媛等(2013)、沈蕾等(2015)利用专利系数法分别对中国电子信息业与制造业、科技服务业与制造业的技术融合程度进行了测算。④⑤

4. 投入产出法⑥⑦

例如,刘婕等(2011)、贺正楚等(2012)利用投入产出法分别分析了房地产业和旅游业、生产服务业与战略性新兴产业的产业融合程度。⑧⑨ 王鑫静等(2018)运用投入产出法研究了中国信息产业与制造业各行业的融合趋势,发现中国制造业与信息产业的融合程度总体呈上升趋势,同时,信息产业与不

---

① 赵玉林、汪美辰:《产业融合、产业集聚与区域产业竞争优势提升——基于湖北省先进制造业产业数据的实证分析》,《科技进步与对策》2016 年第 3 期。

② 方世敏、王海艳:《基于系统论的农业与旅游产业融合:一种粘性的观点》,《经济地理》2018 年第 12 期。

③ Felicia Fai, Nicholas von Tunzelmann, "Industry-specific Competencies and Converging Technological Systems: Evidence from Patents", *Structural Change and Economic Dynamics*, Vol.12, No.2, 2001, pp.141-170.

④ 单元媛、罗威:《产业融合对产业结构优化升级效应的实证研究——以电子信息业与制造业技术融合为例》,《企业经济》2013 年第 8 期。

⑤ 沈蕾、靳礼伟:《我国科技服务业与制造业技术融合对产业结构升级的影响》,《科技进步与对策》2015 年第 8 期。

⑥ 汪芳、潘毛毛:《产业融合、绩效提升与制造业成长——基于 1998—2011 年面板数据的实证》,《科学学研究》2015 年第 4 期。

⑦ 李美云:《广东市场中介服务业的产业关联特点及发展思考》,《经济地理》2004 年第 5 期。

⑧ 刘婕、谭华芳:《旅游与房地产业的关联融合度研究》,《经济体制改革》2011 年第 2 期。

⑨ 贺正楚、吴艳、张蜜等:《我国生产服务业与战略性新兴产业融合问题研究》,《管理世界》2012 年第 12 期。

同制造业行业的融合程度存在较大的差异。①

(三)产业融合测度的数据选取

在数据选取方面,目前研究大多采用产业融合的宏观数据,如汪芳等(2015)利用面板数据分析了1998—2011年产业融合的变化趋势,发现产业融合对产业绩效的提升以及对制造业成长的促进作用②。王洪海(2017)利用直接消耗系数和需求系数来衡量服务业内部跨界融合水平。③ 而李璐(2016)则建议采用微观上市公司数据进行测算。④ 王盈等(2015)通过遥感影像解释、实地调研、访谈与问卷调查相结合的研究方法,获得了丰富准确的定性与定量信息,较为客观真实地反映了跨地区融合的总体状况,以及从居民视角的跨界社会融合需求。⑤

本书认为,鉴于数字创意产业层面的数据统计存在滞后性,建议可采用企业微观数据对其跨界融合程度与效应进行实证研究。

第四节　评述与展望

综上所述,现有研究分别对数字创意产业或者跨界融合进行研究的居多,而将数字创意产业与跨界融合结合起来进行研究的寥寥无几;与此同时,对数

---

① 王鑫静、程钰、王建事:《中国制造业与信息产业融合的绩效及影响因素研究》,《企业经济》2018年第9期。

② 汪芳、潘毛毛:《产业融合、绩效提升与制造业成长——基于1998—2011年面板数据的实证》,《科学学研究》2015年第4期。

③ 王洪海:《基于投入产出表的山东省服务业内部跨界融合发展分析》,《价值工程》2017年第28期。

④ 李璐:《信息资源产业与文化产业融合的实证分析——基于中国上市公司1997年—2012年数据》,《情报科学》2016年第3期。

⑤ 王盈、罗小龙、许骁等:《双子城跨界融合研究——杭州临平与嘉兴海宁跨界发展的实证研究》,《经济地理》2015年第8期。

字创意产业的描述性分析较多,而系统性研究较少;对产业跨界融合模式方面的探索,大多单独从"跨界"视角或单独从"融合"视角,即仅仅从单一视角对产业跨界融合模式进行分类研究;对产业融合的研究较为成熟,而对跨界融合背后的理论脉络缺乏应有的关注;对产业跨界融合的经济效应探讨较多,而对社会效应、创新效应等的研究较少;对数字创意产业跨界融合的企业案例分析较多,而对宏观政策的研究较少;对数字经济的发展和数字技术的应用如何推动数字创意产业的跨界融合更是鲜有涉及。因此,在加快构建以国内大循环为主体、国内国际双循环相互促进新发展格局的背景下,未来研究可立足于数字创意产业,更系统、更深入地从以下方面探讨数字创意产业的跨界融合问题。

(一)夯实对数字创意产业跨界融合的依据研究

具体来说,就是要准确把脉数字创意产业的发展阶段与生命周期,立足数字创意产业的实际发展情况,准确把握产业发展阶段,着眼于当下,对数字创意产业跨界融合过程中出现的问题和不足加以探究,再以发展的眼光加强理论与实际的联系,进而结合数字创意产业所处的生命周期为战略定位与政策制定提供科学依据。

(二)加强对数字创意产业跨界融合机制的研究

要着力体现"创意+数字"的协同渗透作用,关注产业跨界融合背后的理论脉络。在开放的动态系统中,除了技术创新保障、人才智力支撑等要素的跨界渗透融合,还需重视与其他产业进行的各种各样的跨界互动对数字创意产业的跨界融合发展产生的影响。人才的跨界渗透融合是关键所在,数字创意产业跨界融合属于高技术产业和文化创业产业融合的范畴,需进一步研究相关人才培养及关键人才跨界融合机制,为数字创意产业的跨界融合发展做好人才保障。

（三）细化数字创意产业跨界融合的具体模式研究

结合数字创意产业的特点，探索如何拓宽数字创意产业跨界融合的边界，尤其是突破已有理论研究仅仅从"跨界"或"融合"的单一视角研究的局限性，系统研究数字创意产业"既跨且融"的新模式。数字创意产业作为新业态，可跨界融合的领域非常广泛，数字创意产业与生俱来的高技术、高质效、高附加值、无边界等特征，具有推动经济动力转换、加速产业跨界融合的力量，从而会使得数字文化创意产业的跨界融合模式较为容易地推陈出新，而对多种多样的具体模式进行类型化研究，有利于推动更好地实现数字创意产业的跨界融合发展。

（四）注重对数字创意产业跨界融合的实证研究

通过实证研究，对数字创意产业的跨界融合程度进行测量，并探讨其经济效应、社会效应及创新效应。由于数字创意产业正式提出的时间并不长，截至目前，产业层面的统计数据显然较为匮乏，因此未来研究可从微观数据入手，利用上市公司数据测量数字创意产业的跨界融合程度与效应。

（五）多视角对数字创意产业跨界融合的比较研究

数字创意产业在世界各国甚至全国各地的发展程度与特征都不尽相同，政治、经济、社会等环境对数字创意产业融合发展均具有重大影响，未来可以从国际比较视角与国内比较视角两个方面进行比较分析，重点借鉴国内外数字创意产业跨界融合优秀代表的发展经验，并进行案例分析与比较分析。

（六）增强对数字创意产业跨界融合政策支撑体系的针对性和可操作性研究

目前，数字创意产业正处于高速成长期，对技术要素、资金要素、人才要素等有着巨大需求,需要借助多要素的渗透和其他产业的联动来推动自身的跨界融合发展,因此,要在科学分析数字创意产业生命周期与发展阶段实际情况的基础上,切实可行地设计数字创意产业的跨界融合政策支撑体系。

第三章　我国数字创意产业概况与跨界融合趋势

近年来,作为涵盖制造、艺术、设计、服务等产业发展全过程的跨界融合新兴产业,数字创意产业已成为赢得未来竞争优势的关键领域,代表着新一轮科技革命和产业变革的方向。自"十三五"规划颁布以来,我国数字创意产业高速发展,推动传统制造业、文化创意产业和设计服务业的跨界融合,对经济、文化与社会发展的重要性凸显。本章将对我国数字创意产业发展的宏观环境、各细分行业发展特征进行分析,以探究阻碍数字创意产业跨界融合发展的主要瓶颈及成因,从而总结出数字创意产业跨界融合新趋势。

第一节　我国数字创意产业发展的宏观环境

数字创意产业是我国新时代重点发展的战略性新兴产业之一,正日益成为我国转变经济发展方式、满足消费升级需求、引领社会风尚的重要支撑。《"十三五"国家战略性新兴产业发展规划》中,战略性新兴产业领域的选择与"十二五"时期一脉相承,根据科技创新前沿发展情况和经济社会发展的重大需求,将战略性新兴产业领域整合创新为新兴技术产业、生物产业、高端制造产业、绿色低碳产业、数字创意产业等五大新兴支柱产业。"十四五"规划提出,加快推动数字产业化、产业数字化转型,实施文化产业数字化战略,壮大数字创意、网络视听、数字出版、数字娱乐、线上演播等产业。进入新时代以来,我国数字创意产业步入了政策与市场需求双重利好、技术与文化资源合力支撑的黄金发展阶段。一个产业的健康发展与该产业所处宏观环境息息相关,本节依据 PEST 理论,从政治、经济、社会和技术四个方面来具体分析我国数字创意产业发展的宏观环境。

一、 政治环境

我国于 2013 年提出了"一带一路"倡议,旨在促进我国与周边国家的经济合作。该倡议一方面提高了我国数字创意产业的出口水平,推动了中国文化自信地"走出去"战略的实施;另一方面,加快了中外文化的交流碰撞,有利于数字创意产业的跨界融合。党的十九大报告也明确指出,"创新是引领发展的第一动力",通过实施创新驱动发展战略,为打造科技强国、数字中国和智慧社会提供了强大的技术支持。在"一带一路""创新驱动""科技强国""可持续发展"等战略的引导下,我国数字创意产业在良好且稳定的政治环境中实现了高速发展。

2016 年底,国务院在《"十三五"国家战略性新兴产业发展规划》中肯定了数字创意产业作为战略性新兴产业之一的关键性地位,并提出到 2020 年数字创意产业应该成为重点培育的五个产值规模达到 10 万亿元级的新支柱产业之一。此后,相关文件密集出台,数字创意产业迎来前所未有的政策红利期。2017 年公布的《战略性新兴产业重点产品和服务指导目录》将数字创意产业相关行业、产品和服务纳入其中。数字创意产业由此享受到相关优惠政策,被纳入国家技术创新工程、战略性新兴产业发展基金、国家新兴产业创业投资引导基金、战略性新兴产业创新领军人才行动的支持范围。同时,科技部、财政部等部门已经修订《高新技术企业认定管理办法》,数字创意领域的大部分行业都已被纳入高新技术企业认定范围,数字创意企业可据此被认定为属于高新技术企业,享受到相应的税收优惠政策。2017年4月,文化部出台《关于推动数字文化产业创新发展的指导意见》,立足产业发展趋势,在整体规划上提出了优化数字文化产业供给、优秀文化资源数字化、相关产业融合发展、扩大和引导数字文化消费等四个主要发展方向,同时,也对动漫、游戏、网络文化、数字文化装备、数字艺术展示、前沿领域等主要产业领域进行了重点布局和引导。2020年,"十四五"规划纲要进一步强调了数字化建设的重要性,并指出要加快数字化发展、建设数字中国,促进数字技术与实体经济深度融合,赋能传统产业转型升级。为规范和保护创意产业的成长,国家还颁布了一系列的政策与立法文件(详见表3.1、表3.2)。

表3.1　我国支持数字创意产业发展的主要政策文件

时间	文件名称	相 关 内 容
2009	文化产业振兴规划	明确提出数字内容产业是新兴文化业态发展的重点
2011	"十二五"规划纲要	发展数字内容服务,大力发展文化创意、影视制作、出版发行、印刷复制、演艺娱乐、数字内容和动漫等重点文化产业
2014	推进文化创意和设计服务与相关产业融合发展的若干意见	促进文化产业与科技的融合,包括移动互联网在内的数字文化产业、动漫、手游等文创企业都将获得政府支持
2016	2016年政府工作报告	首次提出"数字创意产业"概念,要"大力发展数字创意产业"
2016	"十三五"规划纲要	强调"支持数字创意产业发展壮大",并列入支持战略性新兴产业发展任务当中
2016	"十三五"战略性新兴产业发展规划	将数字创意产业列为五大战略性新兴产业之一,设立2020年相关行业产值规模达到8万亿元的任务目标
2017	关于推动数字文化产业创新发展的指导意见	进一步确定了数字创意产业的发展方向和路径,并对主要产业领域进行重点布局和引导
2017	关于进一步扩大和升级信息消费,持续释放内需潜力的指导意见	再度提出要大力发展数字创意产业,并透露将制定相关政策,促进数字创意产业的进一步发展
2018	关于延续动漫产业增值税政策的通知	实施动漫产业增值税政策,动漫软件出口免征增值税

时间	文件名称	相　关　内　容
2020	"十四五"规划纲要	强调"加快数字化发展、建设数字中国",推动数字产业化、产业数字化转型
	文化和旅游部关于推动数字文化产业高质量发展的意见	明确数字文化产业发展的目标、思路和主要任务,有利于以文化创意和科技创新培育新型业态
2021	关于推动公共文化服务高质量发展的意见	提出加快推进公共文化服务数字化,探索新型文化服务方式

注:作者根据相关政策文件整理而成。

表 3.2　我国(数字)创意产业的主要立法文件

时间	文件名称	发布部门	法律效力
1991	中华人民共和国著作权法	全国人民代表大会	法律
1999	关于制作数字化制品的著作权规定	国家版权局	行政规章
2005	公共文化体育设施条例	国务院	行政法规
	营业性演出管理条例	国务院	行政法规
2009	营业性演出管理条例实施细则	文化部	行政规章
2011	文化市场综合行政执法管理办法	文化部	行政规章
2015	互联网等信息网络传播视听节目管理办法	国家广播电影电视总局	行政规章
2015	广播电视有线数字付费频道业务管理暂行办法(试行)	国家广播电影电视总局	行政规章
2016	营业性演出管理条例(修订)	国务院	行政法规
2017	互联网文化管理暂行规定(修正)	文化部	行政规章
2019	网络音视频信息服务管理规定	国家互联网信息办公室、文化和旅游部、国家广播电视总局	行政规章
2021	网络表演经纪机构管理办法	文化和旅游部	行政规章

注:作者根据相关立法文件整理而成。

二、　经济环境

随着我国经济持续健康发展,经济运行稳中有进,2018 年,国内生产总值突破 90 万亿元大关,比上年增长 6.6%,其中,数字经济总量达到 31.3 万亿元,在 GDP 中的占比为 34.8%,并且这一比例还会随着 5G 通信技术的应用而持续扩大,成为撬动经济发展的新杠杆。

在宏观经济整体向好的情况下,居民收入水平和整体消费能力也得以快速增长。2014—2018 年,我国居民人均可支配收入从 20167 元增至 28228 元,增长了 40%。居民收入水平的增长为我国整体消费能力的增强提供了有利的环境,居民人均消费支出亦由 2014 年的 14491 元增长至 2018 年的 19853元,增长了 37%,消费连续 5 年成为拉动中国经济增长的第一动力。在消费支出构成中,居民的消费重点也逐渐转移,消费行为从传统的生存型物质性消费向发展型、服务型等新型消费转变,文化娱乐消费提质扩容。2016 年,我国居民人均文教娱乐消费支出为 1915 元,同比增长 11.14%,占人均消费支出的11.19%;2017 年我国居民人均教育文化娱乐消费支出 2086 元,同比增长8.9%,占人均消费支出的比重为 11.4%;2018 年我国居民人均教育文化娱乐消费支出 2226 元,同比增长 6.71%,占人均消费支出的比重为 11.2%(如图3.1 所示)。此外,商品和服务消费正向品质消费升级,消费者更加注重技术革新带来的品质提升与智能化,注重消费产品的创意设计和精品制作,追求消费场所的专业性、品质感和个性化。居民消费能力的提升和消费结构的升级有利于新兴消费的产生。

泛娱乐消费在消费升级的浪潮和品质革命中应运而生,它们满足了以"00 后"为代表的"后千禧世代"的消费需求,带动了以在线教育、网络文学、动漫、影视、游戏等为代表的一大批数字创意产业破壁崛起,并使通信、教育、娱乐、旅游、医疗保健等领域的消费呈现出爆发式增长势头。相应地,泛娱乐产业正以前所未有的增长态势成为我国新经济的重要组成部分和拉动力量。

一方面,泛娱乐产业凭借精品 IP 和优质内容不断提升用户虚拟消费的付费意愿,并通过衍生品开发、联动销售等方式带动实物商品的销售,使虚拟消费和实体消费实现"双升级",充分发挥出经济增长中消费的基础性作用;另

图 3.1　居民人均消费支出及教育文化娱乐消费支出

一方面,泛娱乐产业在"连接"思维和"开放"战略下加快了网络文学、影视、动漫、音乐、游戏等的共融共生,成为推动数字创意产业跨界融合的"中枢"和"桥梁",促进了数字创意产业网状价值链生态圈的形成,成为推动数字经济持续快速发展的支柱型产业。《泛娱乐产业白皮书》显示 2016 年我国泛娱乐产业市场规模为 4155 亿元,约占数字经济的 18.4%;2017 年,泛娱乐核心产业市场规模约为 5484 亿元,占数字经济比值超过 20%;2018 年,泛娱乐市场规模达到 7000 亿元左右。未来,泛娱乐产业所蕴含的巨大动能将持续释放,成为推动数字经济乃至整个经济社会发展的重要引擎。

三、　社会环境

在我国全面建成小康社会进程中,国民已经表达出更多的精神追求,与文化、创意设计有关的文娱产品得到更多青睐。尤其是在数字化、网络化的传播过程中,数字内容产品由于自身的便利性、快速性、灵活性等,在人们的生活中扮演着越来越重要的角色,为知识、内容和创意付费成为新的消费形式和习惯。2018 年,我国网民规模突破 8 亿人,互联网普及率达 59.6%,并且有不断上升趋势,预计未来我国的网民规模基数将不断增大。其中,手机网民规模达8.17亿人,手机网民占网民比例升至2018年底的98.6%①,可见在我国互联网环境中,手机端占绝对重要地位。2008—2018年我国网民规模和互联网普及率、手机网民规模和占比如图3.2、图3.3所示。

图3.2　我国网民规模和互联网普及率(2008—2018年)

图3.3　我国手机网民规模和占比(2008—2018年)

---

① 互联网络信息中心(CNNIC):《中国互联网络发展状况统计报告》,见 http://www.sohu.com/a/29815519 0_532789。

随着网民群体的进一步扩大、手机网络用户的快速增加,互联网各类服务应用也保持了较高速的增长。2018 年,我国个人互联网应用范围增大。其中,网络视频、网络音乐、网络游戏和网络文学的用户规模均高于 4 亿人,使用率均高于 60%,而在线教育虽然目前用户规模和使用率不及其他领域,但是同样以惊人的增长率蓬勃发展,高规模与高使用率未来可期。数字创意产品拥有广泛的用户基础,已经成为目前群众文化消费的主流产品。2018 年我国互联网用户规模与网民使用率如表 3.3 所示。

随着互联网和数字技术的不断发展和普及,数字文化产业的新业态、新模式持续涌现,数字文化消费将成为扩大文化消费的主要着力点。博大精深的中华优秀传统文化,奠定了最深厚的软实力基础,是我国文化自信的源泉。在新的时代背景下,对传统文化的挖掘、研究、保护、萃取日益重要,坚持创造性转化、创新性发展,并对优秀文化加以拓展,并赋予新的内涵和表现形式,是数字创意产业发展的不竭源泉。

表 3.3　我国互联网用户规模与网民使用率(2018 年)

	个人互联网			手机互联网		
	用户规模 (万人)	增长率 (%)	使用率 (%)	用户规模 (万人)	增长率 (%)	使用率 (%)
即时通信	79172	9.9	95.6	78029	12.5	95.5
搜索引擎	68132	6.5	82.2	65396	4.8	80.0
网络新闻	67473	4.3	81.4	65286	5.4	79.9
网络购物	61011	14.4	73.6	59191	17.1	72.5
网络视频	61201	5.7	73.9	58958	7.5	72.2
网上支付	60040	13.0	72.5	58339	10.7	71.4
网络音乐	57560	5.0	69.5	55296	8.1	67.7
网络游戏	48384	58.4	9.6	45879	12.7	56.2
网络文学	43201	52.1	14.4	41017	19.47	50.2
旅行预订	41001	49.5	9.1	40032	17.9	49.0

续表

	个人互联网			手机互联网		
	用户规模（万人）	增长率（%）	使用率（%）	用户规模（万人）	增长率（%）	使用率（%）
网上外卖	40601	49.0	18.2	39708	23.2	48.6
在线教育	20123	24.3	29.7	19416	63.3	23.8

此外,由于新一代消费主力军——"Z世代"的崛起,互联网用户呈现更加活跃、个性、年轻的特征。"Z世代"泛指"95后"和"00后",是在信息时代的浪潮下成长起来的一代人。"Z世代"用户深受科技产物和网络文化的影响,对新鲜事物的接受程度高,具有更多元、包容的审美观及价值观,尤其喜爱轻小说、动漫、电竞游戏、短视频、社区等多种泛二次元内容。他们更注重消费体验、内容形式和自我表达,青睐那些身份属性鲜明、个性表达独特的产品,愿意为优质创意内容和爱好付费。伴随用户群体的迭代和消费观念的转变,对文化内容与形式提出了更多元和高质量的要求,推动数字创意产业在多元领域不断发力。同时,在市场的进一步开放下,我国逐渐形成了"原创、差异、多元、交流"的社会文化环境。多元杂交的文化环境是数字创意产业的"土壤",有利于创意的顺利萌芽和生长。

四、　技术环境

数字技术、网络技术、现代通信技术和大众传播技术的发展和全面应用,对数字创意产业价值创造和增值活动具有至关重要的影响。数字技术、网络技术、现代通信技术和大众传播技术的发展和全面应用,对数字创意产业价值创造和增值活动具有至关重要的影响。尤其是在新兴技术方面,人工智能、大数据、云计算、物联网、区块链、5G等数字信息技术迅猛发展,这些核心技术相互叠加,不断重塑数字创意产业,发挥出"1+1>2"的联动效应,为数字创意产业的创新提供了更加便捷、低成本、多渠道的技术平台,使数字创意产业向数字化、高速化、网络化、集成化和智能化方向发展。

　　人工智能技术具有智能互联、深度学习的特点,可以利用机器实现智能活动,通过算法和高新技术处理庞大复杂的内容,帮助缩短新兴产业创新周期、创造新业态新模式。①大数据与云计算技术密不可分,能以决策力、洞察力和优化力来面对庞大而多样的信息资产,为完整的数字创意产业价值链的形成提供基础性支撑,对各个环节进行整合,且在产业间的技术经济关联和行业间的资源统筹方面能够发挥重大作用。物联网是互联网、电信网的信息载体,旨在实现独立物体之间的互联互通,每个人都可以应用电子标签将真实的物体上网联结。区块链作为第二代互联网技术,能以环节加密功能来实现数字协议环境下的共享,为知识产权的保护提供技术保障。此外,区块链的去中介作用能够打通文化、消费方与生产方的连接渠道,使生产者和消费者的沟通更加便利自由,进而对数字创意产业的跨界融合打下基础。5G 是当代高科技发展的基础,在改善用户的感官体验、实现流量变现模式多元化、提升连接密度等方面具有较强优势,有助于与各大垂直行业深度结合,有力推动各行各业的数字化转型,带来数字经济发展新风口。

　　与此同时,3D、IMAX、VR、互联网支付等技术手段的兴起从供给端创造出新的消费需求。在电影放映技术方面,21 世纪以来电影放映技术飞速发展,设备升级换代的速度不断加快,主要表现在数字电影时代的到来,实现了胶片到数字电影的转换,大大加速了电影产业的发展。在银幕方面,从全球来看,影院对科技感、观影体验的重视程度都有所提升,亚太地区 3D 银幕占比高达70%。国内特效影院主要采用中国巨幕、IMAX,截止到 2018 年 6 月底,巨幕共计 820 块,包括中国巨幕 304 块、IMAX516 块。VR 技术方面,随着 Oculus Rift、Sony Morpheus 等的发布,VR 技术进入普及阶段。

---

　　① 　解学芳、陈思函:《"5G+AI"技术群赋能数字文化产业:行业升维与高质量跃迁》,《出版广角》2021 年第 3 期。

第二节　我国数字创意产业细分行业的
发展特征

我国数字创意产业细分行业主要包含了网络文学、动漫、影视、游戏、创意设计、虚拟现实和在线教育等七个领域，根据发展情况可分为四个梯级：一是游戏、影视行业由高速发展步入成熟稳定发展阶段；二是动漫、网络文学和在线教育处于稳步发展阶段，提升机会大；三是创意设计处于成长阶段，面临着内外部诸多问题；四是 VR 则处于发展早期，但应用范围广泛，未来潜力巨大。尽管数字创意产业的各细分行业发展步调尚不一致，但各行业之间具有紧密的关联性和融合性，在相互渗透、不断延伸的过程中，将产生更大的产业价值。本节主要介绍我国数字创意产业七大细分行业的发展概况与主要特征。

一、　网络文学行业

作为以文字为表现手段，以互联网为媒介进行创作、传播的文学作品，网络文学作为一种有别于传统文学的新式文学，具有传播速度快、体裁内容广泛，兼具网络性和文学性特点。经过近 20 年的发展，网络文学进入 2.0 时代。截止到 2018 年底，我国网络文学用户规模达 4.3 亿人，网络文学创作者达 1755 万人，主营业务收入 159.3 亿元[①]，已经成为我国新兴文艺类型的支柱产业。未来，网络文学的发展将立足长远，致力于打造精品，提升我国文化软实力。网络文学行业发展具有以下三个主要特征：

（一）内容质量成为发展关键

随着网络文学行业发展的不断深化，培育优质内容、注重题材内容变化成

---

① 《〈2018 中国网络文学发展报告〉发布》，人民网，2019 年 8 月 10 日，见 http://culture.people.com.cn/n1/2019/0810/c429145-31287235.html。

为网络文学发展的关键。多元题材的发展满足了用户碎片化阅读的需求,随着用户阅读的精细化,题材拓荒时段已结束,网络文学的发展更加重视其"文学性"特点,接地气、正能量的内容创作成为主流趋势。2018年中国原创文学风云榜排名前50作品覆盖仙侠、都市、历史等10个品类,大多归属于现实类、幻想类和历史类等三种题材。首先,现实类题材作品在政策的积极引导下,得到了普遍重视,其创作水平显著提高,整体基调积极健康,不少作家开始讲述中国故事、传播正能量;同时读者也从玄幻、穿越等套路化题材转向现实题材,促进了现实题材作品的发展。其次,幻想类题材作品摒弃以往的"小白文""爽文",价值观和世界观产生了积极变化,"硬核风"逐渐流行;加之作品内容日益重视逻辑性和丰富性,更加注重生活化的表达,幻想类题材作品打破模式化的创造套路,突破传统的幻想类型,不断提升其艺术水平。再次,历史类题材作品则更加注重传统文化统驭其内容创作,以现实态度描写历史,注重历史、现实和创作的有机结合,减少历史虚无主义倾向。最后,其他类题材作品则融合了历史、神话、情感与知识等内容,不断提升作品的思想性和艺术性,更加注重以内容赢得市场。

(二)网文 IP 打通泛娱乐生态链

近年来,网络文学的 IP(Intellectual Property)生态急剧升温,IP 赋能构建泛娱乐产业链和盈利模式,通过产业链各环节的联动形成生态链回路,网文 IP 贯穿生态链始末,并拓展了 IP 的生命力。第一,网络文学在广告、影视、动漫、听书等领域不断延伸,逐步构建了由网络作家、IP 产业平台、影视投资商、动漫公司、客户端产品制造商等组成的复杂而完整的产业链,其中处于产业链最上游的网文 IP 不断向下游输送题材内容,是产业链构建的动力源头。第二,网络文学由最初的免费阅读到付费阅读,演变为当前的 VIP 付费收入、无线阅读收入,以及影视、动漫、游戏改编等的版权收入相结合的多元收入渠道,形成了以网文 IP 为中心的盈利模式。目前,网络文学收入主要在 VIP 付费和无线阅读领域,IP 改编的版权收入还处于探索阶段,但随着优质 IP 赋能文娱产业的发展,其盈利模式将实现均衡。第三,由网文 IP 改编而成的影视排行霸榜、动漫领域全面开花、游戏付费再添新高,IP 价值更是不断被放大,无论是网文作品还是其衍生品都获得巨大成功,市场潜力有待被挖掘。总之,网文IP 将影视、游戏、动漫等领域串联起来形成生态闭环,激发链条上下游各环节的多维联动,不断提升 IP 效应,全生态链相互借力,互为辅助共同成长。

(三)粉丝生态让"阅读"超越阅读

网络文学的用户和作家逐渐趋于年轻化,且用户向粉丝转化趋势明显,围绕作家、作品和角色而产生的粉丝生态赋予阅读以生命力,有助于打破传统中"你读我写"的桎梏,推动社交化阅读不断发展,加深了阅读的内涵。首先,与互联网共同成长的"Z 世代"全面进入网络文学领域,19—24 岁读者占比达45.1%,相对应的"95 后"年龄段作家占比达 48%①,在创作和用户领域各占半壁江山。其次,新生代的读者和作家不仅在年龄层上一致,还在重视精神享受等价值观上契合,引起读者与作品的情感共鸣,推动用户向粉丝转化,构建作家、网文平台和读者互惠的粉丝生态,唤起用户活力和作品价值。再次,新生代易受兴趣内容影响和重视个性表达的特点打破了单一的阅读层面,推动了社交化阅读的盛行,投票、吐槽、评论等已成为粉丝与作家的日常互动方式,位列榜首的作品评论数量已超百万条,助推了粉丝对作品的喜爱。最后,由粉丝对作品和角色的狂热激发的粉丝生态,让阅读跳出二次元世界,催生衍生品的出现,引起"原著粉"和"剧粉"的双向流动迁移,通过阅读、打赏互动、支持正版作品等,促进自身和作家、平台的共同进步,而不是让阅读只停留在阅读层面。

---

① 沈杰群:《网络文学行业好"年轻",95 后用户和作家占比激增》,《中国青年报》2019 年3 月 22 日。

二、 动漫行业

动漫是动画与漫画的合称,指以创意为核心,以动画、漫画为表现形式,涵括动漫图书、报刊、电影、电视、音像制品、舞台剧、视频网络游戏、手机游戏与多媒体产品等相关娱乐和艺术,以及其他各种衍生物的多重内涵的文化概念。[①] 动漫行业具有高投入、高利润、高风险等特点。在移动互联网的迅速普及、腾讯等文娱产业资本的助推下,我国动漫行业出现了快速发展势头。据不完全统计,2013 年至 2018 年,我国动漫行业总产值由 882 亿元迅速增至 1747 亿元[②],五年内实现了翻番目标。动漫行业发展具有以下三个主要特征:

(一)国家扶持与政府监管引导发展

国家扶持与政府监管双管齐下,引导动漫行业朝着健康、规范和可持续的方向发展。国家对动漫行业的扶持主要集中于三大领域:一是深挖历史革命题材。讲述历史之实、补精神之钙的优秀作品纳入"中国梦动画精品创作扶持项目"系列,加大扶持力度。二是弘扬中国梦与当代精神主题。通过实施"弘扬社会主义核心价值观动漫扶持计划",充分发挥动漫作品在弘扬社会主义核心价值观中的积极作用,以动漫之音唱响主旋律、正能量之歌。三是传承优秀传统文化。通过实施"'原动力'中国原创动漫出版扶持计划",弘扬中华优秀传统文化,培育本土优秀动漫作品。国家从市场与内容两方面加强对动漫的政府监管。一方面,以知识产权保护为重点加强市场监管。加大对原创动漫形象、品牌、衍生产品的知识产权保护力度,大力整治侵权、盗版等损害知识产权的行为。另一方面,以动漫产品为载体加强内容管控。重点检查和查处含有违背社会公德、教唆犯罪、宣扬暴力与淫秽色情低俗等违禁内容的网络

---

① 周霞、王朝晖:《动漫文化视域下弘扬中国精神的研究》,《改革与开放》2019 年第 5 期。
② 艾瑞咨询研究院:《2018 年中国动漫行业研究报告》,见 http://www.199it.com/archives/808558.html。

动漫产品。

（二）全产业链开发铸就价值最大化

动漫产业链主要包括上、中、下游等环节。上游为内容方，中游为渠道发行方，下游为衍生品开发企业。产业链盈利能力随着产业链方向逐步扩大，全产业链开发成为实现 IP 价值最大化的最佳途径。目前，我国动漫企业积极开发 IP 市场，基于 IP 内容多方位布局主题公园、服装、玩具、影视与游戏等领域，以各领域联动营销，打通上下游产业链，带动用户持续消费，加速 IP 变现，实现全产业链价值最大化。例如，一些网络平台借助自身平台优势，由原本单一的动画内容逐渐发展成为覆盖漫画、游戏、网络大电影、影视剧与直播等内容的二次元全产业链，成功开拓了动漫用户的蓝海市场。此外，全产业链开发包括内部衍生一体化经营和利用比较优势联合发展两种方式，企业根据自身在产业链中的位置和规模体量进行相应的选择。例如，"创梦天地"除了开发《零一之道》等原创漫画 IP、改编运营《火凤燎原》等知名漫画 IP 外，还与腾讯动漫联合，发挥双方比较优势，共同参与漫画 IP《我是大神仙》动画化项目的开发，盘活自身已有 IP 资源，进一步放大 IP 价值。

（三）动漫赋能激活传统文化

"动漫 IP+传统文化"为挖掘传统文化价值、弘扬和传播传统文化提供了新机遇。原创动漫产品积极挖掘传统文化，以动漫形式讲述中国故事，大批优质精品动漫应运而生，传统文化活了起来。首先，在内容上，积极挖掘传统文化、讲好中国故事。如，《狐妖小红娘》从传统文化中汲取精华，打造优质爱情故事内核，赋予作品强大生命力，赢得了观众广泛共鸣。其次，在形式上，将传统文化艺术元素融入动漫作品并加以创新。例如，《白蛇：缘起》融入了中国画的意境之美，极具禅意的水墨丹青画、立体动画质感与模糊晕染的彩墨图之间的转变，令人印象深刻、回味无穷。可以说，很多新的动漫作品将内容与形式很好地辩证统一，两者相得益彰，进一步激发了中国悠久传统文化的魅力。例如，《镖人》以隋唐历史为文化内核打造精品故事，在造型设计上，塑造带有中国特色和中国精神的动漫形象，成为我国动漫市场炙手可热的作品，出口日本备受漫迷的喜爱与欢迎；"故宫+腾讯"打造的《奇迹暖暖》推出养心殿主题，授权清代皇后朝服和胤禛美人图形象，用户"穿上"故宫珍藏华服，感受中国文化瑰宝的魅力，将故宫优秀文化资源大众化，以动漫方式传播中国文化遗产的丰富内涵。

三、 影视行业

影视，即电影与电视的统称，是以故事情节、蒙太奇、声音与画面等语言为手段的现代科学技术与艺术相结合的产物。影视行业具有规模化、数字化、优质化、网络化、有偿化与衍生化等特点。在"互联网+"时代下，互联网与影视融合成为必然，行业发展潜力巨大。2015年以来，我国电影票房收入增长速度基本维持在10%左右，呈现平稳增长趋势。影视行业发展具有以下三个主要特征。

（一）行业开始追求精品化

互联网渠道的强势崛起、市场竞争的白热化重塑影视行业格局，行业发展逐渐由"以量取胜"转变为"以质取胜"，在以下五个方面发生了较大的变化：一是从用户需求来看，用户对多元化、精品化作品的需求不断显现，越来越倾向于观看时间短、内容丰富、情节发展快的影视作品。二是从平台发展来看，平台由初始追求新增流量的阶段逐渐转变为注重消费者粘性的新阶段，这一转变使得内容提供方必须拥有更高的制作能力，产品必须拥有更高的质量。三是从内容质量来看，内容提供方逐渐趋向于生产精品化的影视内容。四是从制作成本来看，出现成本优化趋势，这间接提高了影视作品的质量，正向的价值回报激励机制得以实现，低成本、精制作成为行业竞争力的两大主要来源。五是从作品数量来看,近几年电视剧备案总数、制作许可证总数均呈现下降的趋势,行业开始去库存,越来越趋向于追求高质量的作品。

(二)行业发展回归理性

影视行业监管趋严极大地规范了行业操作,挤压了行业泡沫,促使行业朝着规范、专业、成熟的方向发展。从政策传导逻辑来看,国家针对 2018 年影视圈爆出的演员高价片酬、"阴阳合同"和税收罚款等事件,对上游演员持续升级监管措施。政策传导至中游制作方在短期内可能会减少演员的签约、降低行业的产能,造成供给的短缺。但从长远来看,行业制作成本将整体下行,毛利率也有望提升。若下游视频平台压低影视剧价格,缩小相同毛利率下的毛利绝对值,将打破行业涨价逻辑,重塑影视产业链价值和市场新格局。与前期投资热潮、炒作、估值虚高的风起云涌相比,近年来行业资本市场逐步回归理性,加之国家对行业的监管日益趋严,资本投资的热度迅速退却。自 2012 年以来,行业投融资数量快速增长,于 2016 年达到顶峰,期间投融资事件由 20件快速增加到 211 件,掀起全民影视投融资热潮,而后两年内急剧下降到 71件①,全民影视投资热潮渐趋消散,行业资本市场回归正常轨道。

(三)现实主义题材呈现井喷式增长

自 2017 年《人民的名义》开播以来,现实主义题材的孵化逐步走向高潮,在 2018 年"限古令"与"改革开放四十周年"双重加持之下,越来越多的制作方开始加入到现实主义题材孵化的角逐之中,形成了当今现实主义影视题材作品井喷的热闹场面。引发国民热议的现实主义题材作品最大的特色与魅力在于立足当代社会的真实故事并用艺术表达的形式加以凝练,紧扣大众情绪,抓住大众痛点来落脚,充分博得了观众的认同感和代入感。制作者以敏锐细

---

① 前瞻产业研究院:《中国电影产业市场前瞻与投资战略规划分析报告》,见 https://bg. qianzhan.com/report/detail/316/130827-8d3572c5.html。

微的观察力感悟现实生活原貌,并将其准确、细腻的呈现在作品中。自 2016 年以来,现实主义题材电视剧数量持续上升,两年内由 57% 增加至 63%①,位列所有题材电视剧数量的首位,"以小见大"还原真实生活的现实主义题材仍将是主流。

四、 游戏行业

数字创意产业的游戏行业主要是涉及电子游戏的开发、市场营销和销售的经济领域,电子游戏(Video Games 或 Electronic Games),是指所有依托于电子设备平台而运行的交互游戏。我国的游戏行业是数字创意产业中发展最快的行业,也是数字创意产业的主要红利增长领域。2018 年,游戏行业市场规模达到 2144.4 亿元,占全球的 23.6%,其中我国自主研发的网络游戏市场实际销售收入达 1643.9 亿元。② 游戏行业发展具有以下三个主要特征:

(一)产业步入平稳增长期

根据《2018 年中国游戏产业报告》,在 2010—2014 年的高速增长期,资本与热度的涌入让国内的游戏行业无比繁荣,总量从 333 亿元上升至 1122.8 亿元,连续四年增速均超 30%。随着用户基数的积累和缺乏新的增长点,保持高速增长的难度越来越大,2015 年后我国游戏市场开始走向平稳增长期(见图 3.4)。具体来说,一方面,在缺乏新作品的同时老游戏收入减弱,传统的MMORPG 游戏甚至出现了负增长;另一方面,手游的增长趋向放缓,而电视游戏、H5、VR、AR、MR 等新模式游戏还受限于技术和内容方面,难以改变游戏产业的放缓趋势。

---

① 首都影视发展智库、首都广播电视节目制作业协会、清华大学影视传播研究中心等:《中国电视剧产业发展报告 2019》,见 http://www.sohu.com/a/303982428_505774。

② 中国音数协游戏工委(GPC)、伽马数据(CNG):《2018 年中国游戏产业报告》,见 ht-tp://www.sohu.com/a/283483215_263856.2018。

图 3.4 我国游戏市场规模及增长率（2010—2018 年）

（二）游戏助推文化输出

游戏属于"轻"文化产品，不仅较易接触而且时间存续长，还能承载更多的文化精髓，基于以上特质，游戏产品比其他文化产品更易出口。从 2006 年开始，中国网游的海外出口量就呈现爆发式增长，2015 年中国自主研发的网络游戏海外出口实际销售收入达到 53.1 亿美元。① 2018 年因受限于游戏版号冻结，导致一直深耕国内市场的网易不得不加快了游戏出口的步伐，在 2018 年中国发行商出海收入排行版中，名列第三。在此之前，网易和故宫博物院联合创作的《绘真妙笔千山》在全球 200 多个国家和地区发行，将《山海经》《镜花缘》等经典著作融入名画《千里江山图》，带领玩家进入中国绿水青山的传统文化世界，让全世界的玩家领略了中国山水艺术的精髓。

① 中国音数协游戏工委、伽马数据、国际数据公司：《2015 年中国游戏产业报告》，见 ht-tp：//www.ce.cn/culture/whcyk/cysj/201601/18/t20160118_8350335.shtml。

（三）市场缺乏游戏专业人才

伴随着游戏市场的不断细分扩大，用户对游戏的质量要求越来越高，游戏市场对专业人才的需求也越来越大，而电竞游戏产业岗位种类已超过了 100 种，人才缺口超过 50 万。2016 年 9 月教育部新增 13 个专业门类，"电子竞技运动与管理"（专业代码 6670411）就名列其中，隶属于教育与体育大类下的体育类。[①] 但在《2019 年度中国电竞人才发展报告》中依旧指出：截止到 2018 年底，中国电竞相关行业从业者中，电竞生态从业者 7.1 万人，只有 26% 的岗位人力饱和，将近 15 万的劳动力缺口仍然没有补足。根据行业调查结果和行业复合增长率计算，到 2019 年底，行业从业者整体劳动力需求规模将会达到 33.15 万人。[②]

五、 创意设计行业

创意设计，是指不同于一般的设计理念，融入创意的思维，将简单的东西或想法经过延伸设计，再给予另一种表现方式。创意设计融合创意内容和智能设计，尤其是在工业设计、服装设计和建筑设计领域最为突出。在 2018 年，创意设计行业销售收入达 11096 亿元，比上年增长 16.5%[③]，在文化产业发展中位于前列。创意设计行业发展具有以下三个突出的特点：

（一）新模式助力老业态升级

经过十多年发展，创意设计已经渗透到人们的生产、生活等各个领域，不断丰富相关产业的产品和服务，通过与实体经济的深度融合形成的新模式，带

---

① 刘玉堂、周学新：《从边缘到主流：游戏产业在中国文化产业界的角色转换——以电影〈魔兽〉风靡和电竞加入亚运为例》，《中国文化产业评论》2019 年第 1 期。

② 腾讯电竞、超竞教育、电子竞技杂志：《2019 年度中国电竞人才发展报告》，见 http://www.sohu.com/a/317571320_505663。

③ 王洋：《2018 年文化产业保持平稳增长》，《光明日报》2019 年 2 月 13 日。

动传统工业、服装制造与建筑业等传统业态转型升级,提高传统行业的附加值,加快"中国制造"向"中国智造"与"中国创造"转变的步伐。在传统工业上,工业设计助推工业品牌升级,打破以往以技术和功能为核心的产品体系,塑造联合多种品牌的服务和体验模式,如海尔和故宫两大品牌强强联合,推出集功能和创意于一体的"冷宫"冰箱系列产品,为传统工业注入新活力。在服装制造业上,服装设计推动服装业从来样来料加工到自主设计和培育自主品牌的转变,利用数字化技术、3D 打印等新潮生产方式,对接中国传统文化,融合刺绣、旗袍、汉服等"国潮"元素,致力于打造服装业的"中国设计"。在建筑业上,设计的价值更加凸显,"设计+咨询+管理"的大设计理念扩大了业务范围,从传统上单一的设计业务发展到全过程服务,在设计中融合数字景窗、虚拟现实等多种科技手段和中国传统建筑元素,致力于改善人居环境和传承人文历史,带动建筑业的发展,推动行业转型升级。

(二)创意设计生活化

创意设计来源于生活,最终应用于生活,在设计源头上全民参与设计,在产品应用上更加大众化,在创新目的上致力于改善人们的生活质量,构建更加美好的生活。首先,在设计源头上,自 2014 年启动文化创意产业人才扶植计划以来,在全国选择上千名青年设计师加入创业创意设计人才库,创意设计大赛从政府部门联动到各地方、高校,掀起了创意设计的热潮,大学生文化创意设计大赛、创意设计周、创意设计展览等各项创意设计活动此起彼伏。赛事设置更加规范、精细化,评选标准更加生活化、国际化,各项奖励也更加丰厚,政策支持更加接地气,鼓励更多人和作品参与其中。其次,全民参与设计催生了生活化的工艺品出现,产品设计也更加具有地方特色,更加贴近人们生活,如"紫禁城杯"故宫文化创意设计大赛中有类似故宫宫门的箱包系列作品,首届长沙文化创意设计大赛中有包含"长沙文化元素"的铜官窑落地灯等,这些创意作品在人们的日常生活中发挥作用。最后,创意设计融入生活,折射了人们审美水平的提升,消费需求的改变,愿意为好的创意设计埋单也成为一种潮流,因而既具有设计感又具备实用生活功能的产品也更受人们欢迎。

（三）互联网引领商业模式升级

互联网经过深入发展,催生出许多新型商业模式。在互联网商业模式的影响下,创意设计行业逐渐摆脱传统中以"委托设计"或"专业设计"为主的商业模式,朝着融合多主体的"平台模式"、包含全业务过程的"软硬一体化模式"和线上线下充分结合的"O2O模式"方向发展。

（1）"平台模式"。"平台模式"是基于互联网背景产生的一种多主体共享、共赢的商业生态系统。创意设计中的"平台模式"融合创意设计平台企业、设计师、产品制作方和用户等多主体的商业生态圈,创意设计在其中居于核心位置,在其流通过程中,"平台模式"将创意及产品的创造者和传递者相分离,从根本上提高了价值传递效率,并在平台上进一步放大创意设计的价值效能。

（2）"软硬一体化模式"。这种模式是源于互联网企业的"终端+软件+服务"的全产业链业务体系,目前已有部分工业设计企业能独立完成"自主设计+生产+销售"的全过程业务,直接对接工业设计的源头和终端,缩短产业链,提高盈利效率。

（3）"O2O模式"。"O2O模式"是将线下的交易与互联网结合,通过互联网提供流量、个性化信息和汇集客户,实现创意设计的跨地域交流合作和个性化定制,同时以线上为商务交易前台,并充分挖掘线下设计能力和产品制作资源,促进线上用户和线下产品的交易。

六、 虚拟现实行业

虚拟现实(Virtual Reality,VR)又称人工环境、灵境技术,是指能够创建、体验虚拟世界的计算机系统,具有沉浸感、交互性和构想性等基本特征。在新一轮科技革命与产业变革的推动下,VR 行业发展迅速,2015 年中国虚拟现实市场规模仅有 16 亿元,而 2017 年市场规模猛增至 2015 年的 10 倍,高达 160 亿元①,未来市场潜力巨大。虚拟现实行业发展具有以下三个主要特征:

(一)内容制作领域成为热点

随着 VR 硬件技术的逐步改善,以及头戴设备的普及,VR 内容制作领域成为行业热点。企业纷纷倾力推进 VR 内容制作,加大建设集聚内容的平台,有力地保障了 VR 观看数量和质量的双提升,使消费者逐渐养成 VR 模式的观看习惯,终端消费市场逐步扩大。首先,游戏行业的 VR 内容制作最为集中,VR 游戏的数量与日俱增。目前,仅 Steam 平台上 VR 独占的游戏就有 2995 个,适配 VR 的游戏数量超过 3500 个,诸如《辐射 4VR》《节奏空间》《躁热 VR》等 VR 游戏备受用户欢迎。其次,VR 影视的发展也初见成效,《不眠之夜》《爱丽丝冒险奇遇记》等剧作利用 VR 沉浸式特点优化内容呈现,获得了市场的高度关注。最后,随着各虚拟现实内容制作基地的建立,建筑、体育、教育、美术等领域的 VR 内容开发项目也在如火如荼地建设中。基于 VR 内容体验的主题公园、VR 体验店等逐渐在市场上流行,并且受到消费者的认可。未来在 5G 技术的推动下,VR 体验将会变得更快、更优、更方便,将有更多的 VR 内容衍生模式应运而生。

(二)"VR+"释放创新活力

虚拟现实正在加速向生产与生活领域渗透,通过与实体经济的融合发展,释放了实体经济的创新活力,为实体经济赋予了新动能,"VR+"时代已经到来。在教育领域,"VR+教育"可在儿童教育、在线教育、交互教育与实践教育等方面进行突破创新,推进智慧教育的实践,引领教育理念和模式、教学内容

---

① 中国信息通信研究院、华为公司、虚拟现实内容制作中心:《中国虚拟现实应用状况白皮书(2018)》,见 http://www.sohu.com/a/257226916_395737。

和方法的革新。在文娱领域，"VR+直播"突破了传统平面直播的局限性，带给观众更加清晰、真实的画面，2019"丝绸之路"银川马拉松已实现了5G+VR的赛事直播，激发了人们对VR直播的热情。"VR+非遗"使许多鲜为人知的非遗项目得到了进一步的拓展与衍生。从中国戏曲到民间文学，涌现了不少应用VR技术的非物质文化遗产项目，如VR纪录片《昆曲涅槃》、VR短片《清明上河图》等都令人叹为观止。在VR技术加持下，文化物质遗产的保护和传承受到了广泛关注。在制造领域，VR技术已成为推动中国制造创新转型的新力量。我国航天、航空、汽车等高端制造领域均已开启"VR+先进制造"，创新研发了诸如三一重工的太阳能光伏挖掘机、科比特的无人机等高科技产品。除此之外，"VR+医疗""VR+社交""VR+商贸"等"VR+"应用都在百花齐放。

（三）多环节构筑VR产业生态圈

在用户、技术、硬件、内容、开发者、渠道与资本等力量的共同推进下，现阶段我国VR产业生态圈初步建立，一条集器件设备、内容制作、行业应用、分发平台、相关服务在内的全产业链正在形成。其一，在器件设备方面，主要包括显示设备、交互设备、核心器件等。国内以小派科技、pico等为代表的企业在器件设备方面发展迅速，其中小派科技的VR眼镜Pimax 8K以超高的分辨率享誉世界。其二，在内容制作方面，主要包括创意内容、制作技术等，目前VR内容制作创新主要集中在VR游戏、VR影视和VR动漫等方面。其三，在行业应用方面，虚拟现实与实体经济的融合大放异彩，VR技术应用已涵盖了文娱、教育、医疗、工业制造、军事、设计等多个领域，VR体验店、主题公园等场景应用也在遍地开花。其四，在分发平台方面，主要包括支撑系统、聚合平台等的研究开发。国内互联网巨头百度、腾讯、阿里巴巴等均已投资VR平台建设项目，移动、联通等营运商以及华为等企业的技术创新，也极大地促进了虚拟现实的建设。其五，在相关服务方面，主要包括宣传推广等服务，线上、线下等渠道在助推虚拟现实的普及方面发挥了重大作用。

七、　在线教育行业

在线教育（e-Learning），也称远程教育、在线学习，是指利用信息科技、互联网技术等，来传播内容、实现快速学习的教育模式，师生之间主要是利用网络进行教学活动，具有高效率、低门槛、教学资源丰富与突破时空限制等众多特点。依托科技的发展与资本的助推，在线教育行业进入爆发期，其市场规模2018年已超过3000亿元。[①] 随着在线教育被市场的认可，行业将迎来最好的发展机遇。在线教育行业发展具有以下三个主要特征：

（一）线上线下教育呈现融合趋势

在线教育的产生，寄托了人们改变传统线下教育的美好愿景。教育资源分配不均、教学效率低等问题是制约线下教育质量提升的核心点，但也不能否认线下教育具有许多在线教育不能替代的优点，比如老师与学生可以面对面良性互动、学习氛围更加浓厚等。因此，线上教育和线下教育不是相互替代的关系，而是一种相辅相成的关系。首先，线上教育的产品开发是以线下教育资源的整合为基础，如果课程内容质量堪忧，那么在线教育提供的技术支撑和平台互动是毫无意义的。其次，为了教育的普及，线下教育也急需打破在技术和时空等方面的限制。最后，在线教育主要的功能还是培训，它不能完全代替课堂面授教育，特别是在人格素养以及社交技能方面的教育。总而言之，线上教育侧重于资源与平台的提供，线下教育则着重关注个人的成长，为实现教育效率最大化，线上线下教育融合发展才是最佳选择。未来，随着智慧教育的兴起，教育资源与教育内容将趋于智能化、数字化，而 VR、AR 技术的应用，也将提升师生的交互体验，进一步推动线上线下教育的融合发展。

---

① 深圳中商情大数据股份有限公司：《2019 年中国在线教育行业市场现状及未来发展前景预测》，见 https://baijiahao.baidu.com/s？id=1636304513874914093&wfr=spider&for=pc。

（二）教学质量成为盈利关键

在线教育仍被资本看好，并不意味着市场还在疯狂。因营销成本高、盈利难等问题部分企业已黯然离场，仍活跃的企业也并未形成持续的盈利能力。在亏损与机遇并存的情况下，企业必须形成清晰的变现模式，而基于教育的本质，提升教学质量是长久盈利的关键。在行业监管方面，我国在线教育行业近年来存在鱼龙混杂、野蛮发展的现象。2018 年国家加强了行业管控，主要是建立教师准入机制，从根源上增强教师的整体素质。在政策的推动下，企业的师资力量、科教水平与教学能力等教学质量问题得到了重视，提升教学质量成为企业的生存之道。在用户需求方面，用户不再仅仅满足于教育资源的多样化，对教学效果提出了更高的要求，以质量提升用户价值才是盈利支点。在企业战略方面，在线教育行业发展日趋规范，随着行业竞争格局的初步形成，已经进入比拼企业"内功"的 2.0 时代，多而不精的战略已无法与专注的竞争对手进行匹敌。虽然各个细分领域都具有较大的盈利空间，但在某一领域深耕细作，以教学质量形成企业品牌与口碑，才是企业脱颖而出、屹立不倒的最佳战略。

（三）细分领域各具活力

由于不同年龄段的客户需求差异，催生了在线教育行业的多个细分领域，如学前教育、K12 教育、职业教育、语言培训等。人们对教育的重视与追求，使各细分领域焕发活力。首先，学前教育增长空间巨大。在二胎、三胎政策的带动下，幼儿群体扩大，且随着"80 后""90 后"升级为父母，对幼儿的教育也更加重视，学前教育需求强烈，早教 APP 及幼儿教育等都将成为企业的有力增长点。其次，K12 教育继续独占鳌头。在我国 K12 教育是个人教育生涯最重要的部分，且高考可能决定着人生方向甚至改变命运，因此人们对 K12 教育格外重视，目前 K12 教育是在线教育行业发展最快、规模最大的细分领域。

随着行业监管的加强、企业教学质量的提升以及智慧教育的推行,K12教育将继续稳步发展。再次,职业教育大有可为。网易云课堂、中国慕课、B站等平台的兴起,带来了更多优质的高等教育或非学历职业教育资源,且在考公务员、各类职业资格考证等热潮的推动下,职业教育正在扬帆远航。最后,语言培训势如破竹。长期以来,英语学习的用户数量巨大,且覆盖面广。近年来,如日语、德语、韩语等小语种学习的需求也在与日俱增,极大地激发了语言培训领域的生机活力,语言培训领域的热度将会继续加强。

第三节　我国数字创意产业的发展瓶颈分析

当前,数字创意产业发展正迎来黄金时代,国内经济平稳快速增长为数字创意产业的发展提供了广阔的市场空间,相关产业政策日趋完善、科学技术的不断进步为其发展带来显著的驱动力量。然而,我国数字创意产业在发展过程中也存在一些问题与瓶颈。本节将分析制约我国数字创意产业发展,尤其是阻碍数字创意产业跨界融合发展的主要瓶颈以及原因,为对症下药提出相关完善措施奠定基础。

一、　优质内容匮乏

近年来,我国数字创意产品层出不穷且呈现方式多种多样,却没有保障优质内容的持续供应,有文化含量、情感含量、艺术含量的国产作品仍然较少。在细分行业中,网络文学的部分作品题材重复、缺乏创意;影视作品急于求成,多来源于国外创意,原创精品较少,且低级趣味作品横行;游戏力作稀缺,题材雷同、操作单一,跟风模仿等现象较严重。此外,在优质内容稀缺、市场竞争加剧等因素影响下,优质IP出现被过度消费的问题,恶性竞争行为不断滋生。

我国数字创意产业原创优质内容之所以匮乏,主要原因有二:一是数字创意产业人才缺口较大、人才培养模式落后、教育培训和实践相对脱节,数字创意产业人才的专业化程度不高,原创意识和创新能力较弱,严重制约了产业发展;二是许多优秀的国产作品未能得到必要的资源支持和产权保护,使得"劣币驱逐良币"现象丛生,较大比例的低劣作品使得数字创意市场浮躁化,不利于原创优质内容的诞生与成长。

二、 盈利模式单一

我国数字创意产业链发展还不完整,衍生服务成熟度较低,既没有形成规模,更没有形成产业链,严重地影响了企业和产业的盈利。各行业中,电影业的绝大部分收入来自票房,广告传媒、电影整合营销、衍生服务等非票房收入占比较小;动漫业盈利基本集中在"制作"和"播出"两个环节上;在线视频一半以上的收入来自广告收入,付费业务、版权分销等模式尚处于探索阶段。

我国数字创意产业盈利模式之所以单一,究其原因,主要包括:一是许多数字创意企业追求"短平快"的短期盈利,"流量"战胜"内容"、"热度"重于"深度"的盈利思路屡见不鲜,忽视了产业长期盈利能力的根基——平台内容的价值;二是数字创意产业跨界融合的意识与能力不足,衍生开发的领域较为狭窄,缺少创新性、突破性的盈利模式,或是在寻求融合创新的道路上,难以准确定位跨界融合的共同边界,"有形无实",无法实现价值。

三、 侵权现象严重

国内侵权盗版现象较为严重,大规模的用户基础、数字技术的广泛应用成为侵权行为滋生的土壤。其中,论坛、贴吧、网盘、QQ 群、微博、博客等平台成为数字内容产品的盗版"圣地",严重损害了内容制造者和平台播出方的利益;游戏产业中,13%的移动游戏用户在玩盗版游戏;VR 领域中,开始出现与 VR 技术有关的专利侵权与内容争议。

我国数字创意产业侵权现象严重的原因是多方面的。其一,个体的产权保护意识不强,数字创意企业方为追逐利益不惜侵权,消费方为节约成本甘之如饴,更严重的在于,许多人对盗版现象习以为常,缺乏基本的产权意识,产生了更多侵权行为;其二,数字技术是一把"双刃剑",为产品生产、传播带来便利性的同时无意增加了盗版产品的数量;其三,国内对于数字创意产业知识产权保护的法律法规体系尚不完善、由于立法的滞后性甚至造成一段时间的立法空白或真空地带,从而使不法分子有机可乘,获取非法利益。

四、 重复建设凸显

资本蜂拥而至,数字创意产业纷纷开始业务与产品服务的布局,呈现"百花齐放"的景象。然而,这个看似繁荣的领域也深藏着重复建设凸显的隐忧。其中,影视基地存在泡沫,存在过多过滥、一哄而上、资源浪费等问题;在线教育领域贪多求快的模式建设使精品课程相互交叉,对教学资源造成大量浪费;网络文学数量庞大却存在大量"套路",不同作品之间构架相似,没有实质性的区别,无法发挥特色与优势。

我国数字创意产业重复建设凸显的原因也是多方面的。一是数字创意产业缺乏自成体系的内容,缺少必要的分工与合作,耗费大量的人、财、物资源;二是数字创意产业同质化严重,建设模式或产品内容雷同,失去"创意"就是失去核心竞争力;三是数字创意产业定位不准确,无法彰显独特优势,导致发展空间不大,效益转化后劲不足。

第四节　我国数字创意产业跨界
融合发展新趋势

通过分析我国数字创意产业发展的宏观政治环境、经济环境、社会环境与技术环境,了解数字创意产业的 7 个细分行业的发展特征,探究当前数字创意产业发展的主要瓶颈及其成因,本书认为,我国数字创意产业跨界融合发展未来将呈现以下四大新的趋势。

一、 以跨界融合激活产业新动能

我国数字创意产业正向国民经济的各个领域渗透,多项交互融合成为产业升级的重要动力。如电影、动漫等产业通过互联网联动"粉丝经济",利用互联网众筹等模式,开发各类衍生产品,延长了产业链与产业发展生命周期,丰富了产品的变现渠道;数字创意产业与教育的融合有助于提升创意水平,加强数字教育产品的开发和利用;与旅游业的融合可提升旅游产品开发和旅游服务设计的文化内涵和数字化水平,催生虚拟旅游展示等新业态;与农业的融合将提高休闲农业创意水平,促进乡村文化开发;与终端制造的整合将为电子信息行业提供新的竞争力。数字创意产业跨界融合的带动作用日益显著,催生新产业、新业态、新模式,促进了数字技术与实体经济深度融合,在与相关产业的共同发展、跨界融合中激活数字创意产业的新动能,助推我国经济的供给侧结构性改革、转型升级与高质量发展。

二、 以优质内容引领数字新消费

数字创意产业具有在线性和即时性的特点,有效地促进了移动终端用户数字消费。目前我国居民消费需求不断升级,用户付费的习惯已经逐渐养成,越来越多的人愿意并乐于为优质内容与服务付费。数字创意产业与文化产业的融合有最为广阔的发展前景,文化是创意内容的重要源泉,更是数字创意产业参与国际竞争的核心优势。优秀文化资源的创造性转化、数字化升级等是未来产业发展的重点。当前我国数字创意产业的发展趋势体现为以优质内容引领数字新消费,要通过内容创新不断提升传统文化、体验文化和正能量文化的比重,推动形成健康的文艺生态,减少肤浅、低俗作品,加快发展新型文化企业、文化业态、文化消费模式,引领用户高质量消费,并以用户体验为中心,根据用户的需求有针对性地进行数字内容的开发、营销,培育市场需求,促进消费升级。

三、 以产权保护推动付费新模式

产权问题对数字创意产业的内容创新、产业形象和价值分配具有重要影响。当前,国外已经将产权保护放在数字创意产业战略性发展的重要地位,不断加强对数字创意内容的产权保护,积极构建系统化、科学化的保护制度。未来的数字创意产业只有在不断完善开源知识产权和法律体系的前提下,推动付费新模式的流行,才能获得更充分的发展。我国应坚持放管并重,促进发展与规范管理相统一,构建与数字经济发展相适应的政策法规体系,营造开放、健康、安全的数字生态。要在我国数字创意产品已形成庞大用户规模,尤其是互联网原住民已经具备一定消费能力的基础上,用完善的产权保护制度推动数字创意新产品的变现、推动数字创意产品消费潜力的挖掘,进而推动商业盈利模式的创新。

四、 以技术渗透盘活文化新资产

技术是数字内容的载体,内容是数字技术的灵魂。单纯的文化内容推动或者单纯的数字技术很难持续创造产业价值,以技术渗透盘活文化新资产,加强技术与文化相互渗透、推动产业数字化转型、加强关键数字技术创新应用、激发产业活力、创造特色产品服务是未来创新的主要方向。技术渗透将为我国数字创意产业的发展打造全新的产业生态圈,显著提升产业链协同效率,推动数据赋能全产业链协同转型。数字创意产业的未来着力点在于软件生产与硬件生产相辅相成,优质的软件内容是发展的核心动力,良好的硬件装备是内容的载体与表现手段,在相互融合中形成一体化的销售服务模式。数字文化产品的消费需求依赖于技术硬件的承载与传播,在"硬件护航,内容为王"的原则下,越来越多的企业重视数字创意硬件设备与数字文化创意内容的协同发展,以"软硬兼施"为主要手段,满足多样化的消费需求。

第四章 我国数字创意产业
跨界融合机制

跨界融合已成为数字创意领域最主要的特征和发展趋势,对当前调整优化经济结构、促进产业转型升级和业态创新具有重要作用。本章将从动力机制、过程机制与实现机制三个方面分别廓清我国数字创意产业跨界融合的驱动因素、内在作用机理和结果表现。

第一节 动力机制

作为现代数字科技与文化创意深度融合的产物,数字创意产业在新一轮科技革命的大背景下应运而生,并展现出良好的发展势头,不断成长为产业变革方向的领军产业。蓬勃发展的数字创意产业不仅代表着先进生产力的发展要求,而且凭借综合竞争力优势在经济增长中发挥着越来越重要的作用。面对多元化的市场环境和复杂化的竞争格局,开展跨界融合是当前经济环境下的一种突破性创新理念与发展思路,有助于充分发挥数字创意产业优化产业结构、助推经济向好发展的引擎作用。因此,本书认为,推动数字创意产业开展跨界融合的确已成为新时期的产业发展潮流。然而,从数字创意产业跨界融合的趋势转变为数字创意产业跨界融合的现实实践离不开各种驱动因素。

从国内外的实践来看,这些因素可以归纳为政府政策、市场需求、企业资本和科学技术四个方面,如图 4.1 所示。

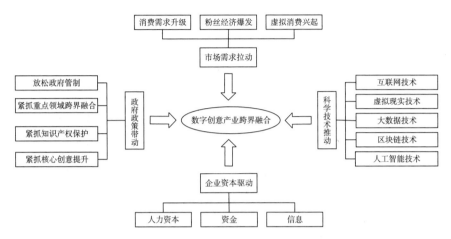

图 4.1　数字创意产业跨界融合的动力机制

一、　政府政策带动

政府政策的带动是促进数字创意产业跨界融合的重要动因之一。近年来,国家就数字创意产业的发展先后出台了若干文件,不仅将数字创意产业纳入战略性新兴产业发展规划,为其发展做好顶层设计;而且从技术和装备、内容和形式、设计水平、产业融合发展等方面对数字创意产业具体发展进行详细部署,从国家战略的高度对数字创意产业的发展予以重视。出台的多项政策文件均指出要促进数字创意产业与其他相关产业的融合发展,加快培育新产品、新服务及新业态,努力打造创意经济无边界渗透格局。政策是产业发展的风向标,一方面,宽松的制度环境极大地激发了企业开展跨界融合的积极性;另一方面,一系列支持保障措施的出台有助于打消企业发展的后顾之忧,进一步提升了数字创意企业与产业开展跨界融合的信心。本章将政府政策对数字创意产业跨界融合的带动作用归纳为"一松多紧"。其中,"一松"指的是放松政府管制,"多紧"指的是紧抓重点领域跨界融合、紧抓知识产权保护以及紧抓核心创意提升。

（一）放松政府管制

各种产业之间存在各自边界与进入壁垒。这种产业壁垒的存在不仅提升了跨界融合的难度,也增加了跨界融合的成本。政府的经济性管制是形成不同产业进入壁垒与严格边界划分的主要原因之一。从产业融合视角来看,则构成了一种制度性障碍。[①] 数字创意产业跨界融合通常需要多个行业共同参与,各行业内的企业可能隶属不同部门管辖,涉及的利益主体也不尽相同。除此之外,分块管理体制下的部分企业还会面临经营范围的严格限制,一定程度上阻碍了数字创意产业融合进程。[②] 上海市政协出台的《关于促进数字创意产业蓬勃、健康发展的建议》中明确指出,当前阻碍数字创意产业发展的一个突出问题就是政府未能创造良好的发展环境与营商环境,缺乏有效的政策引导。因此,要想推动数字创意产业的跨界融合,最为关键的就是要减少管理部门职权的条块分割,通过构建组织协调机制为跨界融合营造有利的政策与制度等营商环境。

当前,优化产业发展环境就是主动适应经济变革,推动政府简政放权,最大限度地取消、下放行政审批事项,深化适应新业态、新模式、新产业发展的商事制度改革,减少对企业生产经营和投资活动的干预,各级政务服务中心积极提升服务水平,转变政府职能、实施"一站式"办理服务模式,进行"最多跑一次"行政审批改革,简化企业办事流程。通过放松政府管制,减少政府行政干预,就好比为数字创意产业跨界融合"松绑",使数字创意产业跨界融合在程序上更加简化、方法上更加灵活,内容上更加多样化,从而有助于企业以市场为导向,充分发挥积极主动性,开创数字创意产业跨界融合的新局面。

---

① 周宇、惠宁:《试论产业融合的动因、类型及其对经济发展的影响》,《山西师大学报(社会科学版)》2014年第5期。
② 厉无畏、王慧敏:《产业发展的趋势研判与理性思考》,《中国工业经济》2002年第4期。

(二)紧抓重点领域跨界融合

政府政策对于数字创意产业跨界融合的带动表现出张弛有度的特点。政府进行"放管服"改革,一方面,简政放权,减少对数字创意产业过多的行政审批行为,降低准入门槛,充分激发市场主体的活力与创新能力;另一方面,加强监管与服务,为数字创意产业的跨界融合提供针对性的指导和政策保障。政府通过紧抓数字创意产业重点领域的跨界融合,有利于实现重点领域的重点突破,进而更好地积累经验与实现突破创新。

从国家层面来看,政府就当前全国范围内数字创意产业发展的整体情况提出了相应的重点领域跨界融合方向。如《"十三五"国家战略性新兴产业发展规划》提出着力发展重点领域跨界融合,主要包括加大数字创意在电子商务、教育、旅游、农业及公共管理等领域的应用。例如,推动电子商务与数字创意产业的跨界合作可以有效增强电商的社交属性,VR 和 AR 技术的运用催生了虚拟现实购物这一全新营销模式[①]等。

从省级层面来看,各地方政府通过结合本地的实际情况如产业基础、发展环境等明了各地数字创意产业跨界融合的重点领域。例如,安徽省制定的《安徽省战略性新兴产业"十三五"发展规划》中指出重点创新发展设计服务业,支持其与建筑业、制造业等领域的融合发展,加强设计服务企业与工业企业对接,促进数字技术在人文景观、园林绿化、楼宇建筑等领域的应用。

(三)紧抓知识产权保护

当前,数字创意产业的主要产出形式是文学作品、影视作品与动漫作品等,这些作品的版权保护极为重要。然而,目前数字创意产业版权保护的现状令人堪忧,传统领域的侵权盗版以及哄抢优质 IP 的恶性竞争不断上演,新兴

---

① 《国务院关于印发"十三五"国家战略性新兴产业发展规划的通知》,见 http://www.gov.cn/zhengce/content/2016-12/19/content_5150090.htm,2016-12-19。

领域专利侵权和内容侵权也频频引发争议。① 侵权盗版行为的发生不仅损害了权利人的利益,更降低了数字创意产业的整体品质,相关恶性竞争行为也破坏了产业内部的有序竞争秩序,不利于打造健康的数字创意产业生态。因此紧抓知识产权保护,是推动数字创意产业开展良性跨界融合的重要举措,国家和各级地方政府均积极响应并出台了一系列的应对政策。

从国家层面来看,相关部门建立起司法、行政、技术和标准相结合的数字文化知识产权保护体系,完善知识产权快速维权机制,加大管理与执法力度,打击数字创意领域盗版侵权行为。② 如国家级知识产权保护平台——中国(浦东)知识产权保护中心的建立,近年来开展了知识产权的民事诉讼、行政诉讼、刑事诉讼“三合一”综合管理改革。知识产权保护体系的设立,在一定程度上遏制了侵权盗版行为的发生,保护了著作权人的合法权益,也进一步鼓励了市场主体创作出更优秀的数字原创作品,并积极开展重点领域的跨界融合。

从省级层面来看,各地也均就完善版权管理,提高版权价值采取了一些积极有效的措施。如《广东省战略性新兴产业发展“十三五”规划》提出,“十三五”期间广东省专门开展数字版权兴业工程,这一工程旨在数字环境下构建汇聚版权内容资源、版权分发渠道、专业版权服务以及各类版权开发应用的开放式服务平台,从而使版权的核心价值在流通和应用中向经济价值和社会价值转化。

（四）紧抓核心创意提升

对于数字创意产业而言,数字化是技术、是手段,产业发展的真正核心是

---

① 刘仁:《数字创意:经济新动力遭遇侵权盗版之痛》,《中国知识产权报》2016 年 10 月 14日,第 9 版。

② 《文化部关于推动数字创意产业创新发展的指导意见》,见 http://zwgk.mcprc.gov.cn/auto255/201704/t20170424_493319.html#,2017-4-11。

创意。因此,只有实现创意向各行业的无边界渗透并构建起不断延长的产业链,才是真正意义上的产业跨界融合。政府紧抓数字创意产业核心创意的提升,涉及装备与技术、内容与形式、设计水平三个方面的内容。

1.装备与技术的提升

就装备与技术的提升而言,要充分发挥企业的主体作用、着力推进产学研用一体化,搭建多主体参与的产业创新平台,重视基础技术研发,通过新型软硬件产品的应用带动相关内容的开发。如《深圳市战略性新兴产业"十三五"发展规划》中强调要建设数字创意产业创新平台,突破关键核心技术保护数字内容产品,提升数字产品技术、文化创意产业基础技术研发和高端装备核心技术研发水平。

2.内容与形式的提升

内容上应注重对中国传统优秀文化资源的汲取和应用,打造反映鲜明地理特征和民族特色的数字创意内容产品,形式上将现代设计理念与传统工艺美术相结合,鼓励创作反映当代特征的数字创意内容精品,支持原创,推动行业数字化,加快中华文化"走出去"的进程。如《河北省战略性新兴产业发展"十三五"规划》中提出,需充分挖掘燕赵优秀历史文化资源,大力发展各种形式文化资源的数字化转化与开发,依托地方特色文化创造乡土气息浓郁、文化内涵深厚的数字创意产品。

3.设计水平的提升

一方面,要提高对第三方设计服务的重视力度,将工业设计的引领作用渗透至企业战略制定、工艺装备、品牌价值等各个方面。另一方面,要发挥高新技术对创意创新的提升功能,从宏观、中观、微观多层面入手,进一步提高城乡规划设计、建筑设计、景观环境设计、装饰设计的发展水平,打造优良的人居环境。如上海市出台的《促进上海创意与设计产业发展的实施办法》文件中指出,要发挥创意产业与设计产业在经济转型升级中的引领作用,充分利用大数据平台与交互设计手段,聚焦工业设计、广告设计、建筑设计、时尚设计、平面与多媒体设计等重点领域,发展服务设计等新业态。

二、 市场需求拉动

数字创意产业是一类主要面向生活需求的战略性新兴产业,诸如影视、动漫、游戏、在线教育、网络文学、创意设计、VR 等细分行业,都是以用户基础为核心,侧重于信息和渠道的开发。在这个瞬息万变的市场上,消费者的需求也是越来越多样化,企业为了有效满足消费者需求,提高竞争力,倾向于横向扩展和纵向延伸业务,跨界融合活动也不断发生。因此,市场需求的变化,包括消费者的需求升级、粉丝经济的爆发以及虚拟消费的兴起等因素,是数字创意产业进行跨界融合的重要动力。

(一)消费需求升级

消费者的需求升级是数字创意产业跨界融合的原动力。按照马斯洛需求层次理论,人的需求可分为生理、安全、爱与归属、尊重和自我实现需求五种类型,从社会现实来看,一般遵循"从低层次需求到高层次需求逐步而依次得到满足"的基本规律。改革开放初期,国民经济发展落后,人民生活水平较低,这时候人们最主要的需求是生理需求,追求"吃饱穿暖"。到了新时代,人民的生活水平得到了大幅度的提升,早就进入了"不愁吃不愁穿"的阶段,尤其是党的十九大以后,随着经济发展水平大幅度提高,人民对美好生活的需要也日益增长,人们的需求层次也逐渐提升,从一般物质层面的基本需求转变成多样化、多方面与高层次的心理和精神层面的需要,开始追求文化精神产品生产与物质产品生产的均衡。

进一步地,人们对于文化作品的要求也从一开始的数量需求转向对于品质和内容的要求。在供给侧结构性改革的背景下,人们日益增长、不断升级的需求也相应提高了供给端,即文化产品的质量,促进了现代数字技术与创意服务的广泛应用,推动了数字创意产业的繁荣。尽管数字创意产业相比传统的以实体为载体进行艺术创作的文化创意产业已经取得了很大的进步,但是面对人们日益丰富的消费需求,仍然需要与相关产业进行深度融合,从而催生出新产品、新业态和新模式。① 尤其是面对年轻一代的消费群体,数字创意产业内,网络文学、影视、动漫、游戏等纷纷开展广泛的跨界融合,以更好适应消费者需求,谋求更大的发展空间。如 20 世纪 90 年代崛起的网络文学顺应互联网的发展趋势,诠释了数字信息时代下媒介与受众的价值变动,使文学形式产生了新的活力,也帮助大众获得了从形式到内容全方位且通俗易懂的阅读体验。

近几年,随着用户年龄构成的变化,消费需求被更加细化与个性化,年轻一代的受众不再满足于"你写我读"的状态,"爱互动、爱传播、爱表达"的他们希望有足够的参与感,这推动了网络文学社交化阅读的盛行。此外,年轻一代的受众更加注重生动的场景呈现,因此网络文学作为 IP 源头的价值逐渐凸显,打造了包括数字阅读、图书出版、影视改编、动漫游戏制作等跨产品的 IP全产业链。消费需求升级所带来的巨大的市场空间形成了围绕一个 IP 的全产业链生命周期的跨产业组织,促进网络文学、动漫、游戏等行业形成真正的跨界融合。

(二)粉丝经济爆发

粉丝经济的兴起是数字创意产业跨界融合的催化剂。在互联网时代,粉丝通过网络实时观察偶像的动态,粉丝经济的兴起创新了企业的营销模式。粉丝因对偶像的喜爱和崇拜而伴随一系列狂热的消费行为,购买偶像代言的商品或追求偶像穿的服装鞋帽的同款,在追随偶像的同时促进了消费,形成了一个巨大的市场终端。在社交商业时代,明星与粉丝的深度交互,将明星的价值观、思维方式与审美等带到了粉丝的面前,与明星有关的商品对粉丝有巨大

---

① 李凤亮、宗祖盼:《科技背景下文化产业业态裂变与跨界融合》,《学术研究》2015 年第1 期。

的吸引力。越来越多的公司注重粉丝营销,利用明星效应将消费者快速集聚,引领消费的潮流,促进价值的实现。而这一切都离不开互联网技术,作为与数字技术和互联网技术密切相关的数字创意产业在电子商务和社交网络中应用广泛,利用数字创意产业的创新技术可以为明星直播、代言广告提供更加广阔的平台,为消费者实时提供更多的渠道,拉近偶像与广大消费者的距离,促进信息传播和分享,提供更加真实美好的交互体验,随之促进消费更加快速的发展。

数字创意产业与电商的融合一方面促进了电商服务的延伸和品牌口碑的传递,另一方面也推动了数字技术在人群中的大量扩散。粉丝营销不仅在服装、商品等实物产品上得到广泛应用,在动漫、手游等虚拟市场上也发挥了重大的作用。比如,近年来越来越火爆的手游市场,玩家不仅仅关注着手游自身的质量,同时他们也在关注着手游的代言人,所以各大手游企业纷纷开始拼代言明星的热度流量。例如,《王者荣耀》游戏曾请来了多位明星为专门的英雄打造了主题曲。凭借着明星的热度,《王者荣耀》吸粉无数,囊括了从小学生到大学生再到青年白领的广大受众群体。数字创意产业与传统的影视制作业进行合作能够将原创 IP 与产业进行完美结合,制造出符合消费者需求的 IP 衍生品,进而有效提取 IP 的价值和形成完整的产业链。再如,《倩女幽魂》手游和青春偶像剧进行的各种营销合作也是一项成功的案例,其覆盖之广,合作形式之多样化,布局之深,令人叹为观止。这部青春偶像剧的剧情就和游戏密切相关,包括男女主角在内个个都是游戏玩家,所以让这款游戏不仅吸引了游戏圈内的受众,也让很多普通观众也纷纷加入其中,实现了相关话题在百度、知乎、微博和微信等主流社交平台霸屏的效果。

（三）虚拟消费兴起

虚拟消费的兴起是数字创意产业跨界融合的助推力。虚拟消费的英文译名是 Virtual Consumption,它是指在视觉上真实,但实际并不真实的一类消费方式,目前比较普遍存在的是诸如网络游戏、数字产品及数字服务等的消费行为。目前"95 后"已经成为社会生产的主力军和未来的消费主体,这类新生代消费者有着其独特的消费特点,他们更爱展现自我,对虚拟消费的热衷度高。大多数"95 后"都是互联网原住民,与智能手机形影不离,习惯通过移动互联网获取信息和生活服务,同时倾向于进行购买游戏道具、虚拟币、知识付费、付费赞赏、购买 app 与购买表情等一系列虚拟消费行为。和听觉相连接的虚拟消费是一片巨大的商业蓝海,随着知识产权保护力度的加强,发展前景愈加广阔。

在信息化时代,消费者需要优质的作品来满足需求,有些产品因其性质的独特性与不可替代性而获得了大批量的消费者、拥护者与支持者,例如,很多文化产品的消费者成为付费听音乐、付费看视频网站、付费听古典油画赏析(由知名艺术大师讲解)等诸如此类的 VIP 会员。虚拟消费催生了诸如直播、主播等新兴职业,这些职员的收入来源很大一部分就是用户的打赏和礼物分成,人气和资源是他们的核心竞争力。虚拟消费的产生也吸引了汽车、快销行业等与数字创意产业的跨界融合活动,近两年世界 500 强企业纷纷开始提升在直播领域的预算,商业巨头也纷纷进场,提高了他们在直播领域的广告投入,以期适应年轻一代的虚拟消费行为。

三、 企业资本驱动

资本在不同的领域有着不同的含义,从政治经济学意义上来说,特别强调资本是一种生产要素,它是人类创造物质财富和精神财富的各种社会经济资源的总称;从宏观经济学意义上来说,资本包括物质资本、人力资本、自然资源和技术知识;从会计学意义上来说,资本是指企业所有者投入生产经营并能够产生效益的那部分资金。由于数字创意产业中技术所占比重较大,本书将单独讨论,此处所讨论的资本主要包括人力资本、资金、数字化的知识和信息等。

（一）人力资本

人力资本是指依附在劳动者身上的体力和智力所具有的经济价值总和。[1] 相比于资产资本、资金资本等物化资本，人力资本作为企业的"活资本"，具有创新性、创造性和灵活性等突出特点，能够根据市场的变化及时有效地配置资源、调整企业发展战略，具有更大的增值空间。在经济增长中，人力资本创造的价值远远大于物质资本创造的价值，人力资源成为企业赖以生存的所有资源中最主要的资源。保罗·肯尼迪（Paul Kennedy）曾在其轰动全球的著作《大国的兴衰》中指出，21 世纪综合国力的竞争，从根本上说，就是人力资本的竞争。其实不仅是大国与大国之间，随着现代市场经济的快速发展，企业之间的竞争也已经由传统的产品竞争，转变为现代科技的竞争、知识的竞争和人才的竞争。为了能够在日益激烈的市场竞争中始终保持竞争优势，很多企业费尽心思地搜寻、挖掘企业发展所需的人才。在现代的市场经济中企业对于人才的渴求和人才资源的相对短缺形成了供求矛盾，加之市场开放程度的加大，使得人才在不同行业、不同企业间的流动速度进一步加快。人才资源在流动的过程中伴随着资本形态上的变化、循环及周转，逐渐由资本形态转化为生产资本，进入产品生产制造领域，最后进入"用人单位"发挥职能作用，获得相应的价值收入。

由于人力资本具有异质性，不同特征的人才在同一企业会带来不一样的价值，同一人才在不同的企业也会带来不一样的价值。人才在原来的工作环境中会形成一定的工作经验和运作模式，当离开原来的行业，随之带走了其本身积累的知识和资源，在进入到新行业后，需要与新行业的团队进行磨合。在交流的过程中，会将原来行业学习到的知识、技术、经验渗透到新行业中与新行业的生产要素进行融合，利用对方的知识技术与经验溢出效应，双方相互学

---

[1] 杨建芳、龚六堂、张庆华：《人力资本形成及其对经济增长的影响——一个包含教育和健康投入的内生增长模型及其检验》，《管理世界》2006 年第 5 期。

习吸收有益的知识、技术。在相互融合的过程中,知识的碰撞还会产生新的知识、新的技术,这就可能会推进跨界新产品的研发生产或者产生新的管理模式,或者开发一个新市场、催生出新的业态。在这种情况下,人力资本的跨地域、跨行业流动所带来的知识、技术、经验和创意等的扩散与融合以及溢出效应,推动了产业跨界融合的产生。数字创意产业作为高度体现创意思维、创新技术的行业,对于人才的要求较高,培训力度较大。而创新创意人才是企业追求的核心要素,若数字创意产业的人才流向其他行业,势必会将创新要素带到其所服务的企业,从而促进两个行业间在产品、服务、技术与商业模式上的相互融合,进而推动两个产业的跨界融合;若其他行业的人才流向数字创意产业,也会将经验、渠道与市场等带入数字创意产业,融合产生的新业态将进一步提升数字创意产业的价值,推动产业的快速高质发展。

(二)资金

资金是企业的血脉,对维持企业生存发展必不可少,企业的任何一项经济活动都离不开资金的支持。当企业的资金较为雄厚时,为了实现经营多元化、生产专业化与产品或服务的多样化,就会借助资本市场的运作,通过股权收购、兼并重组等一系列资产运作手段实现资产增值和业务扩张,促进企业的跨行业发展,推动产业的跨界融合。[①] 企业从本质上讲是一个"资源配置机制",除了土地、厂房、建筑物、机器设备、原材料与产成品等有形资产,商标、专利权与专有技术等无形资产外,还包括人力资源、公共关系资源、客户资源与企业文化资源等各种资源。当企业进行跨行业并购重组时,并购企业可以充分利用被并购企业的资源,进而全面有效地配置。在并购重组之后,收购方一般都要进行人力资源、财产资源、品牌资源、文化资源与知识资源等方面的整合,通过调整企业的组成要素,使其融为一体,发挥"1+1>2"的效果。资金的跨界投

---

① 洪振挺:《文化创意产业与相关产业融合发展的机理研究》,《中国市场》2016 年第26 期。

资嫁接了不同行业间的联系,在整合的过程中两个行业的互动碰撞难免会产生新技术、新模式,推动产业进一步进行跨界融合活动。从产业结构升级转型的要求来看,数字创意产业尚处于产业发展阶段的初期,大多数传统企业已经进入成熟期,当其他传统产业与数字创意产业双方处于不同的生命周期阶段,出于转型升级的特殊动因也会进行跨界并购。产业生命周期理论表明处于不同阶段的企业各自具有相对优势要素。相对而言,数字创意产业的优势要素集中体现为创新性的知识技术和高度创意的思维,传统企业的优势要素主要为财务资源、市场资源和渠道资源等。

越来越多的传统企业在并购重组活动中将数字创意产业作为热点标的,这类并购对于传统产业的转型升级和新兴产业的培育都具有重大意义。一方面,传统企业由于经营时间长、市场相对成熟,通过经营活动所创造的内部现金流即内源融资水平整体上高于数字创意企业,而且相对稳定。而数字创意企业的轻资产比重较高,缺乏抵押物,且由于未来发展具有很大的不确定性、经营风险高,因此不适合传统银行的信贷融资,外源融资水平较低。相比之下,传统行业企业更易于获得银行贷款以及资本市场融资。因此,当传统企业收购数字创意产业之后,可以通过内部资本市场向数字创意产业企业转移现金流,或者为其担保向银行进行信贷融资。另一方面,数字创意企业的创新技术和创意服务对于提高传统企业产品设计水平、生产效率和营销服务能力也意义重大。因此,传统企业对于数字创意企业的跨界投资活动是互利互惠的,数字创意企业能够将创新技术向传统企业扩散,而传统企业能将其融资优势用于数字创意企业的研发投入和技术再造,这样双向共赢的结果又会进一步触发有资金实力的传统企业对数字创意企业的跨行业投资活动,从而加快双方的跨界融合进程。

（三）知识和信息

进入新时代以来,随着经济增长方式的转变,知识和信息在生产等经济活动中逐渐发挥重要的作用。企业凭借区块链、人工智能、云计算等新技术,开始以数据和信息作为关键生产要素、以现代信息网络为重要载体,重视使用信息通信技术来提升效率、优化经济结构,我国加速进入了继农业经济、工业经济之后更高级的经济社会形态,即数字经济。在马化腾和孟昭莉所著的《数字经济》中提到数据成为驱动经济发展的关键,数字素养成为劳动者和消费者面临的新的要求。而对企业来说,数据和信息成为企业的重要资产,也是企业保持持续竞争优势的关键。数字创意产业作为典型的数字经济的产物,通过创意与数字化技术结合,有巨大的发展潜力和市场空间。随着"互联网+"的深度融合,越来越多的产业开始重视利用数据获取信息、了解市场,通过数字技术与实体经济的创新融合推动经济的发展。

以前简单地依靠低成本的竞争优势已不再持续,现代企业需要依靠数据、创意、技术来赢得持续竞争优势。数字创意产业之间的跨界融合降低了信息收集的成本,尤其是用户需求信息的收集成本。例如,在网络文学与动漫产业的跨界融合中,动漫产业能够借助网络文学庞大的用户基数信息拓展自己的市场范围,同时网络文学也可以借助动漫产业快速增长的年轻化、个性化的用户群体探知市场需求的新动态,双方相互借势促进了产业领域内的要素资源尤其是用户资源整合利用到一起,释放了市场活力,促进了产业理念和体制创新,实现了产业价值链的延伸或突破。

四、　科学技术推动

当前正处于全球新一轮科技革命与产业变革的关键时期。数字创意产业作为引领新供给、新消费的高速成长的新型文化业态,其跨界融合离不开科学技术的大力支持,只有依托强大且新颖的科学技术,才能更好地实现文化创意和创新设计在各领域的应用,才能更好地通过大力发展跨界融合赢得产业升级的先机和主动权。

（一）互联网技术

互联网技术是依托计算机技术开发建立的一种信息技术。互联网技术的发展与成熟使得信息交换不再受时空限制，降低了信息交换的使用成本并使得信息交换趋于个性化发展。当前，只有大力发挥传统产业和互联网两者的优势，加速两者的跨界融合，激发双方的力量，才能迸发出新的业态、促进行业创新。2019年政府工作报告明确提出，要加快在各行业、各领域推进"互联网+"，在传统产业改造中引入新技术与新模式，同时要打造工业互联网平台，为制造业的转型升级赋能。

互联网技术对于数字创意产业跨界融合的驱动力主要表现在以下两个方面：

1. 互联网技术催生了新兴业态

互联网技术对于产业的渗透融合是现代产业体系的结构特征，也是现代产业发展的趋势，突出表现在互联网技术对包括工业、农业以及服务业在内的所有产业的渗透与嵌入，进而催生了新模式、新业态。[1] 如数字创意产业中的在线教育、网络文学、动漫产业以及游戏等领域都是新兴文化业态的代表。它们都表现出共同的特点，即以互联网技术为依托、以内容为王、注重原创性、强调信息互动与共。

2. 互联网技术促进新兴业态之间的相互渗透、相互交叉，从而有助于实现跨界融合

通过利用互联网技术构建不同业态之间产业元素渗透的平台，在此基础之上产生的新兴业态则进一步助力产业结构优化和发展新模式。互联网技术正是通过深化产业之间的合作领域，搭建了产业信息和资源流动的平台，使得

---

[1] 唐德森：《科业变革和互联网渗透下的产业融合》，《科研管理》2015年第S1期。

产业合作升级到资本、技术、创意密集领域,最终推动数字创意产业实现跨界融合。[①]

(二)虚拟技术

虚拟技术(Virtual Reality,简称VR),也称为虚拟现实技术,是指综合利用一系列技术,诸如图形渲染、仿真、多媒体、并行处理、屏显和定位技术等,生成三维互动沉浸式环境[②],这种环境具备真实模拟现实的能力。《2016年数字创意产业报告》指出,虚拟现实技术仍处于起步阶段,技术、产品、内容均有待提升,潜力巨大。

虚拟现实技术作为促进数字创意产业跨界融合的重要因素之一,其驱动力主要表现在以下两个方面:

1.虚拟现实技术具有良好的包容性与渗透性

虚拟现实技术作为新技术的集合体可以延伸到产业的不同类别,满足不同产业跨界融合的不同需求。从本质上来说,虚拟现实技术是多种新媒体交互技术的智能终端,能帮助用户实现全身心的投入和真实感觉的深层次交互。此外,现代消费者的文化需求正在发生改变,从单向传播转为互动传播,从独乐乐转向众乐乐,而虚拟现实技术很好地契合了用户的消费需求,满足了消费者体验虚拟内容、感受想象世界、寻求差异化文化体验的要求。[③] 新的消费诉求促使数字创意产业抓住这一发展机遇,积极开展跨界融合。比如,虚拟现实技术与影视业开展跨界融合形成了体验电影、虚拟演播室等,与旅游业开展跨界融合催生了虚拟旅游展示等新模式。

---

① 曾岚婷、林文:《"互联网+"形势下两岸产业跨界融合相关问题分析》,《海峡科学》2017年第5期。

② 武娟、刘晓军、庞涛等:《虚拟现实现状综述和关键技术研究》,《广东通信技术》2016年第8期。

③ 张洪生:《虚拟现实技术与文化产业的发展》,《传媒》2016年第24期。

2. 虚拟现实技术有助于推动相关产业升级

首先,虚拟现实技术可以推动相关产业、产品或服务内容的创新,如虚拟现实技术与动漫产业开展跨界融合,有助于为用户提供更加真实的动漫场景,同时,用户还可以享受动漫人物角色扮演的服务。其次,虚拟现实技术可以促进相关产业、产品外在形式的创新,比如将虚拟现实技术与文博业相结合,推出智能化展馆,使得展览品更加立体、生动。最后,虚拟现实技术可以通过整合产业资源,重塑产业链,实现产业优化升级,从而加速数字创意产业跨界融合进程。

(三)大数据技术

大数据技术是指从各类海量数据中快速获取有价值信息的技术,具体涉及数据采集与预处理、数据存储、数据清洗、数据查询分析和数据可视化等各个环节。习近平总书记在党的十九大报告中提到,要推动大数据与实体经济的深度融合。数字创意产业作为国家重点发展的战略性新兴产业之一,其培育和发展离不开大数据技术的支持,并且伴随着跨界融合现象的大范围出现,大数据技术对于数字创意产业跨界融合的推动力将不断增强,主要表现在以下两个方面:

1. 我国具有良好的大数据技术基础,为数字创意产业跨界融合提供技术保障

"十二五"期间,我国信息产业实现了快速发展,产业规模迅速壮大,互联网经济的蓬勃发展也为产业技术创新积累了丰富的数字资源,信息产业整体发展势头良好。具体而言,软硬件开发取得突破式发展,一批骨干企业相继成功研制出大数据基础平台产品,平台产品数量与规模呈现出井喷式增长的势头,为建设和运营超大规模的大数据平台提供了技术支撑。与此同时,创新数据服务市场逐渐发展起来,部分信息服务企业开始就特定领域研发数据分析工具并提供相应的数据分析服务。此外,通过加快开展深度学习,努力抢占技

术制高点实现了智能分析领域的长效发展。①

2. 大数据技术的应用可以激发新的消费需求,进而加快数字创意产业跨界融合

数字创意产业中的产品与服务大多是以文化创意内容为核心,其本质是为了给消费者提供多元化、差异化、高层次的精神体验。将大数据技术引入数字创意产业,有助于改变传统的运营模式和创新营销模式,进而刺激和拉动数字创意产品的消费需求。大数据技术可以以消费者消费习惯和潜在内心需求的全方位信息数据为基础,凭借其高效的过滤能力和强大的分析能力、处理能力,提高对消费者认知的全面性、详细性和精准性,从而使用户画像更清晰。②例如,当虚拟现实技术与服装产业开展跨界融合时,企业首先可以通过顾客历史购买数据库对其关于购买服装类型、材质、颜色、风格等偏好进行分析,进而在模拟实景的购物体验过程中,优先展示符合其个性偏好的服装,进而激发顾客的消费需求。

(四)区块链技术

区块链技术是指利用块链式数据结构来验证与存储数据、利用分布式节点共识算法来生成和更新数据、利用密码学的方式保证数据传输和访问的安全,利用自动化脚本代码组成的智能合约来变成和操纵数据的一种全新的分布式基础架构与计算方式。作为引领时代发展的前沿科技,其去中心化、节约成本、高效、值得信任等特点为数字创意产业跨界融合发展来带了全新的机遇,其驱动力主要表现在以下两个方面:

---

① 工业和信息化部:《工业和信息化部关于印发大数据产业发展规划(2016—2020)的通知》,见 http://www.cac.gov.cn/2017−01/17/c_1120330820.htm。

② 刘泉:《大数据技术对文化创意产业的颠覆和创新——两岸创意经济研究报告(2017)》,厦门理工学院文化产业与旅游学院,2017年。

1.区块链有助于实现基于数字文化创意本身的价值链重塑①

数字创意产业跨界融合产生的新产品和新服务从生产环节到最终消费环节往往涉及众多利益主体。数字化的创意产品和服务使得内容传播速度呈几何级数增加,而核心的文化创意价值并未被有效补偿。信息不对称、收入分配流程的不透明化使得创意的原生价值受到严重挤压。区块链技术可以凭借其去中心化、公开透明,智能合约等优势将创作者与消费者直接连接起来,从而有效避免现有体系中的暗箱操作等不公平现象,从而让利益最大限度地回归价值创造者。②

2.区块链技术有助于加强版权保护

盗版侵权现象的严重泛滥成为当前阻碍数字创意产业开展跨界融合的重要因素之一。盗版猖獗不仅扰乱了数字创意市场的秩序,也使得众多融合型产品和服务开发商望而却步。区块链技术的应用可以为其开展跨界融合保驾护航,通过时间戳可以为版权所有者提供原创认证,无论何种形式的作品都可以利用区块链予以存储。去中心化的分布式记账功能使得区块链技术能够为版权登记效率低下和司法管辖区域性限制等问题提供有效的解决方案,极大地减少了侵权盗版等投机行为。此外,区块链全程留痕,这意味着作品权利人把版权信息和交易信息记录在链上后,任意节点都可以查询和追踪,即区块链可以完整记录作品创作、修改、权属变更信息,最大限度避免了无权转让的发生。③ 区块链为版权保护提供了新的解决方案,从而为数字创意跨界融合营造了良好的知识产权保护氛围,使得新型产品和服务能够更好地在市场上传播。

---

① 潘道远、李凤亮:《区块链与文化产业——数字经济的新实践趋势》,《文化产业研究》2019 年第 1 期。

② 高诗晗:《区块链在文化产业的应用及发展建议》,《中国市场》2018 年第 14 期。

③ 夏朝羡:《区块链技术视角下网络版权保护问题研究》,《电子知识产权》2018 年第 11 期。

（五）人工智能技术

人工智能技术是研究使计算机来模拟人的某些思维过程和智能行为的一门新技术科学、是在大数据、算法、自主学习、深度学习、传感器等软硬件基础上形成的。[①] 当前，人工智能对颠覆传统行业发展模式、引领未来产业变革方向具有重要意义，逐渐发展成为各个国家争抢的又一技术高地，其对数字创意产业跨界融合的驱动力主要表现在以下两个方面：

1. 复合型的技术原理满足了数字创意产业跨界融合对不同类型技术的需求

数字创意产业跨界融合形成的新产品、新服务和新业态往往具备综合性的功能以满足当下消费者多样化、个性化的需求，而这些综合性功能的实现往往依赖多种技术的交叉应用和组合创新。人工智能技术涉及的学科面非常广泛，包括信息学、逻辑学、认知学、思维学、系统学和生物学等，多学科交叉的特性使其融合了机器人、语言识别、图像识别、自然语言处理、专家系统等多种技术，其本身是技术集聚创新的产物。因此，这种复合型的技术原理可以促使多种技术与创意内容融合互通，通过实现数字创意产业链的紧密连接进而推动跨界融合进程。

2. 人工智能技术加速了创新资源的流通互融进而促进数字创意产业跨界融合

在人工智能主导的科技创新生态系统中，各创新主体之间的产业链、价值链紧密衔接，形成了以"智能化"为主导，以"开放协同"为特点的新型创新生态模式。该模式强调以 AI 算法为核心的主体依赖，实现了创新系统内外创新资源的循环利用并显著改善了系统内部的创新效率。[②] 创新资源流动性的增

[①]　郑添元：《人工智能与伦理法律问题的思考》，《商业经济》2018 年第 4 期。

[②]　解学芳、臧志彭：《人工智能在文化创意产业的科技创新能力》，《社会科学研究》2019 年第 1 期。

强有助于实现资源集聚并倒逼内部功能的优化与升级,促使数字创意企业通过跨界融合不断刷新产品形态与业态。

第二节　过程机制

数字创意产业跨界融合是一个不断发展进化的过程。在包括政府政策、市场需求、企业资本与科学技术四个要素在内的动力机制触发了数字创意产业跨界融合进程之后,各组成要素通过渗透提升、传导迭代、叠加放大、集聚联动和创新扩散①②等一系列环环相扣的过程进行相互适应与融合、相互支撑与促进,最终实现数字创意产业的跨界融合(见图4.2)。

图4.2　数字创意产业跨界融合的过程机制

一、　渗透提升机制

渗透提升机制即数字创意产业跨界融合具有产业链渗透和价值提升的双重功效。通过在相关产业的产品设计、营销传播以及市场开发等产业链环节渗入文化创意、设计服务等核心要素,有助于突破产业边界并形成新型的产业形态,通过产业体系的渗透、延伸、重组和扩容实现数字创意产业的跨界融合,最终促进了新形成的整个数字创意产业价值系统的形成与提升等。

---

①　洪振挺:《文化创意产业与相关产业融合发展的机理研究》,《中国市场》2016年第26期。

②　熊勇清、李世才:《战略性新兴产业与传统产业耦合发展的过程及作用机制探讨》,《科学学与科学技术管理》2010年第11期。

（一）渗透机制

文化创意、设计服务等核心要素的产业链渗透贯穿于数字创意产业跨界融合进程中的研发、生产、营销及衍生品开发四个阶段。第一，研发阶段的渗透机制。相关核心要素以初始创意源为载体，经过团队的创意筛选、创意碰撞等活动形成具有市场价值、完整、成熟的能够实现产品化的创意方案。第二，生产阶段的渗透机制。具有市场价值的创意方案通过在生产系统内部的进一步渗透并经过一系列生产制作最终形成创意产品。第三，营销阶段的渗透机制。以创意产品为载体，通过多种营销渠道、由创意市场营销主体传递给消费者，最终被消费者接受并传播、推广给其他消费者的过程。第四，衍生品开发阶段的渗透机制。凭借其自身极强的衍生性衍生出多种创意产品，从而产生强大的外溢效应和拉动作用，带动其他产业的发展。①

（二）价值提升机制

价值提升是指数字创意产业跨界融合产生的创意化产品或服务各价值链而形成的各个环节的价值提升，包括从最初的"创意生成"阶段，经由中间阶段的"创意产品的开发、生产、传播与销售"等阶段，到最终端的"消费者购买"阶段产生的价值提升。

具体来说，包括以下四个阶段的价值提升：

1. 创意生成阶段的价值提升

是指通过原始素材的积累及潜意识对原始素材的整合吸收，将虚无缥缈的创意灵感转换成可表达的语言或可视化的方案。创意生成有助于借助产品或服务实现价值规划，让创意产品或服务不仅具有一般价值性能，更重要的是具有较高的艺术价值与文化价值，体现了"创意环节"的预设价值增值。

---

① 王发明：《互补性资产、产业链整合与创意产业集群——以动漫产业为例》，《中国软科学》2009 年第 5 期。

2. 开发与生产阶段的价值提升

创意产品或服务的开发与生产环节是将产品创意实物化的过程,在这一过程中,企业将创意产品或服务的经济与社会价值、文化和艺术价值充分融入其中,以此满足消费者的综合性需求,同时要兼顾数字创意产品和服务价值的高额回报,在获取经济效益的同时,实现开发制造环节的价值增长。

3. 传播与推广阶段的价值提升

创意产品或服务的传播与推广环节是向消费者有效传递创意产品或服务价值的综合过程,在这一过程中,企业通过各种运营手段放大与提升了创意产品或服务的价值。

4. 创意产品或服务的终端消费阶段的价值提升

创意产品或服务的终端消费环节对文化创意产品价值的转移和实现具有决定性的作用。负责销售环节的企业将创意产品或服务销售给消费者,实现该创意产品或服务的使用价值与消费者的终端体验价值,最终完成创意产品或服务在整个产业链闭环中的价值增长。[①]

以上数字文化创意产业的创意生成环节、创意产品或服务的开发与生产环节、传播与推广环节以及终端消费环节等各个环节环环相扣,最终通过发挥创意在产业链各个环节的渗透作用,从而实现价值增值与提升的目的。

二、 传导迭代机制

传导迭代机制是指通过将数字创意产业的技术和创意要素向相关产业进行渗透之后,各要素子系统会进一步在产业间进行衔接、传导、迭代与扩大。从字面上理解,传导迭代机制包括要素的传导机制和迭代机制。"传"是传播、传递,"导"是引导或导向,具有方向性作用,迭代是一种为了逼近所需目标或结果而对过程进行重复反馈的活动。所以传导迭代机制是一种有方向、

---

① 刘晓东:《基于价值增长机制的文化创意产品价值共创研究》,博士学位论文,东华大学,2017 年。

有目标以及不断重复反馈的活动。数字创意产业逐渐从关联度较低向关联度较高的产业进行融合,最终形成一个较大的集合体。这种传导迭代机制在数字创意产业跨界融合中在以下四个阶段有不同的表现:

（一）传导迭代Ⅰ

在未进行产业融合之前,各产业内的企业之间独立性较强,它们有各自的技术装备,占据特定的市场,向不同市场上的消费者提供不同的产品和服务,它们之间处于一种弱相关的非竞争状态。随着市场消费者需求的变化和企业技术的进步,一些企业为了获得更大的竞争优势,选择了多元化经营模式,企业逐渐扩大了自己的产品和服务范围,企业之间的业务产生重叠从而改变了竞争格局和市场关系,企业之间的独立性被打破。

（二）传导迭代Ⅱ

数字创意产业中与关联性比较大的传统产业进行融合,相关创意要素在产业之间互相传递、输送。比如文化创意产业与旅游产业,通过将文化产品、娱乐产品与文化服务等文化要素与吃、住、行、游、购、娱等旅游产业的业务活动联系起来,带动文化创意要素在旅游产业的产业链中流动[1],有一部分企业选择加入这个融合过程中来,打造富有创意的文化旅游小镇。

（三）传导迭代Ⅲ

随着关联产业的融合度不断加强,融合集团开始向外部延伸,创意要素在更多非相关产业间传导,产业边界逐渐被削弱直至消失,越来越多经营非相关业务的企业加入这个融合过程中来。比如在文化特色旅游的过程中,美容、化妆、服饰等产品可以引用古代四大美女的故事,在故事中由古代的口脂、唇脂

---

① 但红燕、徐武明:《旅游产业与文化产业融合动因及其效应分析——以四川为例》,《生态经济》2015 年第 7 期。

等化妆用品延伸到自己的美妆产品进行促销。融合后的企业又不断吸引着新的产业和新的企业加入产业融合的过程中,每一次的融合结果都是在上一次传导结果的基础上加入更多新的产业和新的企业来完成的。产业的跨界融合从相关性强的企业扩展到相关性弱的企业,在不断重复运作、融合拓展的过程中伴随着对融合方式和交流形式的修改完善,以适应更大范围内的产业融合,呈现出迭代的过程。

(四)传导迭代Ⅳ

产业链不断得到延伸融合,由链条形式逐渐扩张成为庞大的产业网络,各产业的结构不断优化,规模不断扩大,数字技术和创意提升了整体的产业价值。

三、 叠加放大机制

叠加放大机制是指产业进行跨界融合后,产业的整体收益远远大于单个部分收益相加之和。因为融合后产业链上的单个环节、产业群中单个企业收益的增加会带动融合集团内其他环节和其他企业收益的增加,最终跨界融合形成的新的产业链会在原有部分收益加总的基础上有一个叠加放大或倍增的效应。

数字创意产业与相关产业要素经过渗透、传导之后,打破了产业的原有边界。其叠加放大机制的产生来自创意和科技要素在不同产业之间的横向延伸和在产业链之间的纵向扩展所带来的对产业集群和产业链收益的提升效果。具体来说,数字创意产业跨界融合的叠加放大机制可以划分为以下两种类型:

(一)横向延伸式叠加放大机制

在创意要素横向延伸的过程中,数字创意产业企业与传统产业企业进行跨界融合之后,一方面改善了原有产品的功能,提高了产品的附加值,扩大了企业的产品和服务范围,出现了新产业和新服务,增加了企业的收益;另一方面,跨界融合后的企业可以通过大批量生产降低采购成本和生产成本,间接提高了融合后企业的收益。通过推动数字创意产业与传统制造业、建筑业、教育业、旅游业、农业和互联网等各个领域的跨界融合活动不断催生出新型产业形态和产品服务,增加了传统产业和数字创意产业的发展空间,扩大产业集群的收益。[①]

(二)纵向扩展式叠加放大机制

在数字创意产业的创意要素纵向扩展的过程中,把科技因素和文化因素充分融入产品设计、产品研发、产品生产、产品营销和服务管理等各个环节,提高产品和服务的科技含量和文化含量,形成上下紧密联动、无缝衔接的整体链条,扩大了产业链条的收益。比如在旅游产业与文化创意产业的融合路径中,将文化创意、美学和艺术等思想融入旅游产品的研发环节,设计出具有地域民俗特色和丰富历史底蕴的旅游纪念品;尔后,让旅游景点、相关企业和政府部门借助电视、网络媒体、报纸等多种宣传媒介和微博、微信等现代通信平台对旅游地的文化特色进行广泛宣传,在宣传的过程中突出自身旅游产品的品牌优势和文化寓意,带给消费者精神的享受,强化旅游者的感性认识,如可以打造生态品牌来进行生态营销等。

通过数字创意产业创意要素的横向延伸和纵向扩展的过程,加速创新创意要素的流动,优化了产业要素的配置,提高了组织绩效,带动了整个产业群群体和产业链条收益的增加。

---

① 谢宏斌:《产业融合视域下文化创意产业发展的实现路径——基于科技与文化融合的视角》,《改革与战略》2012 年第 12 期。

四、 集聚联动机制

集聚联动机制是指数字创意产业与相关产业群,通过在时间上及空间上的高度协调一致,实现空间上的集聚发展和空间组织的联动发展。数字创意产业专业化程度的提升,有助于对产业链环节进行细分,并就多个环节向相关产业渗透,通过产业资源的整合在地理区域内形成合理的产业分工和生产力布局,进而改善产业集聚发展的各种服务和配套条件,使得产业链的纵向和横向的延伸空间得到了切实的拓展,最终实现跨越边界的联动发展,加速数字创意产业的跨界融合。

(一)集聚机制

集聚是指产业在空间上集中的过程,实质上是企业在空间上集中分布的一种生产力布局形式。从形成过程来看,数字创意产业的集聚发展经历了企业在地理上的集中、企业间逐渐建立联系、最终形成一个稳定系统的过程。[①]基于演化经济的视角,可将其分为单元聚集、界面构建和网络发展等三个阶段。

第一,单元聚集阶段,是指微观单元,诸如数字创意同类企业、上下游企业、辅助性机构由于经济因子的吸引,进行低成本和外部经济效应等在区域上的地理集中现象,广义上还包括消费者的聚集与参与。但是,这一阶段更多的表现为一种简单的地理上的扎堆,主体之间的信息沟通缺乏,彼此之间的信任有待提升,合作意识较为淡薄,演化程度有待提升。

第二,界面构建阶段,是指随着单个企业的互动增加,企业间的联系形式逐步显现,单元界面日趋稳定,数字创意产业相关微观单元的交流与协作逐渐深入,信息的传播更加自由便捷,彼此之间的信任感增强,数字创意产业集聚

[①] 韦伯:《工业区位论》,商务印书馆 2010 年版。

区不再仅仅满足于简单的地理上的产业集聚,而是显著地加深了互相的分工与协作。

第三,网络化发展阶段,是指随着集聚程度的加深,不仅单元间的合作交易频率持续增长,信息丰富化程度也显著提升,而且相互交易过程中更多的单元的加入,有效地延伸了单元信息共享和合作关系固化开展的空间。此时,简单的线性关系开始进行多维扩展和固化,并逐渐发展成为复杂的网络关系,从而形成一个完整的充满创新理念的社会网络系统。

(二)联动机制

联动是指以产业关联为基础,不同企业之间进行的产业协作活动[1],这些企业位于产业链的同一环节或不同环节。产业联动的核心是不同产业之间的互补、合作与相互作用、相互影响,它是指不同地区从本地区实际出发,结合经济社会发展情况,调整产业结构战略,在更大范围内实现区域之间的优势互补、充分发挥地区协同效应、产业分工体系进一步合理化、科学化。

由上观之,区域产业集聚所实现的合理的产业分工是实现区域产业联动的重要基础,可以说没有数字创意产业集聚,就难以实现数字创意产业的联动发展。数字创意产业联动发展不仅需要以文化创意与设计服务带动创意产品制造与配套服务、衍生产品、品牌服务以及专卖商店的产业联动[2],还需要数字创意企业在巩固既有业务优势的基础上,积极推进产业价值链上的资源整合,通过业务外包、战略联盟一体化、兼并或收购等措施实现优势资源的集中共享,实现开发成本节约和风险的有效分散的目标。

---

[1] 吕涛、聂锐:《产业联动的内涵理论依据及表现形式》,《工业技术经济》2007 年第 5 期。
[2] 花建:《文化创意产业与相关产业融合发展的四大路径》,《上海财经大学学报》2014 年第 4 期。

五、 创新扩散机制

埃弗雷特·罗杰斯（E.M.Rogers）提出了创新扩散理论,他指出,在一个基本社会过程中,主观感受到的某个新语音的信息被传播,通过一个社会构建过程,某一创新的意义逐渐显现,这就是所谓的创新扩散。[①] 数字创意产业跨界融合的创新扩散机制是指数字创意与相关产业基于技术和要素的融合具有创新意义,而且这种创新具有不断扩散的效应。具体来说,数字创意产业包括以下几种创新扩散机制:

（一）技术创新扩散机制

数字创意产业中很重要的创新之一就是技术的创新,通过数字创意产业中的新技术在不同产业和企业间的传递诱导出大量相关创新并进一步形成扩散效应,以吸引更多产业和企业加入进来,从而形成产业集群。融合后的产业集团又会推动新一轮创新发生,由此形成了"创新—扩散—再创新"的过程。[②]

（二）要素创新扩散机制

在要素的创新扩散上,通过数字创意产业中文化和创意要素的整合,打造出既具有浓郁区域特色和民族风格,又不乏鲜明时代特色、符合当代大众品位的创意文化新品牌。数字创意产业与相关产业的融合发展促进了技术和创意要素向传统产业的渗透,进而不断衍生出新型文化业态与形态,加强了产业集群体的品牌体验和价值归属。产业的跨界融合成功的示范效应主要源于创新性优化效应和组织性结构效应,不仅推动了传统产业创新,也改变了以往的企业组织结构。一方面,产业融合过程中产生的新产品和新服务取代了传统产

[①] 埃弗雷特·罗杰斯:《创新的扩散》(第五版),电子工业出版社 2016 年版。
[②] 张秀武、林春鸿:《产业集群内技术创新扩散的空间展开分析及启示》,《宏观经济研究》2014 年第 11 期。

品和服务的市场需求,挤兑了传统产业的生存空间,造成这些产业在整个产业结构中的地位和作用不断下降,促使传统产业进行产品优化;另一方面,产业跨界融合所催生出的新技术改变了传统产业的生产流程和经营模式,促使其产品与服务结构的升级。

(三)结构创新扩散机制

数字创意产业的跨界融合同样影响着企业之间产权结构的调整与企业内部组织结构的创新。企业为了获得竞争优势和利润增长点,在资金充足的基础上会进行跨行业的并购重组,组织结构也从最开始的纵向一体化逐渐变为横向一体化、混合一体化直至虚拟一体化。产业跨界融合过程中催生出的虚拟企业可以通过互联网平台和信息技术快速整合多个企业的资源和能力,以进行业务创新来迅速响应市场需求变化。

总的来说,数字创意产业与相关产业的跨界融合扩大了市场空间,推动了数字创意产业优化升级,产业间由技术创新及要素创新引发的跨界融合以及融合后的创新性优化效应和组织结构效应又进一步在整个经济系统中传播与扩散,最终提高了数字创意产业的经济效益和社会效益等。

第三节 实现机制

数字创意产业开展跨界融合就是要通过不断创新思维,寻找业态融合的动力,提升业态融合的品质,把握业态融合的本质。企业从传统经营的角度单纯追求简单的业务组合并不能实现完全意义上的跨界融合,数字创意产业跨界融合的最终实现需要不同主体积极地在各个层面上进行对接,包括技术融合、业务融合和市场融合三个方面。其中,数字创意产业的技术融合奠定了数字创意产业业务融合的基础,数字创意产业的市场融合是保证数字创意产业有效跨界融合的必要条件,所以,技术融合、业务融合和市场融合三者互相影响、共同作用,最终促进数字创意产业的跨界融合(如图4.3所示)。

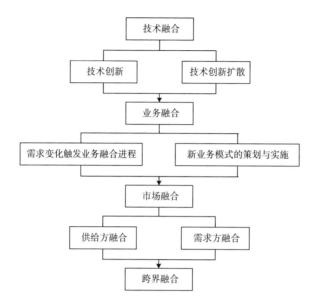

图 4.3 数字创意产业跨界融合的实现机制

一、 技术融合

(一)技术融合的界定

技术融合的概念是19世纪中期由美国学者卢森伯格在研究美国机械产业的早期演变过程中首次提出来的。他认为,技术融合是指当不同产业应用相似技术并催生一个独立化的、专业化的机械工具的过程。[1] 作为客观事实的技术融合现象不仅是技术发展的内在规律使然,也是技术发展的必然趋势。[2] 从本质上来看,技术融合是发生在比原有产业边界更高一级的革命性技术进步领域,并通过扩散和外溢、相互渗透以致融合形成的技术创新。[3] 在

---

[1] Nathan Rosenberg, "Technological Change in the Machine Tool Industry, 1840−1910", *The Journal of Economic History*, Vol.23, No.4, 1963, pp.414−443.

[2] 汤文仙:《技术融合的理论内涵研究》,《科学管理研究》2006年第4期。

[3] 陈柳钦:《技术创新、技术融合与产业融合》,《云南科技管理》2007年第6期。

多方位因素的驱动下,以数字创意产业发展密切相关的先进技术为载体,将现有产业领域的要素资源整合利用到一起,实现产业链价值的延伸和突破,最终实现产业的跨界融合。在这一过程中,通过技术创新及其扩散实现技术融合,并对产品结构优化、改善消费体验起到积极影响。

(二)技术融合的阶段

技术创新和技术创新扩散是实现技术融合必经的两个阶段。(1)技术创新。技术创新是通过技术载体与技术活动手段,促进科技成果与知识的产业化与商业化,是新技术的首次与成功应用。从宏观上来看,国家政策大力支持数字创意产业相关技术的研发与创新,如《"十三五"国家战略性新兴产业发展规划》中对于数字创意产业的发展就明确提出,不仅要加大基础性技术研发力度如空间和情感感知技术开发,而且要重点实现虚拟现实、全息成像等核心技术的攻坚克难。政策扶持促使数字创意企业加大技术研发投入,提升科技创新能力,实现重点技术攻坚克难。从微观上来看,数字创意企业通过营造良好的创新氛围,加强对先进人才的引进与培养,为技术创新奠定了坚实的人才基础。(2)技术创新扩散。技术创新扩散是借助不同的渠道,将技术创新不断传播的过程。技术创新扩散可以通过提高技术使用率加速不同技术的互通与融合。同一产业内的同类企业之间,不同类型的产业和企业之间,上游产业与下游产业之间的创新融合,以及关联产业间的新技术扩散,均有助于企业发现技术的不兼容并及时改进,通过不同技术的复合应用逐步消除产业内部各门类和不同产业之间的技术进入壁垒,使得技术边界变得模糊,最终实现技术融合。

(三)技术融合的效应

技术融合的实现有利于促进产品结构的优化和消费者体验的改善。一方面,技术融合有助于企业通过改进产品设计,优化产品结构来推出一系列新产品和新服务。例如,作为智能家居重要载体的智能音响受到了当今年轻一代消费群体的热捧,小度在家、阿里天猫精灵、小米小爱同学、亚马逊 ECHO 等产品不断涌向市场,通过成功地将语音识别、AI、语音合成、声纹识别等技术综合运用到生活场景,极大地提升了用户的家居体验及丰富了生活乐趣。另一方面,技术融合可以使企业通过改进生产技术和工艺流程实现成本节约和品质提高的双重效益,进而有利于创造降价的空间,做到真正让利于消费者并丰富消费者的消费体验。例如杭州西湖的雷峰塔 VR 景区项目,全方位地还原了雷峰塔和南屏晚钟,游客可以借助专业的 VR 设备做到足不出户,亦可身临其境地领略西湖之美。通过将数字创意产业的虚拟现实技术、互动影视技术、全息成像技术等与旅游产业内承载旅游资源及游客信息的大数据技术相互融合,从而打造出具有优质 IP 内容的虚拟旅游产业,使得消费者随时随地在三维立体的虚拟环境中遍览遥在万里之外的风光美景。技术融合不仅满足了消费者对形象逼真、细致生动的旅游风光的观赏体验,同时又减轻了消费者的经济负担,可以说开创了消费领域的一片蓝海。

二、 业务融合

(一)业务融合的界定

业务融合是指企业在创新技术基础上,对原有生产路线、业务流程、组织结构等进行全面的协调和整合,以实现资源共享,改善成本结构并提高业务能力。[①] 本书所探讨的业务融合主要是指业务模式的融合。随着数字创意产业与相关产业跨界融合的发生,组织边界逐渐消失,一方面,数字创意产业中的创意对于相关产业的渗透改变了原有的产业要素,优化了原来的资源配置方式。另一方面,数字创意产业中的技术对相关产业的赋值改变了原有产品和服务的功能,扩大了原有产业的经营范围,使其能够更好地满足现代人们的需

---

① 马健:《产业融合理论研究评述》,《经济学动态》2002 年第 5 期。

求,也为企业的发展带来新的利润增长点和核心竞争力。在此阶段,由一般客户价值主张和实现价值主张的技术条件的变化使得原有产业的业务模式已不再适用当下产业的发展。故在技术融合的基础上,产业内的相关企业进行业务模式的融合与创新,进而为生产新产品提供载体,最终实现市场层面的融合。因此,业务融合有着承接技术融合和市场融合的过渡性作用,并对企业内部降低成本、外部扩大市场产生深远影响。

(二)业务融合的阶段

业务融合的实现过程要经过以下两个阶段:

1. 新的市场需求变化触发业务融合点阶段

当下伴随着"互联网原住民"群体的逐渐壮大,娱乐化需求也日益成为人们的关注重点,人们的消费需求不仅丰富多样而且瞬息万变,如何精准识别消费者需求成为各个企业面临的首要问题。传统基于大样本的问卷调查和基于小样本态度情感挖掘的消费者需求洞察方式由于成本和可操作性的限制,只能选取一部分群体在特定时间做抽样调查,不仅不够全面准确而且还具有滞后性。在这种情况下,游戏、影视、动漫、网络文学等行业内企业纷纷借助数字技术改变需求识别模式,借助大数据、VR 等技术还原消费者在虚拟数字空间以及现实空间中的真实状态,这能够有效提高对消费者需求解读的真实性和时效性。如目前很多企业的消费者调查数据来源于抖音等短视频 app 平台,根据这些平台上相应内容的点赞数、评论数和转发数等进行大数据分析,以便能够初步筛选出市场潜在的需求点,进而提出基于这些平台的广告宣传,为日后战略布局提供现实依据。

2. 新业务模式的策划与实施阶段

当新的市场需求变化触发了业务融合点之后,接下来要做的就是如何策划和实施新的业务模式,而这主要是围绕"创意"展开。首先,新业务模式策划的核心主要是创意模式的策划,从源头上解决创意的生成问题。"创意"是数字创意产业中最重要的客户价值主张,而"创意能力"则是创意企业中最难以模仿的核心资源和竞争力。但是,目前市场环境发生了巨大的变化,互联网、大数据、虚拟现实等技术改变了传统的创意生成模式,今天的创意原点更多来自数字技术挖掘下的消费者洞察,极大地改变了创意的生成过程。其次,是创意模式的制作过程,需要将互联网、大数据、虚拟现实等技术作为基础资源参与到创意内容的传播制作过程中。比如,咪咕动漫围绕用户的各类生活场景,通过"AI+IP"的科技手段,构建了一套包含"新赋能""新创作""新社交""新传播""新智选"的内容新势界,打造了 IP 全场景沉浸新体验。最后,是在创意模式的实施阶段,需要充分联系消费者的需求,让受众充分进行参与体验,在消费者与创意内容和业务模式进行互动的过程中展现出不同的需求偏好,引导创意内容向不同方向发展,最终满足消费者对创意内容和业务模式的期待和使用需求。

(三)业务融合的意义

业务融合的完成对企业内部降低成本、外部扩大市场具有重要意义。

就降低成本方面而言,一方面是前期的市场调研成本,通过大数据、VR等技术还原消费者消费时真实状态的方法可以节省设计问卷、分发问卷和实地访谈所需花费的大量人力、物力和财力;另一方面是创意的生成成本,融合后产生的新的业务模式下,消费者不仅是创意内容的需求者,也是创意内容的提供者,如游戏爱好者在玩游戏的时候可能会根据自己在操作过程中对游戏装备、人物设定、排位要求与场景布置等方面提供自己的体验和建议,这也就是给游戏的创作者提供了一定的创意。

就扩大市场方面而言,跨界融合后所产生的新业务模式能够在线上线下很好地集结有着特殊偏好的粉丝群体,并且成为产品的主动传播者,借助用户个体的社会资本和信任关系,企业产品能够迅速、广泛、准确地到达潜在消费者群体,逐步打开企业的市场。

三、　市场融合

（一）市场融合的概念界定

市场融合是指不同市场突破模糊的市场边界，产生聚合与创新从而形成新市场的过程。作为市场创新和价值创新的市场融合使得市场规模和范围发生了明显变化，同时也从根本上改变了市场性质。两个无关的市场在供给与需求的双重作用下，由于技术创新或需求变动触发融合进程，通过产品和业务融合发生关联，最终形成稳定的市场结构进而完成市场融合。市场融合的实现改变了数字创意企业的市场行为，引发了市场集中度的下降与市场结构的转换，并显著提升了数字创意企业的市场绩效。

（二）市场融合的发展阶段

从融合的初始点来看，市场融合是供给与需求两方面因素共同作用的一个动态过程，因此可以分为供给方融合和需求方融合两种基本的演变过程。

1.供给方融合

供给方融合包括技术融合、产品业务融合与市场融合三个阶段。具体而言，企业技术融合通过改变原有产品的技术经济特征和丰富原有产品内容、形式引起了产品融合，伴随着交叉业务产生导致业务流程重组形成了业务融合，二者最终推动了市场融合的发展。

以数字创意产业与文博业开展跨界融合为例，首先，伴随着三维扫描、虚拟现实、虚拟展示、大数据等技术的融合，改变了传统文博业仅仅依靠图像、视频、音频的技术经济特征。其次，丰富了文博业原有业务的内容和形式，进而产生大量的交叉业务，导致价值链和业务流程重组，形成了业务融合，如打造遗产数字图像、数字媒体、数字展示的公共服务平台，博物馆文物数字化、文化遗产数据采集、文化遗产内容挖掘、文化遗产教育等。最后，技术融合和业务融合推动了市场融合的发展,通过取得竞争优势创造了规模巨大的新市场需求,极大地扩张了市场规模和范围,使得文博产业不仅仅局限于在国家扶持和保障下单纯提供的一种公益性服务,而把市场同时拓展到了文博休闲、文化旅游、文创设计、文创制造、文化演艺、影视音乐等多个子市场。

2.需求方融合

需求方融合则经历了需求融合、产品业务融合与市场融合等三个阶段。具体而言,基于趋同化、综合化消费而产生的需求融合为产品融合和业务融合的发展提供了助推力,进而形成了市场融合。

以在线教育为例,家长和学生一方面希望摆脱传统教育对于时空的限制,另一方面又希望能最大限度地还原传统课堂教育师生双向互动的教学场景,这种消费需求的综合化推动了直播互动教育业务的产生,将原先在线授课的业务与网络互动直播的相关业务进行了整合,满足了学生随时随地接受教育并与老师进行实时互动、享受提问与答疑,接受课堂监督的多重需求。最终,多重需求驱动催生的融合型业务极大地推动了市场融合,通过形成新的产品和业务等适应新的市场需求,并形成了直播互动教育领域的新市场。

(三)市场融合的意义

市场融合的完成对市场行为、市场结构以及市场绩效都会产生显著的影响。

首先,就市场行为而言,市场融合增加了环境的不确定性,但同时又创造了新的市场机会,拓展了数字创意企业的发展空间,从而促使企业摆脱固有的发展模式、培育新的核心竞争力。

其次,就市场结构而言,市场融合会导致市场集中度的下降和市场结构的转换。市场集中度下降主要表现为数字创意企业的交叉渗透使得融合市场企业数量增多,从而形成一种交织的竞争状态,促进了更大范围的竞争,且市场规模的扩大也导致了垄断者市场势力的缩小,产品替代性和差异性增强进一步降低了集中度。市场融合导致的市场结构的转换主要表现为从纵向一体化结构转变为横向水平结构,即对价值链某一环节市场占有率的争取对价值链整体控制的替代,以及从横向水平结构转为纵向一体化结构,即基于跨产业并购和联盟等融合行为实现沿价值链向相关领域延伸,有利于垂直整合市场,最终实现对整个价值链的掌控。

最后,就市场绩效而言,市场融合通过促进社会资源的自由流动、改变企业定价机制和改变资源配置方式提高了融合市场的资源配置效率。进一步地,新的技术机会、市场机会和有效的竞争机制促进了数字创意产业相关技术的进步,有助于企业通过丰富产品的内容、形式来提高产品效用。同时,技术进步和资源利用效率的提高有利于降低生产成本,使得数字创意企业愿意以更低的价格提供更多的产品,从而提高了需求满足程度。

第五章 我国数字创意产业
跨界融合模式

数字创意产业的跨界融合不仅仅局限于单一产业内,甚至打破了行业和产业、区域、文化间原本固化的界限。本书根据数字创意产业的特殊性,提出"五跨"与"三融"相结合的"既跨且融"新模式,是作为数字创意产业融合的表现形式,强调一种主体对客体不断作用的动态过程,凭借技术创新和政府科学管制来消除行业之间的界限,改变了产品的特性和公司的特征,从而加强企业之间的竞争合作关系以适应数字创意产业的不断发展和外部环境的变化,体现了数字创意产业跨界融合的"你中有我,我中有你"。数字创意产业的跨界融合因其实施主体、动力机制、过程机制、实现机制和集聚形式的差异,而呈现出不同形式与类型,本章结合典型案例,分别从跨界和融合两个视角就"既跨且融"模式进行系统阐述与讨论。至于我国数字创意产业"既跨且融"新模式的区域案例将在第八章详细进行比较分析,这样有利于更好地协调各章的篇幅与本书统一逻辑思路的展开。

第一节 "既跨且融"的跨界模式

数字创意产业作为文化和科技融合的典型产业,涉及主体和行业众多,跨界融合特征跟其他产业相比存在明显差异,出现了一批新的文化业态和产品形态。本节将从"五跨"视角介绍数字创意产业的跨界融合模式,强调跨越产业门类、要素集聚、行业主体、区域划分以及文化差异等意义上的界限,灵活配置资源,实现资源优势共享。

一、　跨门类融合

跨门类融合是指产业内部各门类之间的贯通重组,不同单元在价值创造过程中创新传统的价值生产途径,通过优化重组原有的产业价值链,提升产品附加值,促使产业提质增效,形成链条完整的数字创意产业发展格局。数字创意产业跨门类融合主要表现为融合型新产业价值链的重构,整合延伸了原有产业价值链的优势,具有更多元的价值增值环节,进而衍生出新的业态种类。

在数字技术的引领下,数字创意产业内部各门类相互交融,不仅激发了文化创新活力,还创新了产品的表现形态、服务形式,重构成新的产业价值链。如大连出版社、大连圣亚与大白鲸世界文化发展有限公司联合推出的"大白鲸计划"就是典型的全文化产业链项目。依托数字技术,文字、图像、声音、视频等基于不同介质的载体形态相互融合,整合成一个介质无差异的大视听(视频)产业,赋予传统产品内容以新的形态和生命力。如在线教育与语音识别、直播互动、AI等信息技术的融合,这不仅使在线教育内容丰富生动,还有利于内容价值或创意的传播与消费。影游漫文产业联动与融合是目前发展大势,影视步入成熟稳定阶段,网络影视、网络综艺等互联网影视内容层出不穷。传媒业的媒体融合打破了各种新旧媒体以及信息、文化与传媒产业的界限和业务运作模式,在内容、渠道、平台等方面深度融合,使整个传媒业的内容形式、平台终端、资源要素、市场受众及产业链渐趋一体化,形成融合发展的现代传媒体系。例如,芒果超媒是媒体融合发展的新生势力,通过整合芒果娱乐、芒果影视、天娱传媒、快乐购等湖南广电行业媒体力量,打通上下游产业链,建立起一网联结、多点联动的生态矩阵,多元开拓内容、广告、版权等业务营收方式,在影视、游戏与音乐等领域完成投资布局,实现垂直化领域精细化运营。

行业内各门类交叉渗透的过程中,能够催生一大批新的产业形态。由腾讯集团副总裁程武于 2011 年提出的"泛娱乐"便是数创业务领域的创新业态,泛娱乐产业包括上、中、下游产业链,网络文学和动漫是上游产业的核心,中游产业以影视剧、网生内容、数字音乐为主,游戏、VR(不含硬件)、衍生品则是下游产业的主打产品。据统计,2017 年我国泛娱乐产业产值核心产业产值达到 5484 亿元,同比增长 32%①,泛娱乐产业已经成为中国数字经济的重要支柱和新经济的重要引擎。阅文集团可以说是泛娱乐产业迅猛发展的突出代表,以"数字阅读+优质 IP"为双核驱动,陆续推出了《盗墓笔记》《鬼吹灯》《琅琊榜》《扶摇》等众多人气 IP 改编作品,同时集团覆盖影视、动漫、游戏、舞台剧与真人综艺等多个领域,不断扩张数字娱乐版图。如今,网络文学、影视、动漫等业态之间跨界融合趋势明显,由网络文学、动漫改编而成的影视剧作品、游戏等层出不穷,数字创意产业内部各门类横向协同,彼此联动,逐渐促进产业链走向成熟。

二、 跨要素融合

数字创意产业的跨要素融合是指创意、科技、人才、金融等通过不同产业要素之间的集聚创新,形成新的发展模式,放大要素互补优势。在数字技术引领和智能移动终端的普及支撑下,数字创意不断向各领域渗透融合,与其他相关要素资源实现协同增值。数字创意产业跨要素融合主要表现为"创意+科技""创意+金融"等要素组合模式。唐运舒、冯南平等学者提出,要素集聚的实质是一个集成创新的过程,在这一过程中,不是简单地聚拢外部要素,更为

---

① 工业和信息化部信息中心:《2018 中国泛娱乐产业白皮书》,见 https://www.useit.cn/thread-18323-1-1.html,2018-3-23。

核心的是各种要素间的合作创新,通过协同作用实现要素价值的增值。①

　　数字创意产业作为文化和科技融合的典型产业,在数字经济趋势下,传统文化企业创新思变,新兴文化企业跨界发展,将核心要素不断组合,文化企业借助数字科技手段,科技企业注入创意文化内容,文化与科技走向深度融合。不仅催生了如 AR、VR、MR 虚拟经济、二次元经济、泛娱乐经济、网络直播等新兴业态,同时文化创意、数字出版、移动多媒体、动漫游戏等新型文化业态领域涌现出一批高速增长的骨干企业,它们将多种要素不断地排列组合,既卖产品技术又提供内容服务,如腾讯、苹果等企业的"平台+内容"模式。又如水晶石数字科技有限公司,利用巨幅数字影像拼接播放技术创造出数字版《清明上河图》,赋予传世名画生动之态。在数字经济时代的背景下,企业"内容+技术+应用软件"的数字创意服务一体化趋势显著。数字创意与信息技术的结合还使数字新媒体蓬勃发展,例如信息流广告的高速增长,数据显示,2016 年所有信息流平台的市场规模在 300 亿元左右,而 2017 年却已超过 500 亿元,整个信息流广告市场在未来三年还会以 50% 的速度增长,并且随着人工智能技术的发展演进,未来广告推荐将变得更加智能化,更贴近于用户真实的兴趣。

　　数字创意的产业化发展需要金融的助力,金融的创新发展也需要数字技术和创意内容注入活力,数字创意与金融资本的融合,不仅活跃了文化金融市场,还有助于为数字创意产业吸引更多金融资本。如陕西文化产业投资控股(集团)有限公司通过整合旗下文化担保、文化小贷、文化基金与文化资产管理等业务,在陕西建成文化产业的资本聚集地,在我国最先建立文化金控集团("文投金控"),以及"陕西文化金融服务中心",还构建了文化艺术品从展览销售、创意研发到金融投资的专业化平台,成为一个将人文艺术、数字创意、金

---

　　① 　唐运舒、冯南平、高登榜:《要素转移与聚集融合发展的机理与路径分析》,《当代经济管理》2013 年第 3 期。

融投资、商业管理融为一体的创新型文化企业,开阔了集团文化产业与金融融合的创新思路。再如华策影视于 2017 年 12 月出资参与北京文化中心基金公司设立的北京文心优品投资基金,扶持影视产业链内优质项目内容和优质企业,华策影视在数字创意产业的渠道、资源、运营能力与北京文化中心基金公司专业的投融资能力相结合,不仅提高文心优品项目的投资收益,也有利于为华策影视带来更多的战略资源。在政策与市场的双向驱动下,数字创意企业冲破产业边界,跨界经营金融业务,通过布局产权交易平台领域、构建内生融资渠道、发行资产证券化产品等路径多触角拉手金融业,培育新的商业生态和利润增长点。

三、 跨行业融合

数字创意产业的跨行业融合是指在新时代发展背景下各行业的生产格局、营销策略与盈利方式等发生改变,不同行业之间打破行业界限,通过服务模式、产品功能、需求市场等资源的互补、延伸和渗透进行跨界融合,以寻求外围优势互补资源、扩展自身的市场范围。数字创意产业在数字化技术应用与创意驱动下的跨行业融合发展,主要表现为文化内容和创意设计服务等在行业间的延伸和渗透,拓展数字创意产业的价值外延。

数字创意产业向国民经济的各个领域渗透,成为各产业升级的重要途径,其中,数字创意产业与传统文化产业的融合有最为广阔的发展前景,传统文化产业的数字化转型加快,丰富传统文化供给的内容与形式。如将创新创业、光影技术、拍卖、艺术等高技术服务业行业门类和业态融合于一体,便是成都"艺术展+创客路演"这一艺术节形式的成功实践。数字创意产业与教育的融合有助于深度利用教育资源,丰富创意教育内容,同时拓展传播渠道。与旅游业的融合可提升旅游产品服务设计的数字化水平和文化内涵,加强旅游周边产品开发,已催生出虚拟旅游展示等新业态。例如,2017 年 9 月,Google 推出首个"多合一"旅游 App Trips,这款免费的 App 可以为安卓和 iOS 系统的用户提供个性化的旅游计划服务,旅游体验将更丰满;同年,Google 和 Discovery 合作推出了名为《Discovery TRVLR》的 38 集 VR 视频系列,通过 360 度视频来展示全球七大洲各地迷人的当地生活。数字创意产业与农业的融合将提高休闲农业创意水平,促进乡村文化开发,在"乡村振兴"的政策红利下,乡村旅游和休闲观光融合产生的新业态正在乡村处处开花。数字创意产业与终端制造的整合将为电子信息行业提供新的竞争力。

此外,数字创意产业与制造业的融合凸显,制造业数字化的改造,不仅提升产品的竞争力,更体现了"中国智造"的能力。新兴工业制造品,如头盔、轮式机器人等智能装备产品,平衡车、滑板车等智能出行工具等不断涌现,在产品外观和功能上进行了革新,将数字化支撑下的创意设计融入产品制造,引领了一种新的生活方式。如杭州海的动力机械有限公司于 2018 年投入 2 亿多元,新建了海的动力智能制造平台,生产制造过程向自动化、信息化与智能化方向发展,新产品的研发速度、生产效率以及产品的性能和质量也不断提升。在新时代背景下,促进数字创意产业与传统产业的跨界融合将是我国产业发展模式创新和创意经济发展的大势走向。数字创意产业实现跨界关联整合,引领数字化技术,驱动文化创意,为传统产业赋能,对传统产业发展产生革命性影响,更有助于推动中国经济转型升级与高质量发展。

四、　跨地域融合

数字创意产业的跨地域融合是指随着经济全球化和数字技术的飞速发展,在区域竞争与区域合作的交织影响下,呈现跨区域社会、经济组织与管理的融合发展态势,有利于区域间共享合作、共存发展。数字创意产业跨地域融合主要表现为企业的连锁经营、收购兼并及文化产业区域合作。

在经济全球化的时代背景下,数字创意企业依托地域开展连锁经营,在专业领域享有独特优势。比如,迪士尼乐园在全球多个地区的布局,业务涵盖主题公园、娱乐制作与影像图书等,并且运用 AR 及 VR 技术在各个领域渗透。

近年我国也涌现出此类连锁经营的文化航母形态,如深圳华强集团用 VR 技术打造的"方特欢乐世界""方特梦幻王国""方特东方神画""方特水上乐园"四大主题乐园已经在中国众多城市与中东国家部分城市投入运营,大大提升了品牌竞争力和影响力,被称为"中国迪士尼"。

近年来,数字创意企业的收购和区域合作也成为潮流。作为世界电影之都,好莱坞汇集了迪士尼、哥伦比亚影业公司、索尼公司、华纳兄弟等电影巨头,代表着全球电影的最高水平,因而吸引了中国众多影视公司不惜重金竞相收购、投资好莱坞的电影制片公司和电影。不仅影视与传媒业并购合作一路高涨,动漫游戏制作领域也紧跟浪潮。2018 年 3 月 21 日,腾讯持股 5% 成为育碧的大股东,这一事件成为产业的热点,一方有产品、技术和 IP,一方有资本和渠道,育碧与腾讯的合作被认为是一种双赢的强强联合,不仅育碧摆脱了危机迎来国内市场,腾讯的游戏帝国也将进一步壮大。此类数字文化企业的收购、兼并是立足国内、放眼全球的一种扩张策略,同时有利于创新我国数字创意产业的内容产出,提升产品国际竞争力,打造中国的优质 IP。

创意产业时代也催生了媒体的跨区域整合战略,在数字技术和现代互联网的推动下,信息资源的获取与整合成为电视媒体等文化媒体发展战略制定的关键,由此刺激了数字媒体的跨区域整合的战略选择与实施。如南方财经全媒体集团曾整合南方报业传媒集团和广东广播电视台优质的财经媒体资源和经营性资产,实施战略重组。我国媒体将形成以数字技术为依托、多媒体共享,且打破区域垄断限制,弱化同质、异质媒体间的边界的数字新媒体格局。此外,跨区域融合还表现为文化型城市群的建设,在全球化、分权化与区域一体化背景下,跨区域间的要素流动不断加快,跨界区域成为当下发展的焦点之一。① 数字创意产业通过在空间上的延伸,推动跨区域间的联动,使各种产业资源在较大的地理范围内得到优化配置,进而形成跨区域的数字创意产业链。

---

① 王盈、罗小龙、许骁等:《双子城跨界融合研究——杭州临平与嘉兴海宁跨界发展的实证研究》,《经济地理》2015 年第 8 期。

数字技术、文化旅游和创意所引发的空间内资源跨区配置、产品与服务跨区流动、数字创意产业集群的空间衔接等则演化成为一种竞合常态。

五、跨文化融合

数字创意产业的跨文化融合是指不同国家地区以及不同民族跨越文化边界,这种异质文化元素的融合,可增进多种文化的交流与传播,降低文化折扣。数字创意产业跨文化融合主要表现为不同文化的冲击下文化边界不断拓展,文化内容流变创新,催生多样化的文化体验和不同类型的特色文化产品,全球共享数字化文化资源。

我国的"一带一路"倡议为数字创意产业带来了新的发展空间,也为数字创意产业的跨界融合创造了新的机会,数字创意出海迎来了黄金时代。2017年7月20日,由北京市文化局主办,GMGC、北京动漫游戏产业协会、北京数字内容产业协会承办的2017动漫北京暨"一带一路"数字创意发展论坛,以"一带一路·创意驱动"为主题,探讨数字创意产业如何在"一带一路"建设的大机遇中更好地向世界传扬中国的文化,如何带领我国文化产品走出国门、走向世界。随着中国文化产业全球化步伐加快,海外电影,尤其是美国大制作影片中频频增加中国文化元素。经典影片《黑客帝国》中不仅加入传统中国功夫,第二、三部还广泛运用刀、枪、剑、戟等中国传统兵器,出现《史记》等中国经典著作的电子版,片尾则体现了中国佛家文化。好莱坞影片如《功夫熊猫》《花木兰》中"中国元素"更是被渲染得浓墨重彩。

在数字经济时代,传统文化继承创新、文化遗址传播需要进行当代"转化"[1],将传统文化遗产的保护传承与当代科技创新等命题融为一体,涉及优秀传统文化的传承、当代的文化创造以及民族文化"走出去",现实意义明显。可通过数字技术将创意转化和文化遗产资源保护结合起来,推动对传统文化

---

[1]　白国庆、许立勇:《大遗址的数字传播与城市文化空间拓展》,《深圳大学学报(人文社会科学版)》2016年第2期。

遗产资源的数字化保护,发展特色文化产业。如敦煌研究院积极打造数码化的世界级文化IP,2017年底与腾讯签订战略合作协议,启动"数码丝绸之路"计划,将壁画转变成漫画、动画,手游和VR节目等。并研发更多基于互联网创新的旅游产品,已有30个洞窟能在"数字敦煌"网站上呈现三维立体形态。正如敦煌研究院文化创意研究中心副主任陈海涛强调的那样,敦煌是一个世界性的具有亲和力的超级IP,这个IP是在国际语境下,民众基于信仰、文化、艺术与交流而自发创造的。① 敦煌研究院与法国、英国等国建立了一系列合作,同时也在吸引和培育更多的国外年轻学者关注和研究敦煌,用他们的语言、视角和文化背景来讲述敦煌的故事,使敦煌成为一个文化交流的国际化平台,更好地将以敦煌文化为代表的东方文化精神和内涵发扬出去。

　　数字技术的应用打破不同介质的界限,为各国文化元素的交流、发展提供了数字化平台,使得一国数字化文化资源可以全球共享,进而拓展乃至生成新的城市文化。数字技术作为一种媒介也为城市文化的宣传与推广起到了至关重要的作用,如南京市通过利用数字技术制作的城市形象宣传片《金陵节拍》《金陵文脉》等多种外宣品,为中外游客展现颇具文化魅力的南京形象,具有较强感染力并充满浓郁文化气息。数字创意为文化传播与发展提供了更多的可能与国际化平台,也提供了数字创意与其他产业相融合的接口,更提升了文化遗产传播力,使得跨越时空的界限与无国界的合作成为可能。②

第二节　"既跨且融"的融合模式

　　"融合"是指不同要素(系统)向着同一个方向演进,进而形成新要素(系统)的动态过程,是一个生产过程,也是一种经济现象。本节将从"三融"视角

---

① 蒋肖斌:《敦煌会是下一个世界性超级IP吗》,《中国青年报》2018年1月16日。
② 白国庆、许立勇:《大遗址的数字传播与城市文化空间拓展》,《深圳大学学报(人文社会科学版)》2016年第2期。

来阐述数字创意产业的跨界融合模式。

一、 主动融合

数字创意产业的主动融合是指数字创意产业为了更好地适应外部竞争环境的需要和内部环境的变化，单个产业主动积极地与其他掌握关键生产要素和重要信息的产业融合，或者是同一产业内的某个子行业主动与其他子行业进行融合，最终形成新兴业态的动态发展过程。企业的主动融合会使得那些发展到一定阶段、步入成熟时期的企业获得更多的经济效益，企业主动寻求与其他企业合作，打破了行业和产业原本固化的界限从而开拓了新市场，实现了市场规模的扩张，是数字创意产业发展的一种新趋势，主要表现为基于政府扶持的主动融合和基于技术进步的主动融合，而且这两种主动融合经常是交织在一起，协同推进。

（一）基于政府扶持的主动融合

基于政府扶持的主动融合是指数字创意产业积极响应政府号召而进行的主动性融合，通过整合产业内部生产链，使得整个产业进行优化升级。政府扶持能在很大程度上加速企业的发展和相关产业的融合，通过授予专项资金和采取更为灵活的期权、税收制度为产业的融合提供财政支持，通过颁布各项市场准入计划降低企业跨入新市场和新领域的阻力，通过构建创新园区和平台为企业融合提供各类共享资源和复合型人才。在政府管制放松条件下，企业更能顺利地与其他行业的企业进行合作，形成战略联盟，推动了不同生产领域具有不同认知基础的生产者和企业互相合作，产生巨大的社会协同效应，提高了生产力，有利于突破式创新的形成，从而带动整个产业的进步和发展。如企业主动寻求与高校以及研究所的联合开发研究，能加快企业对知识的获取与内化，有助于企业克服各类技术难题、降低生产成本并提升自身的技术。

（二）基于技术进步的主动融合

基于技术进步的主动融合是指数字创意产业在现代计算机通信技术高速发展、日新月异的环境下，通过并购和兼并等手段，将外部技术资源融入企业内部，借助各项高科技完善自身的产业链条，提高了核心竞争力，实现规模的扩张并抢占新兴市场。企业通过主动融合来优化重组自身的业务流程，创造出新的业务子板块，实现多元化的经营以抵御外界环境不断变化带来的风险，加快自身的发展。数字创意产业中各项技术的深度融合和相互支持是产业发展的必然要求，在新技术的支撑下，企业通过跨界不断开拓新的业务，促成了新兴业态的产生，并向着专业化和智能化的方向发展。知识技术能在数字创意产业之间进行流动并渗透到企业的业务中，技术演进所引发的知识溢出效应能辐射至数字创意产业的方方面面，使得生产、投资的格局发生深刻的变化，加快推动经济由投资驱动向技术推动的过渡。

（三）基于政府扶持与技术进步协同进行的主动融合

在政府的支持下，各个传统出版企业都在主动寻求与其他企业的技术合作，积极开展数字出版业务。数字出版业是借助各类数字技术实现优质文化传播的新兴业态。尽管数字出版业在我国发展较晚，但现阶段扩张速度非常迅猛，不仅包含了数字期刊、电子报纸等业务，还涉及了在线教育、动漫游戏和数字在线音乐等新兴领域。数字出版业的发展呈现以下三个主要特点：

1. 优质内容持续增加

在内容为王的时代，优质内容尤其是原创内容非常重要。政府在整个行业的规章制度建立方面发挥了重要作用，随着行业自律精神的逐渐增强，创作者将更专注于优质内容的挖掘和精品化，使得产品和服务的质量不断提高。

2. 技术推动产业进步

大数据、云计算等技术的应用，使得企业能实现精准营销，降低生产成本，建立市场优势。与此同时,数字技术的应用能使得传统的物理图书等产品转化为虚拟数字方便存储和传输,缩小了与消费者的时空距离,刺激消费者的购买欲望。

3.资本不断涌入行业

政府层面,各地的文化产业扶持专项基金能帮助数字出版中小企业实现发展;企业层面,时代出版、中南传媒和掌阅科技等企业纷纷上市,获得了大量的外部融资,有利于自身的进一步扩张。随着数字出版产业的发展,更多资本必将涌入,使资源配置得到优化,从而不断促进企业价值提升。

上述数字创意产业融合是企业在政府政策扶持和技术的推动下,主动积极寻求与外界合作的结果,能给企业带来经济效益,促进社会的发展。为了更好地促进数字创意产业的跨界融合,政府需要完善治理机制、放松产业管制并加强风险控制。企业需要积极响应政策、开拓新的市场并坚持技术创新,通过增大研发投入,积极培养专业人才,不断地推动行业内的技术创新,吸引投资,方可实现更好的发展。

二、 被动融合

数字创意产业的被动融合是指数字创意产业在政策不稳定情况下,如政府政策改变、生产环境快速变换、技术更新换代、市场竞争白热化抑或是宏观经济不景气等因素的作用下,为谋求自保而被动地与其他产业融合。产业在变化的外部环境中不得不制定相关应急策略,实施战略变革,"穷则变,变则通",通过被动融合把握机遇,企业不仅能稳住脚跟,抵御住风险,还能击败同行业竞争者,实现弯道超车,主要表现为基于市场竞争的被动融合和基于技术变革的被动融合这两种形式。

(一)基于市场竞争的被动融合

基于市场竞争的被动融合是指数字创意产业所处的市场竞争愈加激烈,

为保全自身而进行的跨界融合。同行业内竞争对手的实力越来越强,产品差异化明显,且企业时刻处于价格战中难以脱身,不利于创新绩效的提升,有损企业的长期利益;行业外的潜在竞争者打破了产业壁垒入侵到市场中,抢占先入者的市场份额成为上位者,使得企业面临着被新兴技术、产品和商业模式替代的威胁,最终在竞争中失败而被驱逐出市场导致破产。企业必须采取相应的措施如跨界融合,在跨界过程中寻找并把握机遇,在融合过程中实现创新,通过推出更多有竞争力的产品和服务以取得优势,在激烈的竞争中脱颖而出。企业采取蓝海战略,不断发掘潜在用户、敏锐把握商机,针对市场需求设计新产品和创造全新的商业模式。企业通过整合内外部资源进行创新,打造完整的产业生态链,在开发新产品的过程中实现技术、资源以及业务的融合,使得自身产品精品化、个性化并具有较高的附加值,进一步与竞品区分开来,建立竞争优势打败竞争对手取得成功。

(二)基于技术变革的被动融合

基于技术变革的被动融合是指数字创意产业由于应对外部技术的突飞猛进而进行的跨界融合,数字创意产业所处的技术环境正不断发生变化,技术的突飞猛进在带来发展机遇的同时,也带来了诸多挑战。一方面,后发者借助先进的技术打开市场,通过不断发展缩小与先发企业的差距甚至实现赶超;另一方面,技术革新推动行业整体进步,企业如不能快速接受新事物或是不善于获取并利用新的知识技术,就会被同行和领先者拉开距离,最终难以望其项背而被市场淘汰。企业迫于技术变革带来的压力不得不加快对新知识和新技术的吸收和利用,将各项技术融入设计和生产流程,不断尝试跨界经营与合作,在融合中加深对知识和技术的理解与运用,使得产品更加成熟、更具竞争力,丰富了自身的知识积累,为以后的发展打下坚实的基础。

如在传统影视业中,数字创意产业被动融合主要表现为传统电影业为应对 VR 和 AR 等数字技术的革新和激烈的市场竞争,开始进行跨界融合以实现转型升级。在市场层面,现阶段视频网站的强势崛起,自制头部内容,与电视台分庭抗礼甚至大有赶超之势,一批行业内外的公司不断进行跨界。为了应对剧烈的市场冲击,中国传统影视产业为求稳定发展不得不做出应对,整个影视产业从而进入了转型升级时代,主要体现在产业更加集聚、内容逐渐数字化、各类资本大量涌入、生态圈泛娱乐化明显、国际合作不断加深等方面。在影视产业转型升级时期,产业的消费群体、产品内容和运营模式分别表现出年轻化、精品化和多元化的特点。用户年轻化体现了企业为应对竞争而开阔新的市场,吸引更多年轻人群;内容精品化体现了企业为应对来自竞品的压力,不断开发、打磨新的产品,这一过程如改编 IP,也实现了跨界融合;运营模式的多元化,体现了企业通过整合产业链实现了跨界融合。影视产业正从传统电视与影院相结合的简单模式,向着多屏互动共同发展的多元化模式转型升级。在技术层面,AR、VR、120 帧和 4K 等新技术推动了渠道多元化发展,行业领头羊企业的技术革新,也迫使其他企业做出应对,通过被动跟随式的开发和模仿式的创新,推动了整个行业的跨界融合进程。更重要的是,随着传统影视产业的被动融合,一条泛娱乐的产业链正被构建。具体来说,随着影视产业商业模式的日渐完善,企业从植入广告、同名游戏、娱乐付费得到盈利,这促进了影视行业与手机行业、游戏行业与动漫行业等娱乐行业的融合。

数字创意产业若能根据市场需求不断提高产品的文化价值,借助技术进步加快自身核心竞争力的构建,不仅能在动荡的环境中实现自保,还可以完成自身的转型升级,在外部环境的冲击下实现快速发展。

三、　互动融合

数字创意产业的互动融合是指数字创意产业融合的双方都具有一定的发展需求,为实现自身更好的发展选择与其他产业进行跨界融合,以实现自身与合作方的双赢局面。数字创意产业在彼此技术资源互通和目标客户类似的基础上,进行信息、资源和技术的共享,通过合作提高了彼此的创新绩效,降低了生产和信息搜集成本,延长并完善了各自的产业链,借助互动融合加快了产业自身的发展,主要表现为基于资源共享的互动融合和基于共同受众的互动融合。

(一)基于资源共享的互动融合

基于资源共享的互动融合指的是数字创意产业彼此之间的资源具有共同特征且能互相利用,通过整合产业资源,构建资源共享网络和协同创新体系,使各类生产要素聚合在一起,互相作用产生化学反应,从而创造出新的商业模式和产品,吸引更多的用户进行消费。一方面,企业通过互动融合和资源共享,可以获取有利于自身发展的资源和生产资料的最大化使用效率,降低创新成本和风险。另一方面,互动融合所形成的合作体系能整合分散的资源、信息,使得各类资源在企业内部流动,减少了资源的流失,加快了资源的原始积累和获取速度。互通共用的资源基础为数字创意产业的互动融合提供契机和条件,而互动融合带来的整合机制又能为数字创意产业之间资源的共享、积累与运用提供保障,两者形成良性互动与循环,实现了数字创意产业之间的共同进步。游戏产业和动漫产业的互动融合正是在资源共享的基础上实现的。由于都是数字创意产业中的服务产业,具有类似的生产要素如人才、IP资源,且消费市场有重合性,两者的互动融合能更好地实现产业的发展。例如,北京市的动漫游戏产业通过产业之间的跨界融合,增长速度非常之快。2018年北京市游戏动漫产业产值高达710亿元,较2017年增长13%。融合之后的产业,其产品和服务具有新的附加价值,提高了自身的市场竞争力。将优质游戏改编成动漫系列,属于文化产业向动漫产业的延伸,而根据动漫IP开发新游戏则属于动漫文化向游戏产业延伸,都是以资源的共享为基础,既丰富了产业的内涵和功能,也满足了消费者的需求,促进了产业的发展。

（二）基于共同受众的互动融合

基于共同受众的互动融合是指数字创意产业之间的消费群体、目标客户有很大重合，在此基础上，通过互动融合聚集共同的目标客户，并彼此吸收重合区间之外的客户群体，拓宽业务范围，扩展市场规模，从而实现数字创意产业自身更好的发展。由于数字创意产业之间拥有共同的受众，通过相互对比和借鉴，补全短板，少走弯路，进一步完善企业自身的产品和服务。企业沿着同态客户群的需求进行产品设计，有助于产品开发向精准化发展，提高了产品的生产效率和用户的满意度，增加用户的黏性和品牌忠诚度。除此之外，企业通过互动融合，将重合区间外的客户纳入提供服务的范畴，有利于降低营销成本和发掘潜在客户，加快创新步伐，扩展新的市场。共同受众不断影响着数字创意产业的互动融合。近年来，文化的商品化和视觉化是文化产业发展的主要特点，将优秀的文化作品改编成电影、电视剧已成为企业迎合市场消费需求的主流。一方面，电影市场为文化作品提供有力支撑。另一方面，文化作品又以其良好的口碑和优质的内容，吸引消费者对相对应的影视进行消费，促进了影视业的蓬勃发展。所以，文化产业和影视产业的互动融合，以共同受众为基础，是文化策略和商业思维的完美结合。

数字创意产业的互动融合是新常态下实现产业转型升级、深化改革的必然趋势和要求，产业间互动融合的关联度决定了两者融合的可能性大小和程度的深浅。数字创意产业互动融合，有力促成了产业之间的跨界合作，优化了资源跨行业、跨地区、跨文化的分配，增强了企业乃至整个行业的核心竞争力，为经济的发展和社会的进步做出了突出的贡献。

第三节　小　结

如本章第一、二节所述，数字创意产业"既跨且融"的跨界模式有跨门类融合、跨要素融合、跨行业融合、跨地域融合以及跨文化融合等"五跨"模式，而数字创意产业"既跨且融"的融合模式有主动融合、被动融合与互动融合等"三融"模式。因此，数字创意产业"既跨且融"模式从理论上来说至少有 15 种模式，即：跨门类主动融合、跨门类被动融合、跨门类互动融合；跨要素主动融合、跨要素被动融合、跨要素互动融合；跨行业主动融合、跨行业被动融合、跨行业互动融合；跨地域主动融合、跨地域被动融合、跨地域互动融合；跨文化主动融合、跨文化被动融合、跨文化互动融合等跨界融合模式。

从我国现有的数字创意企业的跨界融合模式来看，也的确体现了这种"既跨且融"的特点，比较有代表性的数字创意企业的跨界融合模式有如下八种（具体过程与特点详见第八章）：如光线传媒公司、慈文传媒公司、中文传媒公司、天舟文化公司、长城动漫公司与中南传媒公司等企业的跨门类主动融合模式；欢聚时代公司的跨门类互动融合模式；新东方公司、中文在线公司等企业的跨要素主动融合模式；风语筑公司的跨行业主动融合模式；鹿港文化公司的跨行业被动融合模式；新华传媒公司的跨行业互动融合模式；腾讯公司、网易公司的跨地域主动融合模式以及华强方特公司的跨文化主动融合模式等。

第六章　我国数字创意产业
跨界融合程度

客观地分析数字创意产业跨界融合度有利于科学合理地制定产业发展规划,更好地推进数字创意产业跨界融合发展。本章在参考现有文献关于产业跨界融合程度测评方法的基础上,以沪深 A 股市场中的数字创意产业上市公司为样本,对基于微观企业层面的我国数字创意产业跨界融合程度进行定量测度与分析。

第一节　研究设计

一、方法选择

关于产业跨界融合的研究,学术界目前仅停留在理论分析层面,缺乏对产业跨界融合度的测度研究。作为产业在融合发展期间出现的特定的经济和文化现象,产业跨界融合本质仍然是产业融合范畴,故产业融合的研究也适用于数字创意产业跨界融合的研究。

(一)主要方法介绍

科学测度数字创意产业融合度既是数字创意产业跨界融合研究的重要前

提,也是有效评价数字创意产业跨界融合的基础。产业融合具有动态创新性,导致产业间界限模糊不清、边界难以准确界定等问题,无法找到一种普适的产业融合度测算方法。① 产业融合度测度方法主要有投入产出方法、相关系数方法、赫芬达尔-赫希曼指数方法、熵指数方法、贡献度测量方法、AHP-模糊综合评价方法、耦合度模型方法等(见表 6.1)。本书将对上述方法进行比较分析,同时结合数字创意产业自身特征,找出适合数字创意产业的跨界融合程度的测度方法。

表 6.1　产业融合度的测度方法

研究方法	主要步骤与内容	特　点
投入产出方法(产业关联方法)	(1)利用各产业的投入产出表建立线性代数方程体系,分析产业间的投入与产出关系。(2)计算产业间的关联状态和关联程度。(3)分析产业间的融合度。	数据获取较为容易,计算较为简单,研究了产业融合的广度,但对于产业融合深度的研究不足。
相关系数方法(专利数据方法)	(1)将申请专利按行业分类,分别计算各行业专利数在总行业专利数中所占的比例。(2)构建相关系数矩阵,测算产业间技术融合度。(3)按照相关系数(代替融合系数)变化趋势判断产业间技术融合度。若相关系数为正,即表示产业间存在技术融合;若相关系数为负,则代表产业间不存在技术融合。	只能测算产业间技术融合度,无法测算产业间业务融合度和市场融合度。专利数据获取难度较大,实际操作困难。
赫芬达尔-赫希曼指数方法	计算公式为: $HHI = \sum_{i}^{n}\left(\dfrac{X_i}{X}\right)^2$ 最初从专利角度测算产业技术融合度,X 代表专利总数,X_i 代表企业在第 i 个行业中的专利数量。HHI 值可分为 0.2—0.36、0.36—0.52、0.52—0.68、0.68—0.84、0.84—1 五个区间,分别对应高度、中高度、中度、中低度、低度五种融合程度。	应用范围广,数据获取较为容易,数据处理过程简单方便。不仅适用于测算产业间技术融合度,也适用于测算产业间业务融合度、产品融合度和市场融合度。
熵指数方法	计算公式为: $DT = -\sum_{i}^{n} Q_i \ln Q_i$ DT 为产业融合度,n 是某企业涉及行业数,Q_i 为某企业在某行业的专利数量、投资额或销售额。测算出来的熵值越大,表明产业融合度越小;熵值越小,表明产业融合度越大,两者成反比关系。	指标选取较为客观,但计算量大,数据处理困难,方法的有效性很大程度上依赖于行业分类的合理性。

---

① 单元媛、罗威:《产业融合对产业结构优化升级效应的实证研究——以电子信息业与制造业技术融合为例》,《企业经济》2013 年第 8 期。

续表

研究方法	主要步骤与内容	特　点
贡献度测量方法	假定 A 是目标产业,B 是融合产业,则 A、B 的融合度等于 B 对 A 的贡献度与 A 贡献度总值的比值。A 中某行业与 B 的融合度等于 B 对 A 中某行业的贡献度与 A 中某行业贡献度总值的比值。贡献度可划分为 0—0.28、0.28—0.46、0.46—0.64、0.64—0.82、0.82—1 五个区间,分别对应低、中低、中、中高、高五种融合程度。	适用于测算目标产业与其他产业间的融合度,但目标产业数据范围的选取主观性较强。
AHP-模糊综合评价方法	(1)在层次分析法的基础上构建产业融合度评价指标体系,计算各指标所占比例。(2)邀请专家对各层次评价指标中的各个因素的重要程度进行评分。(3)成对进行比较,并将结果以分布权重判断矩阵的形式输出。(4)进行一致性检验,通过计算各分布权重判断矩阵的特征向量,将特征向量作为各准则层在目标层的权重。(5)通过计算组合权向量再进行组合一致性检验。(6)结合模糊综合评价方法,定性评价产业融合度。	指标设计、专家评分等主观性较强,很多指标难以量化,无法保证指标选取与指标赋权的客观性。计算过程十分烦琐,测量结果过于简单。
耦合度模型方法	(1)对数据进行无纲量化处理,确定指标权重。(2)建立各产业综合评价函数,在此基础上构建耦合度模型。(3)根据耦合度取值区间,对产业耦合度进行等级划分。(4)根据耦合度大小判断产业间融合度。耦合度越趋近于 1,表示产业间的融合度越高。耦合度越趋近于 0,表示产业间的融合度越低。	产业耦合度代替产业融合度,在一定程度上可以用来刻画产业融合的程度,同时存在一定程度的偏差。

1.投入产出方法

投入产出方法,又称产业关联方法。它主要适用于研究产业与产业间的关联及产业融合度等国民经济问题。该方法主要包括以下步骤:第一步,利用各产业的投入产出表建立线性代数方程体系,分析产业间的投入与产出关系。第二步,计算产业间的关联状态和关联程度。第三步,分析产业间的融合度。其中,"投入"是指在产品生产过程中所消耗的各类生产要素,"产出"是指产品在生产以后的分配和使用情况。[1]

---

[1]　张亚倩:《基于产业关联视角的江苏旅游产业融合实证研究》,硕士学位论文,扬州大学,2017 年。

2. 相关系数方法

相关系数方法,又称专利数据方法,由美国学者费尔(Fair)和通泽尔曼(Tunzelmann)创立。该方法主要包括以下步骤:第一步,将申请专利按行业进行分类,分别计算各行业专利数在总行业专利数中所占的比例。第二步,构建相关系数矩阵,测算不同产业之间的技术融合度。第三步,按照相关系数(此时其代替了融合系数)变化趋势判断不同产业之间的融合度。[1] 若相关系数为正,即表示产业间存在技术融合;若相关系数为负,则代表产业间不存在技术融合。

3. 赫芬达尔-赫希曼指数方法

赫芬达尔-赫希曼指数方法,简称赫芬达尔指数法(HHI),由甘巴德拉(Gambardella)和托里西(Torrisi)首次提出。HHI 值为融合系数,计算公式如下:

$$HHI = \sum_{i}^{n} \left(\frac{X_i}{X} \right)^2 \tag{6.1}$$

它最初从专利角度测算产业技术融合度,X 代表专利总数,X_i 代表企业在第 i 个行业中的专利数量。后来该方法的使用范围逐渐延伸,不仅适用于测算产业间的技术融合度,也适用于测算产业间的业务融合度、产品融合度和市场融合度等。如果从业务融合、市场融合与产品融合等角度测算产业融合度,X 分别对应着表示企业在某产业第 i 个子产业中的投资总额、销售总额与总产值,X_i 则分别对应着代表企业在该产业中的投资额、销售额与产值。根据 HHI 值的五个区间值,可以测度产业融合的程度,分别为高度融合度(0.2—0.36)、中高度融合度(0.36—0.52)、中度融合度(0.52—0.68)、中低度融合度(0.68—0.84)和低度融合度(0.84—1)五种产业融合程度。[2]

---

[1]　刘祥恒:《旅游产业融合机制与融合度研究》,博士学位论文,云南大学,2016 年。
[2]　刘祥恒:《旅游产业融合机制与融合度研究》,博士学位论文,云南大学,2016 年。

4. 熵指数方法

熵指数方法认为,"熵"是某一特定物质在特定地理空间中表现出来的具体状态。该方法最早用于研究企业经营的融合发展程度。DT 表示产业融合度,计算公式如下:

$$DT = - \sum_i^n Q_i \ln Q_i \qquad (6.2)$$

其中,上述公式中,n 是某企业涉及的行业数 ,Q_i 为某企业在某行业中拥有的专利数量、投资额或销售额。[1] 测算出来的熵值越大,表明产业融合度越小;熵值越小,表明产业融合度越大,可见,产业融合度与熵值呈反比关系。

5. 贡献度测量方法

贡献度测量方法通过线性回归测算特定产业或其细分行业对另一产业的贡献度,反映产业的产出和特定产业对其投入之间的关系,进而体现产业间的融合度。假定 A 是目标产业,B 是融合产业,那么 A、B 的融合度等于 B 对 A 的贡献度与 A 贡献度总值的比值。相应地,A 中某行业与 B 的融合度等于 B 对 A 中某行业的贡献度与 A 中某行业贡献度总值的比值。贡献度可以划分为 0—0.28、0.28—0.46、0.46—0.64、0.64—0.82、0.82—1 五个区间,分别对应低融合度、中低融合度、中融合度、中高融合度和高融合度五种融合程度。[2]

6. AHP-模糊综合评价方法

作为一种层次权重决策分析方法,层次分析法(AHP)最初用于测算各工业部门对国家福利的贡献大小。它将和决策紧密相关的要素分解为目标层、准则层、方案层等层次,邀请专家对相关指标进行打分,从而进行定性或定量分析。AHP-模糊综合评价方法包括以下主要步骤:第一步,在层次分析法的基础上构建产业融合度评价指标体系,计算各指标所占比例。第二步,邀请专家对各层次评价指标中的各个因素的重要程度进行评分。第三步,成对进行

---

① 刘祥恒:《中国旅游产业融合度实证研究》,《当代经济管理》2016 年第 3 期。
② 刘祥恒:《中国旅游产业融合度实证研究》,《当代经济管理》2016 年第 3 期。

比较,并将结果以分布权重判断矩阵的形式输出。第四步,进行一致性检验,通过计算各分布权重来判断矩阵的特征向量,将特征向量作为各准则层在目标层的权重。第五步,再进行组合一致性检验,具体通过计算组合权向量进行。第六步,结合模糊综合评价方法,定性评价产业融合度。[1]

7. 耦合度模型方法

耦合是指两个及以上系统或运动形式相互作用、互相影响的现象,它反映了良性互动环境中的各系统相互依存、相互影响和相互促进的动态关系。[2]目前,耦合逐渐广泛应用于地理、经济与旅游等领域的研究。耦合度模型方法主要有以下步骤:

第一步,对数据进行无纲量化处理,确定指标权重。

第二步,建立各产业综合评价函数,在此基础上构建耦合度模型。

第三步,根据耦合度取值区间,对产业耦合度进行等级划分。其中,耦合度可划分为 0—0.09、0.10—0.19、0.20—0.29、0.30—0.39、0.40—0.49、0.50—0.59、0.60—0.69、0.70—0.79、0.80—0.89、0.90—1.00 十个区间,分别对应着极度失调、严重失调、中度失调、轻度失调、濒临失调、勉强协调、初级协调、中级协调、良好协调与优质协调等十个协调等级。[3]

第四步,根据耦合度大小判断产业间融合度。耦合度越趋近于 1,表示产业间的融合度越高。耦合度越趋近于 0,表示产业间的融合度越低。

(二)方法的选取

产业融合度的测算方法并非一成不变,具体选用何种方法需要根据实际情况而定。基于数字创意产业这一研究对象,本书依照以下标准对其产业融

---

[1]　刘祥恒:《旅游产业融合机制与融合度研究》,博士学位论文,云南大学,2016 年。

[2]　侯兵、周晓倩:《长三角地区文化产业与旅游产业融合态势测度与评价》,《经济地理》2015 年第 11 期。

[3]　张琰飞、朱海英:《西南地区文化产业与旅游产业耦合协调度实证研究》,《地域研究与开发》2013 年第 2 期。

合度测算方法进行逐一筛选。

1. 产业数据的可获得性

我国 2016 年首次提出数字创意产业概念,2018 年正式公布数字创意产业具体分类。对于我国而言,数字创意产业目前仍是一个新的产业概念。投入产出方法必须基于我国定期发布的投入产出表进行分析,投入产出表最近更新时间为 2012 年,2012 年之后的投入产出表至今仍未发布。由于无法及时获取投入产出表最新数据,本书无法通过投入产出方法测算数字创意产业的跨界融合程度。

2. 专利分类数据的可获得性

数字创意产业属于新兴产业,我国数字创意产业知识和制度体系的完善速度远远赶不上产业本身的发展速度,国家专利统计资料还未能提供按照数字创意产业中的行业分类的专利数据。而根据行业分类专利数据是使用熵指数方法和相关系数方法的前提,我国现行数字创意产业的专利数据无法满足这一要求,因此本书尚无法通过熵指数方法和相关系数方法测算数字创意产业的跨界融合程度。

3. 科学性

贡献度测量方法与 AHP-模糊综合评价方法均具有较强的主观性,前者体现在目标产业数据范围选取方面,后者体现在指标设计和专家评分方面,且后者对产业融合度的结论只有好、差以及一般之分,准确度较低。耦合度模型方法直接用产业耦合度代替产业融合度,这对于具有无边界性的数字创意产业来说是不恰当的。因为产业融合与产业耦合是两个完全不同的概念,产业耦合的产业之间仍然保持着各自的独立性,其边界不会模糊或消失。而产业融合会使产业之间的边界逐渐趋向于模糊甚至消失。从科学性的角度出发,贡献度测量方法与 AHP-模糊综合评价方法这两种方法的主观性太强,耦合度模型方法中的产业耦合概念并不等同于产业融合概念。因此,以上三种方法均不是测算数字创意产业跨界融合程度的最佳方法。

相比其他评价方法,赫芬达尔-赫希曼指数方法的应用范围广,数据获取较为容易,数据处理过程更为简单方便,既适用于测算产业间的技术融合度,也适用于测算产业间的业务融合度、产品融合度和市场融合度。既能够反映产业的整体融合度,也能够反映相关产业间的融合度,具有很强的可操作性和普适性。综合以上分析,本书选取赫芬达尔-赫希曼指数方法来测量我国数字创意产业的跨界融合度。

二、 指标选取

目前,我国尚缺乏数字创意产业层面的统计数据,但产业是由微观企业组成的集合体,因此,本书认为,可以通过测量数字创意企业的跨界融合度来间接反映数字创意产业的跨界融合度。

在产业融合发展过程中,企业主体融合通常需要经历"技术融合—业务融合—市场融合"三个紧密相连的阶段。其中,产业融合的前提和基础是技术融合,产业融合的重要内容是业务融合,产业融合的最终结果是市场融合。[1] 技术融合、业务融合和市场融合均具有相对明确的内涵,可分别测算这三个阶段的融合度,然后综合各个阶段的融合度来判断产业整体融合度。本书选取赫芬达尔-赫希曼指数方法作为产业融合度的测算方法。若测算技术融合度,则 X 表示某产业的相关专利数量, X_i 代表与其存在产业融合的产业所拥有的、与其具有资产通用性的专利数量。若测算业务融合度,则 X 表示各相关产业在某产业中的投资总额, X_i 代表某相关产业在该产业中的投资额。[2] 若测算市场融合度,则 X 表示某产业全行业的主营业务收入, X_i 代表与某产业融合基础上相关产业的主营业务收入。[3]

---

① 梁伟军:《农业与相关产业融合发展研究》,博士学位论文,华中农业大学,2010 年。

② 冯超:《文化产业与旅游产业融合度研究——以西安为例》,硕士学位论文,西安外国语大学,2014 年。

③ 李锋、陈太政、辛欣:《旅游产业融合与旅游产业结构演化关系研究——以西安旅游产业为例》,《旅游学刊》2013 年第 1 期。

我国专利统计数据目前还未按照数字创意产业进行分类,数字创意产业相关专利数据在我国公开数据中较难获得,因此测算技术融合度不具备可操作性;再加上由于数字创意产业概念近几年才提出,我国公开数据及数字创意企业公开年报数据中均未披露其具体投资额,测量业务融合度的难度也很大,可操作性低。因此,本书排除了通过测度技术融合度与业务融合度来测算数字创意产业跨界融合度的方法。在已有研究中,我们发现,有不少研究对产业的市场融合度进行了测度:李锋等(2013)认为,各行业产品需求重叠是市场融合的本质,业务收入代表对行业产品的需求,因此他们选取了主营业务收入测算市场融合度,进而分析了旅游产业的融合度。[①] 罗月江(2014)则选取了市场融合为切入点,以苏宁云商的主营业务收入为主要指标测算了市场融合度,分析了互联网产业与传统零售业的产业融合度。[②] 冯超(2014)也选取了主营业务收入指标测算市场融合度,从而分析文化产业、旅游产业和农业间的产业融合度。[③] 李璐(2016)同样利用了上市公司的主营业务收入数据和赫芬达尔-赫希曼指数方法测算市场融合度,间接考察了信息资源产业与文化产业间的融合度。[④] 本书借鉴以上学者的研究,选取主营业务收入指标测算数字创意产业市场融合度,进而判断数字创意产业的整体融合度。

三、 数据来源

本书以国家统计局发布的《战略性新兴产业分类(2018)》为主要依据,通过查询巨潮资讯网、新浪财经等金融网站,剔除了 ST 股以及数据残缺样本的

[①] 李锋、陈太政、辛欣:《旅游产业融合与旅游产业结构演化关系研究——以西安旅游产业为例》,《旅游学刊》2013 年第 1 期。

[②] 罗月江:《互联网产业与传统零售业产业融合度测算及影响因素分析》,硕士学位论文,华南理工大学,2014 年。

[③] 冯超:《文化产业与旅游产业融合度研究——以西安为例》,硕士学位论文,西安外国语大学,2014 年。

[④] 李璐:《信息资源产业与文化产业融合的实证分析——基于中国上市公司 1997 年—2012 年数据》,《情报科学》2016 年第 3 期。

公司后,选取了在沪深证券交易所上市的我国数字创意上市公司共计 206 家,提取 2015—2017 年的主营业务收入数据进行分析,本书的主要数据来源于 WIND 数据库。

根据《战略性新兴产业分类(2018)》,从上市公司年报中筛选出相关主营业务,将数字创意公司所经营的业务归类为游戏、动漫、影视、虚拟现实、在线教育、网络文学、创意设计、数字文化创意软件开发以及其他数字创意业务,其中,这种分类中的"其他数字创意业务"包含数字创意技术设备制造、互联网信息服务及其他数字文化创意活动等。由于数字创意产业样本公司所经营的业务涉及多个行业,通过对样本企业数据进行整理,统计得出在样本公司中 2015—2017 年主营业务涉及跨界融合的公司分别为 60 家、65 家和 70 家(见表 6.2)。

表 6.2　我国数字创意上市公司市场融合数量统计

年份	融合	独立	合计
2015	60	146	206
2016	65	141	206
2017	70	136	206

注:融合统计的是有融合现象的企业数量,而独立统计的是主营业务为单一产业的企业数量。

第二节　我国数字创意产业跨界融合程度的测度

本书通过对各数字创意上市公司市场融合的数据资料进行分类整理,获得 2015—2017 年我国数字创意上市公司融合程度的数据,分别如表 6.3、表 6.4 和表 6.5 所示。

表 6.3 我国数字创意上市公司 2015 年市场融合状况

业务 公司	游戏	动漫	影视	虚拟现实	在线教育	网络文学	创意设计	数字文化创意软件开发	其他数字创意业务
富春股份	0.9984								0.0016
皖新传媒							0.0073		0.9927
昆仑万维	0.9875						0.0125		
华策影视			0.9864						0.0136
当代东方			0.9809						0.0191
捷顺科技								0.0306	0.9694
川大智胜	0.9566						0.0434		
飞利信					0.0441		0.9495		0.0064
祥源文化	0.0604	0.9396							
万达电影			0.9244						0.0756
印纪传媒			0.9206				0.0794		
大晟文化	0.9190		0.0810						
电广传媒	0.0550		0.0325				0.9124		
慈文传媒	0.0958		0.9042						
光线传媒		0.0370	0.9044				0.0586		
任子行	0.1100								0.8900
湖北广电			0.8777						0.1223
郎玛信息	0.0123						0.8727		0.1150
四川九洲							0.8461		0.1539
千方科技							0.8398		0.1602
赛为智能							0.8374		0.1626
数知科技							0.8354		0.1646
银之杰								0.1671	0.8329
东方明珠	0.0063		0.8285						0.1652
同方股份							0.1760		0.8240
立思辰					0.1780				0.8220
美盛文化	0.1531		0.0275						0.8195
华闻传媒		0.1957	0.8043						
华平股份					0.1969				0.8031
天威视讯			0.7934						0.2066

业务 公司	游戏	动漫	影视	虚拟 现实	在线 教育	网络 文学	创意 设计	数字文化创 意软件开发	其他数字 创意业务
华谊嘉信							0.2107		0.7893
暴风集团				0.2138					0.7862
恺英网络	0.7845								0.2155
苏州科达								0.2161	0.7839
捷成股份			0.2212				0.7788		
宋城演艺							0.7741		0.2259
华谊兄弟	0.2297		0.7555						0.0148
同花顺							0.2543		0.7457
长城动漫	0.7166	0.2834							
文投控股	0.1862		0.7426						0.0712
华数传媒			0.7155				0.1898		0.0947
凤凰传媒	0.3385		0.6615						
世纪鼎利					0.3410				0.6590
骅威文化	0.6295		0.3705						
拓维信息	0.3957				0.6043				
时代出版			0.3980						0.6020
顺网科技	0.5873								0.4127
中南传媒					0.5866				0.4134
新大陆								0.4365	0.5635
中文在线						0.5485			0.4515
久远银海								0.4848	0.5152
麦达数字							0.4960		0.5040
银江股份							0.5024		0.4976
乐视网			0.0462				0.4105		0.5434
星辉娱乐	0.5126		0.4356				0.0518		
凯撒文化	0.5187					0.0569			0.4244
北纬科技	0.4965		0.1187						0.3848
三五互联	0.4161						0.1144		0.4696
奥飞娱乐	0.3475	0.5033	0.1210				0.0282		
华录百纳			0.2080				0.3972		0.3948

注:表中的数据是指各类数字创意业务的收入占公司所有数字创意业务的收入总额的比例。

表 6.4　我国数字创意上市公司 2016 年市场融合状况

公司 \ 业务	游戏	动漫	影视	虚拟现实	在线教育	网络文学	创意设计	数字文化创意软件开发	其他数字创意业务
富春股份	0.9900								0.0100
世纪华通	0.9867						0.0117		0.0016
佳创视讯	0.0147				0.0013				0.9840
华策影视	0.0107		0.9785						0.0107
印纪传媒			0.9726				0.0274		
捷顺科技								0.0356	0.9644
华平股份					0.0499				0.9501
当代东方			0.9280						0.0720
神思电子							0.0888		0.9112
华闻传媒		0.0910	0.9090						
四川九洲							0.8978		0.1022
祥源文化	0.1152	0.8848							
湖北广电			0.8844						0.1156
电广传媒	0.0874		0.0500				0.8626		
任子行	0.8491								0.1509
同方股份							0.1556		0.8444
华谊嘉信							0.1618		0.8382
恺英网络	0.8282								0.1718
天威视讯			0.8213						0.1787
北纬科技	0.1796								0.8204
万达电影			0.8184						0.1816
华数传媒			0.8273				0.1147		0.0580
昆仑万维	0.8146						0.1854		
皖新传媒	0.1021				0.8229		0.0750		
麦达数字							0.2035		0.7965
美盛文化	0.2016		0.0047						0.7937
星辉娱乐	0.7913		0.2087						
安居宝							0.2124		0.7876
长城动漫	0.7873	0.2127							
千方科技							0.7843		0.2157

公司＼业务	游戏	动漫	影视	虚拟现实	在线教育	网络文学	创意设计	数字文化创意软件开发	其他数字创意业务
同花顺							0.2235		0.7765
光线传媒	0.0644		0.7909						0.1448
奥飞娱乐	0.2030		0.7797				0.0173		
完美世界	0.7637		0.2363						
飞利信					0.0619		0.7650		0.1731
恒信东方		0.0900	0.0545				0.0827		0.7728
慈文传媒	0.2607		0.7393						
凤凰传媒	0.2697		0.7303						
当代明诚			0.7123						0.2877
华谊兄弟	0.1935		0.7330						0.0735
东方明珠	0.0118		0.7074						0.2808
文投控股	0.1837		0.7323						0.0840
时代出版			0.3096						0.6904
凯撒文化	0.6631					0.0004			0.3364
新大陆								0.3425	0.6575
赛为智能							0.3448		0.6552
世纪鼎利					0.3473				0.6527
顺网科技	0.6187								0.3813
骅威文化	0.3818		0.6182						
大晟文化	0.3879		0.6121						
远光软件							0.4059		0.5941
立思辰					0.5868				0.4132
数知科技							0.5861		0.4139
暴风集团				0.5826					0.4174
银江股份							0.4301		0.5699
拓维信息	0.4400				0.5600				
宋城演艺							0.5570		0.4430
川大智胜				0.5539					0.4461
久远银海								0.5406	0.4594
乐视网			0.0266				0.3698		0.6036

续表

业务／公司	游戏	动漫	影视	虚拟现实	在线教育	网络文学	创意设计	数字文化创意软件开发	其他数字创意业务
中南传媒					0.4959				0.5041
中文在线						0.4962			0.5038
三五互联	0.6510						0.1927		0.1564
华录百纳			0.2380				0.4049		0.3572
捷成股份			0.2928	0.0022	0.0259		0.3413		0.3379

注:表中的数据是指各类数字创意业务的收入占公司所有数字创意业务的主营业务收入总额的比例。

表6.5　我国数字创意上市公司2017年市场融合状况

业务／公司	游戏	动漫	影视	虚拟现实	在线教育	网络文学	创意设计	数字文化创意软件开发	其他数字创意业务
富春股份	0.9970								0.0030
华策影视	0.0028		0.9876						0.0096
印纪传媒			0.9741				0.0259		
世纪华通	0.9645						0.0318		0.0037
华平股份					0.0440				0.9560
捷顺科技								0.0469	0.9531
华闻传媒		0.0662	0.9338						
银之杰								0.0691	0.9309
佳创视讯	0.0707			0.0003	0.0018				0.9272
祥源文化	0.1076	0.8924							
同方股份							0.1087		0.8913
华谊嘉信							0.1095		0.8905
高伟达								0.1106	0.8894
东方明珠	0.0122		0.1045						0.8834
电广传媒	0.0662		0.0488				0.8850		
湖北广电			0.8800						0.1200
奥飞娱乐	0.1199		0.8785				0.0016		
天威视讯			0.8527						0.1473
华谊兄弟	0.0779		0.8565						0.0656
华数传媒			0.8553					0.0590	0.0857

业务 \ 公司	游戏	动漫	影视	虚拟现实	在线教育	网络文学	创意设计	数字文化创意软件开发	其他数字创意业务
天神娱乐	0.8435		0.1565						
四川九洲							0.8126		0.1874
凯撒文化	0.8018					0.0007			0.1975
艾格拉斯	0.7944								0.2056
星辉娱乐	0.7839		0.2161						
视觉中国							0.7780		0.2220
万达电影			0.7764						0.2236
乐视网			0.0795				0.1304		0.7901
拓维信息	0.2299				0.7701				
恺英网络	0.7676								0.2324
慈文传媒	0.2344		0.7656						
当代东方			0.7627						0.2373
赛为智能							0.2433		0.7567
皖新传媒	0.1776				0.7727		0.0497		
千方科技							0.7386		0.2614
骅威文化	0.2683		0.7317						
三五互联	0.7570						0.1094		0.1336
完美世界	0.7125		0.2875						
美盛文化	0.2929								0.7071
飞利信					0.0817		0.7385		0.1798
数知科技							0.2957		0.7043
暴风集团				0.7030					0.2970
新大陆								0.2991	0.7009
当代明诚			0.6967						0.3033
世纪鼎利					0.2780		0.0205		0.7015
同花顺							0.3175		0.6825
光线传媒	0.0343		0.6991						0.2666
大晟文化	0.6700		0.3300						
文投控股	0.1936		0.7066						0.0998
中南传媒					0.6497				0.3503
神思电子							0.3523		0.6477

业务 公司	游戏	动漫	影视	虚拟现实	在线教育	网络文学	创意设计	数字文化创意软件开发	其他数字创意业务
北纬科技	0.3547								0.6453
安居宝							0.3747		0.6253
立思辰					0.6229				0.3771
麦达数字							0.3783		0.6217
远光软件							0.3872		0.6128
长城影视			0.3874	0.6126					
银江股份							0.3891		0.6109
长城动漫	0.6006	0.3994							
久远银海								0.5747	0.4253
宋城演艺							0.5474		0.4526
凤凰传媒	0.4569		0.5431						
昆仑万维	0.4577						0.5423		
顺网科技	0.5329								0.4671
川大智胜				0.4757					0.5243
时代出版			0.5176						0.4824
中文在线						0.4849			0.5151
华录百纳			0.2499				0.5285		0.2216
捷成股份			0.3089	0.0010	0.0216		0.2177		0.4508
恒信东方		0.2127	0.1126				0.2292		0.4456

注:表中的数据是指各类数字创意业务的收入占公司所有数字创意业务的主营业务收入总额的比例。

根据表6.3、表6.4和表6.5的数据资料,利用其主营业务收入数据和赫芬达尔指数法公式测度出融合度系数,分别得到我国数字创意上市公司2015—2017年的市场融合程度(详见表6.6、表6.7和表6.8)。

表6.6　我国数字创意上市公司2015年市场融合HHI值分布

公司名称	HHI 值	公司名称	HHI 值	公司名称	HHI 值
富春股份	0.9968	赛为智能	0.7277	华数传媒	0.5569
皖新传媒	0.9856	数知科技	0.7250	凤凰传媒	0.5522

公司名称	HHI 值	公司名称	HHI 值	公司名称	HHI 值
昆仑万维	0.9754	银之杰	0.7217	世纪鼎利	0.5506
华策影视	0.9732	东方明珠	0.7138	骅威文化	0.5335
当代东方	0.9625	同方股份	0.7099	拓维信息	0.5218
捷顺科技	0.9406	立思辰	0.7073	时代出版	0.5208
川大智胜	0.9170	美盛文化	0.6957	顺网科技	0.5152
飞利信	0.9036	华闻传媒	0.6852	中南传媒	0.5150
祥源文化	0.8864	华平股份	0.6838	新大陆	0.5081
万达电影	0.8602	天威视讯	0.6722	中文在线	0.5047
印纪传媒	0.8537	华谊嘉信	0.6674	久远银海	0.5005
大晟文化	0.8511	暴风集团	0.6638	麦达数字	0.5000
电广传媒	0.8366	恺英网络	0.6619	银江股份	0.5000
慈文传媒	0.8268	苏州科达	0.6612	乐视网	0.4659
光线传媒	0.8227	捷成股份	0.6554	星辉娱乐	0.4552
任子行	0.8041	宋城演艺	0.6502	凯撒文化	0.4524
湖北广电	0.7853	华谊兄弟	0.6238	北纬科技	0.4087
郎玛信息	0.7750	同花顺	0.6208	三五互联	0.4067
四川九洲	0.7395	长城动漫	0.5938	奥飞娱乐	0.3895
千方科技	0.7310	文投控股	0.5912	华录百纳	0.3569

表 6.7 我国数字创意上市公司 2016 年市场融合 HHI 值分布

公司名称	HHI 值	公司名称	HHI 值	公司名称	HHI 值
富春股份	0.9802	昆仑万维	0.6980	新大陆	0.5496
世纪华通	0.9736	皖新传媒	0.6932	赛为智能	0.5482
佳创视讯	0.9684	麦达数字	0.6758	世纪鼎利	0.5466
华策影视	0.9578	美盛文化	0.6706	顺网科技	0.5282
印纪传媒	0.9467	星辉娱乐	0.6697	骅威文化	0.5279
捷顺科技	0.9313	安居宝	0.6655	大晟文化	0.5252
华平股份	0.9051	长城动漫	0.6651	远光软件	0.5177
当代东方	0.8664	千方科技	0.6617	立思辰	0.5151

续表

公司名称	HHI 值	公司名称	HHI 值	公司名称	HHI 值
神思电子	0.8382	同花顺	0.6529	数知科技	0.5148
华闻传媒	0.8345	光线传媒	0.6505	暴风集团	0.5137
四川九洲	0.8165	奥飞娱乐	0.6494	银江股份	0.5098
祥源文化	0.7962	完美世界	0.6391	拓维信息	0.5072
湖北广电	0.7955	飞利信	0.6191	宋城演艺	0.5065
电广传媒	0.7543	恒信东方	0.6152	川大智胜	0.5058
任子行	0.7437	慈文传媒	0.6145	久远银海	0.5033
同方股份	0.7373	凤凰传媒	0.6061	乐视网	0.5018
华谊嘉信	0.7287	当代明诚	0.5901	中南传媒	0.5000
恺英网络	0.7154	华谊兄弟	0.5802	中文在线	0.5000
天威视讯	0.7064	东方明珠	0.5794	三五互联	0.4853
北纬科技	0.7053	文投控股	0.5771	华录百纳	0.3481
万达电影	0.7028	时代出版	0.5725	捷成股份	0.3170
华数传媒	0.7010	凯撒文化	0.5529		

表 6.8　我国数字创意上市公司 2017 年市场融合 HHI 值分布

公司名称	HHI 值	公司名称	HHI 值	公司名称	HHI 值
富春股份	0.9940	星辉娱乐	0.6613	文投控股	0.5467
华策影视	0.9754	视觉中国	0.6546	中南传媒	0.5448
印纪传媒	0.9495	万达电影	0.6528	神思电子	0.5436
世纪华通	0.9314	乐视网	0.6475	北纬科技	0.5422
华平股份	0.9159	拓维信息	0.6459	安居宝	0.5314
捷顺科技	0.9107	恺英网络	0.6432	立思辰	0.5302
华闻传媒	0.8763	慈文传媒	0.6411	麦达数字	0.5296
银之杰	0.8713	当代东方	0.6380	远光软件	0.5254
佳创视讯	0.8648	赛为智能	0.6318	长城影视	0.5254
祥源文化	0.8079	皖新传媒	0.6311	银江股份	0.5246
同方股份	0.8063	千方科技	0.6139	长城动漫	0.5202
华谊嘉信	0.8049	骅威文化	0.6073	久远银海	0.5112

公司名称	HHI 值	公司名称	HHI 值	公司名称	HHI 值
高伟达	0.8032	三五互联	0.6029	宋城演艺	0.5045
东方明珠	0.7914	完美世界	0.5904	凤凰传媒	0.5037
电广传媒	0.7900	美盛文化	0.5858	昆仑万维	0.5036
湖北广电	0.7887	飞利信	0.5843	顺网科技	0.5022
奥飞娱乐	0.7862	数知科技	0.5834	川大智胜	0.5012
天威视讯	0.7488	暴风集团	0.5824	时代出版	0.5006
华谊兄弟	0.7440	新大陆	0.5807	中文在线	0.5005
华数传媒	0.7423	当代明诚	0.5774	华录百纳	0.3909
天神娱乐	0.7359	世纪鼎利	0.5698	捷成股份	0.3465
四川九洲	0.6954	同花顺	0.5666	恒信东方	0.3090
凯撒文化	0.6819	光线传媒	0.5609		
艾格拉斯	0.6734	大晟文化	0.5578		

根据表6.6、表6.7和表6.8中计算出来的 HHI 值及 HHI 值分布区间,得到各区间的 2015—2017 年我国数字创意上市公司数量、跨界产业融合度及各区间比例的分布情况(见表6.9)。

表6.9 我国数字创意上市公司融合度区间分布(2015—2017 年)

HHI 区间	公司数量			融合度	占比(%)		
	2015 年	2016 年	2017 年		2015 年	2016 年	2017 年
0.84—1	12	8	9	低度	20.00	12.30	12.85
0.68—0.84	17	16	14	中低度	28.33	24.62	20.00
0.52—0.68	17	26	36	中度	28.33	40.00	51.43
0.36—0.52	13	13	9	中高度	21.67	20.00	12.86
0.2—0.36	1	2	2	高度	1.67	3.08	2.86

第三节 结论与启示

通过对 2015—2017 年我国数字创意上市公司融合程度的测算,我们发现数字创意产业跨界融合具有"跨界融合程度总体处于中高度融合阶段、产业跨界融合现象日益普遍"等主要阶段性特征,同时对如何进一步促进我国数字创意产业的跨界融合带来了相应的启示。

一、　跨界融合程度总体处于中高度融合阶段

从融合度分布情况可以看出,2015 年融合度处于低度的数字创意上市公司比例为 20%,融合度处于中度及中度以上的数字创意上市公司的比例为51.67%;2016 年融合度处于低度的数字创意上市公司比例为 12.30%,而中度及中度以上的数字创意上市公司已占到 63.08%的比例;2017 年融合度处于低度的数字创意上市公司比例为 12.85%,中度及中度以上的数字创意上市公司已达到 67.15%的比例。数字创意产业跨界融合整体上呈现出向中高度融合升级的趋势,说明了我国数字创意产业的跨界融合发展总体上已经取得了良好的成效,这与我国经济转型升级及数字创意产业发展政府政策利好等因素密切相关。具体而言,经济转型升级要求加快现代服务业的发展,向低功耗和高效益转变,进一步加大创新力度,打造中国自有的知识产权和品牌。与此同时,人民对于美好生活的向往和日益增长的精神文化需求,也刺激了数字创意产业的创新,推动了产业跨界融合的进程。

尽管我国数字创意产业的跨界融合已处于中高度融合阶段,但总体上我国数字创意产业尚未到达高度跨界融合,仍具有很大的提升空间。政府应继续释放政策红利,加大对数字创意产业中小企业和初创企业的扶持,强化财政统筹与规划,解决其融资约束等难题;政府引导产业跨界融合平台建设,发挥产业集聚效应和示范企业领头雁作用。企业也应该把握机遇,提升自身硬实力,有效整合要素资源,加强数字创意主体的创新培育,落实高端人才引进工作;数字创意企业要积极响应政府号召,借助时代红利寻求高质量跨界合作与融合。

二、 产业跨界融合现象日益普遍

数字创意产业跨界融合的队伍逐渐壮大,发生跨界融合的企业由 2015 年的 60 家增加到 2017 年的 70 家,体现产业内跨界融合现象的快速增长趋势。这也说明随着"两化"的深度融合和数字经济、创意经济的发展,在政府政策的扶持下,越来越多的企业抓住发展机遇,加入到产业跨界融合的行列中。相当数量的企业从单一业务转型到数字创意产业多元化经营。从细分领域看,游戏、影视、创意设计与 VR 行业在产业跨界融合上是优势明显、需求庞大与最易实现技术突破的四大领域,企业开展在线教育、数字出版等文化增值业务也成为风潮。此外,网络文学的发展也持续向好,以内容为核心的 IP 全版权运营模式向游戏、影视与动漫等行业延伸,形成全产业链开发,网络文学迎来新的发展时代。以上转变与政府加大知识产权保护力度、严厉惩治知识产权侵权有密切关系,政府通过相应的法律法规,切实保护了数字创意企业的经济利益,激发了数字创意企业等市场主体创新的动力。同时,随着 Z 世代的崛起,网络用户对文化消费的内容与形式提出了更加多元化与个性化的需求,拉动数字创意企业跨界融合进程。

为进一步推动数字创意产业的跨界融合,政府应制定更为细致、覆盖面更广的产权保护法律法规,加大政策的宣传力度;企业应优化自身资源配置,将更多资源投入到高知识性、高附加值的产业链中,并深度挖掘消费需求,在新资本的驱动和新技术的推动下重塑商业形态,将自身核心竞争力与新的市场需求有效嫁接,塑造数字创意产业跨界融合发展的新模式和新业态。

第七章　我国数字创意产业
跨界融合效应

数字创意产业作为以文化创意、设计服务为核心,数字技术为依托的战略性新兴产业,具有无边性、渗透性的特点,其跨界融合逐渐成为新一轮产业升级的大趋势,通过跨门类、跨要素、跨行业、跨地域、跨文化及主动融合、被动融合、互动融合相结合形成的"既跨且融"新模式对产业转型升级、业态创新及社会经济的可持续发展等方面都产生了深远的影响。本章定性分析我国数字创意产业跨界融合所产生的经济效应、创新效应和社会效应,并采用倾向得分-双重差分法对这些效应进行实证检验。

第一节　数字创意产业跨界融合的效应分析

一、 经济效应

数字创意产业是我国"十三五"期间重点发展的新兴产业之一,正日益成为我国转变经济发展方式、满足消费需求与引领社会风尚的重要支撑。作为文化与科技深度融合的产物,近年来信息技术的快速发展及文化消费在居民消费中所占份额的持续增加为数字创意产业跨界融合提供了源源不断的动力。数字创意产业跨界融合产生的新型业态、产品及服务具有高技术、高质效、高附加值与无边界等特点,具备极高的经济价值。具体来说,数字创意产业跨界融合的经济效应主要表现为以下两个方面。

(一)成本节约效应

数字创意产业跨界融合的成本节约效应包括交易成本节约和生产成本节约两个方面,其实现得益于通过产业融合全面整合、协调生产组织与业务流程,再造和创新企业管理,提高资源共享率,最终使得产品和服务成本出现结构性缩减。① 实际上,由于资产通用性的提高,参与融合的企业可以通过资产的重组和要素的充分利用达到节约成本的目的。② 以往研究中部分学者对于成本节约的解释过于笼统,本书将从基于资产通用性提高的生产成本节约和基于组织形式创新的交易成本节约这两个方面来进行具体的阐述。

1. 基于资产通用性提高的生产成本节约效应

所谓资产通用性,就是在保证同等生产价值的前提下,一项资产可以与其他资产替换使用或者结合使用的程度。提高资产通用性有利于减少资产的闲置和浪费,实现现有资产的最大化利用,并且减少了资产转化的成本,从而实现生产成本的节约。数字创意产业的有形资产较少,文化、创意与技术等知识资产较多,本身资产通用性就比较高。③ 数字创意产业跨界融合促使产业内部相互渗透、相互交叉,最终融为一体,逐步形成新业态,这使得原本具有"柔性"的资产的通用性进一步增强。以人力资本为例,因为数字创意产业内部的关联度比较强,因此相关客户群体也大体一致,重叠度高,且同类客户的需求覆盖了多方面,服务方式、服务内容与服务对象也因此逐渐趋同,最终导致

---

① 肖叶飞、刘祥平:《传媒产业融合的动因、路径与效应》,《现代传播(中国传媒大学学报)》2014年第1期。

② 涂静:《产业融合的经济学分析》,《现代管理科学》2017年第8期。

③ 王博、张刚:《中国数字创意产业发展研究——基于产业链视角》,《中国物价》2018年第3期。

相关人力资本专用性下降,通用性不断增强。

2.基于组织形式创新的交易成本节约效应

从基于组织形式创新的交易成本节约来看,威廉姆森(Williamson)将交易成本划分为"事前"交易成本和签订合同之后的"事后"交易成本。"事前"交易成本是指签订契约时,因未来不确定性而事先规定交易双方的权利、责任和义务而产生的成本。"事后"交易成本包括不适应成本、讨价还价成本、建立运转成本和保证成本四种形式。[1] 数字创意产业跨界融合之所以能够节约交易成本,是因为企业开展跨界融合经营导致了企业组织形式发生了变革,相关企业会发生不同程度的产业边界扩张现象,或者是通过内部自我成长的方式开始接触新业务,或是通过并购或者战略联盟的方式直接进入新的生产领域。这种产业边界扩张从本质上体现了市场分工向企业内分工的转换,或者说是实现了外部交易的内部化,从而节约了交易成本。[2] 此外,数字创意产业跨界融合过程中的纵向一体化、网络化等组织形式的形成能够有效地缩短生产与消费的距离,减少中间迂回环节,从而节省大量中间费用。数字创意产业跨界融合带来的组织形式创新通过上下游延伸从而实现根据消费者的消费偏好设计相应的产品或服务,更好地满足消费者需求,减少了不必要的采购、议价、调试与更换等各个环节中产生的交易成本。

(二)经济促进效应

数字创意产业具有高附加值和无边界的特性,不仅本身是一种高投入高回报的行业,而且能够通过渗透和影响带动其他产业的发展来促进经济的增长。产业的核心创意在初次形成之后就能被反复传播和使用,因此能够带来成倍递增的报酬。数字创意产业跨界融合对经济的促进效应近年来逐渐凸显,根据国家统计局公布的相关数据,2016 年,全国规模以上文化及相关产业

---

[1]　威廉姆森:《资本主义经济制度》,段毅才、王伟译,商务印书馆 2002 年版。
[2]　胡永佳:《产业融合的经济学分析》,博士学位论文,中共中央党校,2007 年。

企业的营业收入增长率为 7.5%，其中以"互联网+"为主要形式的文化信息传输服务业营业收入增长 30.3%；2017 年，二者比例分别达到 10.8%、34.6%。2018 年末显示全国规模以上文化及相关产业企业的营业收入比上年增长 8.2%（注：2018 年由于国家统计局发布了《战略性新兴产业分类（2018）》，对数字创意产业有了更细致的划分，统计口径有所改变，因此横向可比受到一定影响），其中新闻信息服务营业收入同比增长 24.0%；创意设计服务增长 16.5%。进一步来看，数字创意产业跨界融合带来的经济促进效应产生的具体路径一方面是通过形成更大的产业群来推动经济发展，另一方面是通过经济溢出效应促进经济增长。

1. 数字创意产业跨界融合的产业集群效应

产业集群是指在某一特定区域中，大量产业（通常以一个主导产业为核心）中联系密切的企业及相关支撑机构按照一定的经济联系在空间上集聚，并形成持续竞争优势的现象。① 数字创意产业的跨界融合能够形成产业集群效应，数字创意产业的核心是创意，在于思维或行为视角的独特性，包括新思想、新技术和新内容，它是数字技术和文化艺术交融和升华的反映。因此，这就意味着集体的互动以及企业的地理集聚都是数字创意产业发展中必不可缺的，不能只是凭借单个人或企业的力量。产业集群能促进地方形成良好的产业发展环境，带来的集群效应对经济有巨大的拉动作用。数字创意产业的跨界融合过程使得不同产业间的边界逐渐模糊甚至消失，打破了原来各自独立经营的业务范围，带动了更多产业内企业之间的交流合作，从而促进了更大范围的产业集群效应。进一步地，产业集群中的企业一方面利用产业群内的创意、品牌与信息等要素进行优势互补，并借助与集群内企业的合作，降低成本，带来规模经济和范围经济；另一方面又通过对先进技术的相互借鉴交流降低了技术的研究开发成本，分散了风险，因此集群内的企业所产生的经济价值大

---

① 胡宇辰：《产业集群效应的经济学分析》，《当代财经》2004 年第 11 期。

于单个企业经济价值简单相加的结果。

2. 数字创意产业跨界融合的经济溢出效应

数字创意产业的跨界融合可以产生经济溢出效应,这主要源于知识溢出和技术溢出。首先,从知识溢出的角度来看,数字创意产业根植于创造力的产生,是一种典型的隐性知识。通过产业间的跨界融合过程可以带动文化、创意等隐性知识在不同产业间交流和共享,加快知识创新、流动和转移的过程,更能有效实现知识的外溢效应。陈宪和韩太祥(2008)指出,文化要素会通过影响企业管理者的观念对企业的层次生产率产生影响,并进一步地影响总生产率与经济增长,这是由于总生产函数会将文化作为一种独特的知识资本纳入其中,所以会影响经济增长和竞争方式。① 其次,从技术溢出的角度看,跨界融合加快了相关产业企业的技术创新过程。这不仅在于数字创意产业本身的VR/AR 等先进技术被广泛用于动漫、游戏与影视等产业,增加了它们的经济附加值,带动了一系列衍生品市场的发展,也在于数字创意产业本身在跨界融合的过程中会因为适应新的市场需求而加快技术创新过程。通过知识溢出和技术溢出带来产业跨界融合的外部经济效应,这不仅对单一产业有影响,还会延伸到整个产业网络中,最终加快整个经济系统的发展进程,促进经济增长。

二、 社会效应

数字创意产业本质上仍然是属于文化产业的大范畴之内,因此与文化产业一样具有双重属性即经济属性和社会属性。数字创意产业跨界融合形成的新兴产业也与文化产业有着密切的联系,因此跨界融合后形成的新产品和新服务也同样具备明显的社会属性。数字创意产业跨界融合后形成的新兴业态往往具有高质量发展的特征,相关企业积极主动履行社会责任使得其在追求经济利益的同时往往能较好地兼顾社会利益。具体来说,数字创意产业跨界

---

① 陈宪、韩太祥:《文化要素与经济增长》,《经济理论与经济管理》2008 年第 9 期。

融合的社会效应主要表现为就业拉动效应与生态优化效应两个方面。

（一）就业拉动效应

数字创意产业跨界融合通过催生新产品和新市场进而为社会提供更多的就业岗位。高新技术等产业提供的岗位具有明显的挤出效应。相比之下，数字创意产业跨界融合所提供的岗位属于新增岗位，能有效降低失业率，优化调整社会劳动力结构。本书将从直接效应和间接效应对就业拉动效应进行具体介绍。

1. 直接拉动就业效应

直接拉动就业效应是指数字创意产业跨界融合引起自身内部相关部门就业发生变动。

一是产业的发展和企业规模的扩大对劳动力的需求也相应提高。数字创意产业开展跨界融合的一个重要动力就是消费需求的拉动。当前，消费需求的增长热点从传统的满足基本生活需要的消费品向满足更高层次身心健康需求的消费品转移，且收入的增长使得消费者可以将更多的支出分配到数字创意产品及相关服务的消费上。需求的增长促使数字创意产业开展跨界融合以提供更多新型产品和服务，使得生产规模扩大，最终使其劳动力需求规模也相应地扩大。

二是知识积累和技术进步的外溢性能提升就业者质量，并在结构性失业的优化方面发挥作用。数字创意产业开展跨界融合涉及融合后的新产品和新服务的开发与设计，且为了充分满足市场需求，需要不断创新设计理念和加强新技术的开发。因此，从业人员只有不断提高自身的知识储备和技能水平，才能在跨界融合的浪潮中获得一席之位，从而避免因行业升级而导致的人才淘汰。

2. 间接拉动就业效应

间接拉动就业效应是指数字创意产业自身的发展通过其他国民经济变量

变动来拉动劳动就业。

一是数字创意产业可以通过促进经济的增长从而增加就业数量。根据CNNIC统计,截止到2018年6月底,我国网民规模达7.72亿,网络普及率达到了57.7%,为数字创意产业的发展奠定了庞大的用户基础。此外,2018年我国文化产业增加值高达3.90亿元,比上年增长了12.39%。数字创意产业相关用户规模不断扩大及文化消费比例的攀升使得数字创意产业迎来蓬勃发展的历史机遇期,通过跨界融合实现了其他产业的联动发展,有效地拉动了经济增长从而吸纳更多的就业人数。

二是数字创意产业可以优化产业结构从而增加就业数量。数字创意产业内部开展跨界融合,有助于提升经济系统整体的就业弹性,有助于提升产业内部结构,提高产业链附加值,从而提供更多的就业岗位。

三是数字创意产业可以通过推动城市化进程从而增加就业数量。跨界融合产生的新项目可以有效吸引投资,大量的资金流、物质流与信息流由此汇聚,再转化为生产力,且投资带来的经济增长有助于进一步提升城市的品牌形象,从而吸引更多的投资方,有助于形成良性循环,充分拉动就业。

(二)生态优化效应

数字创意产业作为国家重点支持的支柱性产业之一,是一种有着高附加值、低污染、低能耗的资源节约型和环境友好型产业,不仅可以拉动经济发展、促进经济增长,对于资源节约和生态环境保护也具有重要意义。一方面,数字创意产业自身发展引导人们追求健康精神文明生活,促进社会的可持续发展。另一方面,数字创意产业的跨界融合带动了先进技术在传统产业的应用,达到良好的节能减排效果,有利于环境保护、实现绿色发展和经济转型升级。

具体来说,数字创意产业跨界融合的生态优化效应表现为以下两个方面:

1.数字创意产业跨界融合有利于个体生态价值观的确立

从个体层面来看,数字创意产业作为一类绿色环保型产业满足了我国社会重建资源环境理性的要求,它将环境伦理观、生态价值观以及社会效益观纳入每个人的消费理念中,通过文化价值引导改变每个人的消费方式,纠正片面追求经济利益和为追求地位、彰显身份而进行的高消费,从而引导人们选择一种更加科学、合理的消费方式,赋予物质消费以伦理文化意义。消费者消费观念的变化又矫正了厂家因单方面发展经济而破坏人类自然生存环境和损害长期利益的短期生产行为,借助于"无烟"生产来满足绿色消费的要求,这样能够从根源上有效遏制物质生产过程中资源枯竭和环境恶化问题。[1]

2. 数字创意产业跨界融合有利于节能环保产业的转型

从产业层面来看可分为两点:一是数字创意产业自身所具有的发展特点,它的发展所需要的投入要素具有非物质性,这就决定了其生产发展绿色、清洁、低碳的特点,将人类发展转向自身精神文明生产开发。由于人类的想法和精神需求源源不断地产生,因此文化产业没有扩展边界的限制,使可持续发展成为一种可能。[2] 数字创意产业强调创意和文化对资源的代替,比一般产业消耗物质资源少,且创意和文化具有可再生性和不可穷尽性,对环境的污染小,是清洁、可持续的产业。[3] 随着经济的发展,我国社会的主要矛盾已经发生了转变,人们不再满足于简单的物质生活,更关注生活质量的提高,包括对我们赖以生存的生活环境的重视。过去的经济发展方式主要是资源和劳动密集型,而数字创意产业的产生改善了过去的粗放型经济,使生产开发更多依赖人类自身的创造力进行,削弱了对资源环境客体的依赖,有助于资源节约和生态保护。二是数字创意产业在跨界融合过程中所体现出的生态效应,数字创意产业的跨界融合活动通过在研发设计、生产营销各个环节提升相关产业的技术含量,促进了发展由要素驱动、投资驱动转向创新驱动。信息技术和虚拟

---

[1] 傅才武、江海全:《文化创意产业在"两型社会"建设中的功能作用与价值定位》,《中国地质大学学报(社会科学版)》2009 年第 4 期。

[2] 张曾芳、龙平:《论文化产业及其运作规律》,《中国社会科学》2002 年第 2 期。

[3] 邓安球:《文化产业发展理论研究》,博士学位论文,江西财经大学,2009 年。

技术的运用,极大地消解了时空距离和常规资源对传统产业的制约,提高了对自然资源特别是不可再生资源的利用效率,降低了资源消耗。因此,数字创意产业的跨界融合已经成为当下加快产业转型升级、优化产业结构、调整资源转化模式、推动生态持续优化的重要方式。

三、 创新效应

数字创意产业是由创意经济与数字化技术相结合而催生出的一种新型业态,通过与其他产业的跨界融合过程将这种创意思维和创意要素在不同产业间传递,形成新产品、新服务、新技术和新市场,最终完成产业创新。具体来看,数字创意产业跨界融合的创新效应主要表现为技术创新与市场创新两个方面。

(一)技术创新效应

技术创新产生于技术融合阶段,是产业创新的逻辑起点,也是整个产业经济系统一系列创新活动的基础。数字创意产业跨界融合常常伴随着对外部信息的搜索过程和并购重组活动,而在跨界搜索过程中对异质性知识的获取以及在外部并购过程中所产生的优势互补和技术延伸会极大地促进企业的技术创新。

1.数字创意产业的跨界融合会加快对异质性知识的获取

在"大数据+"背景下,跨界融合成为企业实现技术创新的重要形式。在当前复杂动态的环境下,企业想要进行突破性技术创新,除了要将原行业结构中的资源物尽其用之外,还需要打破不同产业、行业之间的限制,跨越地理有形网络和认知无形网络之间的障碍,用内外部多类知识融合来实现价值共创,奠定企业技术创新的基础。[1]

产业跨界融合过程必然伴随着企业对外界信息的跨界搜索。所谓跨界搜

---

① 邵云飞、党雁、思梦:《跨界创新在突破性技术创新模糊前端的作用机制》,《科技进步与对策》2018 年第 22 期。

索是指企业通过跨越现有组织或技术边界进行信息搜索活动①,可以跨越一种边界,也可以同时跨越多种边界。一方面,跨界搜索有助于企业摆脱边界的限制,利用界外信息来改进企业已有资料库,这种多元知识的交互融合能有效挖掘企业异质性知识的潜能。另一方面,跨界搜索也可以根据市场调研结果及时发现符合消费者需求并且有价值的突破性技术,帮助企业适应环境的快速变化,及时调整企业创新战略,在动态的环境中搜寻有用的知识和信息作为新创意产生的源泉,帮助企业识别创新机会,利用不同行业的技术知识,大大地加快技术的创新过程。

2. 数字创意产业的跨界融合能够产生优势互补和技术延伸

产业跨界融合常常还伴随着企业之间的并购重组,这不仅会带来资源的优势互补,还会扩展企业当前的技术研发边界。企业本身就是资源和能力的集合,在长期的发展过程中不同企业所形成的资源禀赋和开发能力都有所不同,对创新活动而言,资源(尤其是知识)是一种非常重要的要素。企业在进行外部并购的过程中常常会选择一些与自身在资源优势上存在互补性的企业,这样企业在并购之后就能从对方获取异质性知识,并加以分析、吸收、利用、整合,转化为自身的创新资源,从而为技术创新提供要素支撑。此外,并购重组后的企业能够利用双方之前已经建立起来的研发网络关系(如大学、科研院所、研发中心)在更大范围内开展合作创新。通过双方技术人才的交流合作加强技术共享,从而克服内隐性知识跨组织转移难题,使企业能够在较短时间内掌握关键研发技能,表现为最低的研发成本和最高的创新产出,产生财富效应。瓜达卢普等(Guadalupe et al.,2012)通过对西班牙企业的相关数据进行实证分析发现,外资常常在收购那些生产率较高的企业之后进行组织创新技术升级。②

---

① L.Rosenkopf, A.Nerkar, "Beyond Local Search: Boundary Spanning, Exploration, and Impactin the Optical Diskind Ustry", *Strategic Management Journal*, Vol.22, No.4, 2001, pp.287-306.

② M.Guadalupe, O Kuzmina, C Thomas, "Innovation and Foreign Ownership", *The American Economic Review*, Vol.102, No.7, 2012, pp.3594-3627.

（二）市场创新效应

如何进行市场创新,将产品和服务的消费市场实现最大化是企业追求的目标之一,也是企业获得持续竞争优势的来源。数字创意产业跨界融合有助于催生新的消费需求并提升顾客的满意度和忠诚度,进而有效实现口碑营销、扩大市场。

1.数字创意产业跨界融合扩大企业原有市场空间

数字创意产业跨界融合往往能够带来一系列的网络效应,扩大企业原有市场的空间。在该过程产生的网络效应分为直接网络效应和间接网络效应。当一类用户的数量增加会增加(或减少)同类用户的效用时,我们称之为直接网络效应[1];当增加不同类用户的效用时,我们称之为间接网络效应。网络效应的存在意味着新用户的增加具有正的外部性,使得无论是老用户还是新用户都能够从网络规模的扩大中获得更大的价值。伴随数字创意产业的跨界融合活动,企业会提高产品的设计水平,增加创意价值和品牌附加值,从而形成有效的口碑营销,带来新的顾客群体,扩大原有市场的空间。由于网络效应的存在,老顾客和新顾客的效用都会增加,这也大大提升了他们的消费体验,在更大范围内吸引更多消费者参与进来,从而更进一步扩大了市场,实现了良性循环。

2.数字创意产业跨界融合帮助企业开拓新市场

一方面,跨界融合常常伴随着新产品和新服务的产生,进而帮助企业进入新市场。企业或通过运用新技术自己开发新产品和新服务,或通过对其他企业进行跨界并购或与其他企业进行跨界合作进而丰富自己的产品与服务,由原来的市场进入到另一市场。

另一方面,跨界融合过程中产所生的技术创新与消费升级分别对应了

---

[1]　J.Rohlfs,"A Theory of Interdependent Demand for a Communications Service",*The Bell Journal of Economics and Management Science*",Vol.5,No.1,1974,pp.16-37.

产业的供需两侧。技术升级在很大程度上得益于消费引领,反过来,新技术的运用也通过改善基础产品的功能,提升了消费者的消费体验,实现了对市场消费需求的进一步满足。在此过程中更多高附加值的产品供给又会进一步来增进文化消费水平,引导市场需求向更高端演进,从而开辟新的高端市场。

第二节　我国数字创意产业跨界融合效应的实证研究

一、　方法介绍

高技术性、高附加值性与无边界性等产业自身特点引发了数字创意产业进行跨界融合的热潮。国家提出要大力发展数字创意产业,推动各领域对数字文化创意和创新设计的应用,开发更多新产品和新服务,培育更多交互融合的新业态,打造创意经济无边界渗透的格局。[①] 本书研究关注的核心在于一旦数字创意产业发生跨界融合,数字创意企业的公司业绩、社会责任履行情况及创新产出是否有所改善。

双重差分法(Difference in Differences,DID)作为一种主要用来评估政策实施效果的计量经济方法,2005 年由周黎安等人引入我国以研究税费改革效果[②],随后引发国内利用双重差分法评估政策实施效果的热潮。如李楠和乔榛(2010)利用 1999—2006 年中国工业行业数据,通过构建双重差分模型来评估始于 20 世纪末第三阶段的国有企业改革绩效,结果发现自 1999 年以来

[①] 郑自立:《文化科技融合助推文化产业高质量发展的机理与策略》,《当代经济管理》2019 年第 2 期。

[②] 周黎安、陈烨:《中国农村税费改革的政策效果:基于双重差分模型的估计》,《经济研究》2005 年第 8 期。

通过一系列改革措施,国有企业整体绩效有所提高。[①] 刘柏和王馨竹(2017)利用"营改增"试点前后的企业指标,使用双重差分法对比了早期试点行业与晚期试点行业的差异,探究了"营改增"对试点行业的财务效应。[②]

国家提出数字创意产业概念并鼓励其开展跨界融合可视为一次政策冲击,因此双重差分法为本书提供了合适的工具。构建双重差分模型的前提是对样本进行随机分组,以使处理组和对照组可观察到的公司特征相同或接近。赫克曼等(Heckman et al.,1997、1998)提出的倾向得分倍差法(Propensity Score Matching,PSM)通过建立 Probit 模型得出企业评分来匹配样本,有效解决了寻找合适的匹配组的问题。

本书把 2016 年作为研究的时间节点,将 47 家发生跨界融合的数字创意企业作为处理组,没有发生跨界融合的数字创意企业作为对照组,并利用倾向得分匹配法在 133 家企业中选取对照组。

二、 样本选择与数据来源

(一)样本选择

根据《国务院关于加快培育和发展战略性新兴产业的决定》的要求,2018 年国家统计局发布《战略性新兴产业分类(2018)》,该文件中明确提出将数字创意产业分为数字创意技术设备制造、数字文化创意活动、设计服务、数字创意与融合服务四大类,共涵盖电影机械制造、应用软件开发、工程设计活动、互联网广告服务等 42 个国民经济行业。2016 年政府工作报告中提出"大力发展数字创意产业,促进传统媒体与新兴媒体融合发展",首次从国家政策层面提出要加强数字创意产业跨界融合发展,故选取跨界融合开始前(2014—

---

① 李楠、乔榛:《国有企业改制政策效果的实证分析——基于双重差分模型的估计》,《数量经济技术经济研究》2010 年第 2 期。

② 刘柏、王馨竹:《"营改增"对现代服务业企业的财务效应——基于双重差分模型的检验》,《会计研究》2017 年第 10 期。

2015 年)和跨界融合实施后(2016—2017 年)的数据进行对比研究。

(二)数据来源

国泰安数据库(CSMAR)和万德数据库(WIND)是本书的主要数据来源,本书根据万德数据库提供的板块分类,结合数字创意产业最新分类标准,得到数字创意产业对应企业的股票代码,并获取相关数据。依次剔除属于新三板、ST板块以及各项指标数据大量缺失的企业,最终获得 120 家符合要求的企业样本。

三、 经济效应

(一)双重差分模型

$$ROA_{it} = \beta_0 + \beta_1 D_{it} + \beta_2 T_{it} + \beta_3 D_{it} T_{it} + \beta_4 X_{it} + \varepsilon_{it} \tag{7.1}$$

其中,ROA_{it} 代表企业绩效;D_{it} 为分组虚拟变量,如果是没有进行跨界融合的上市公司(对照组),则取值为 0,如果是进行跨界融合的上市公司(实验组),则取值为 1;T_{it} 为时间分组变量,将跨界融合发生前(2014—2015 年)设为对照期,取值为 0,将跨界融合发生后(2016—2017 年)设为实验期,取值为1;X_{it} 表示一系列影响企业绩效的控制变量,包括企业性质、企业规模、企业年龄、偿债能力、资本结构与营运能力等变量。

表 7.1 双重差分模型中参数的含义

	2014—2015 年	2016—2017 年	差 异
发生跨界融合企业	$\beta_0 + \beta_1$	$\beta_0 + \beta_1 + \beta_2 + \beta_3$	$\Delta ROA_1 = \beta_2 + \beta_3$
未发生跨界融合企业	β_0	$\beta_0 + \beta_2$	$\Delta ROA_0 = \beta_2$
双重差分结果			$\Delta\Delta ROA = \beta_3$

对于发生跨界融合的数字创意企业,跨界融合前后的企业绩效分别是$\beta_0 + \beta_1$ 和 $\beta_0 + \beta_1 + \beta_2 + \beta_3$,因此跨界融合活动给数字创意企业的绩效带来的

影响是 $\beta_2 + \beta_3$；对于未发生跨界融合的数字创意企业，跨界融合前后的企业绩效分别是 β_0 和 $\beta_0 + \beta_2$，因此企业绩效的差异值为 β_2。处理组和对照组只控制了是否发生跨界融合，因此跨界融合对数字创意企业绩效的净影响 $\Delta\Delta ROA$ 等于处理组在跨界融合前后绩效的变化 ΔROA_t 减去对照组在跨界融合前后绩效的变化 ΔROA_0，即 β_3 代表数字创意企业跨界融合前后绩效的变化。若 β_3 大于零，则可以在一定程度上说明跨界融合对于数字创意企业绩效有促进作用；若 β_3 小于零，则说明跨界融合可能会阻碍数字创意企业绩效的提高；若 β_3 等于零，则说明跨界融合对数字创意企业绩效没有影响。

（二）变量说明与描述性统计

1. 被解释变量

本书借鉴温素彬等（2008）[1]、陶文杰等（2012）[2]和李百兴等（2018）[3]的研究方法度量数字创意企业的经济绩效，即采用总资产报酬率衡量企业的经济绩效。

2. 解释变量

本书采用双重差分模型研究跨界融合是否影响企业的经济绩效，其核心解释变量为 $D_{it} T_{it}$。

3. 控制变量

参考已有研究成果，本书引入企业性质、企业规模、偿债能力、资本结构、营运能力作为控制变量，变量具体计算方法见表7.2，主要变量的描述性统计结果见表7.3。

---

[1]　温素彬、方苑：《企业社会责任与财务绩效关系的实证研究——利益相关者视角的面板数据分析》，《中国工业经济》2008年第10期。

[2]　陶文杰、金占明：《企业社会责任信息披露、媒体关注度与企业财务绩效关系研究》，《管理学报》2012年第8期。

[3]　李百兴、王博、卿小权：《企业社会责任履行、媒体监督与财务绩效研究——基于A股重污染行业的经验数据》，《会计研究》2018年第7期。

表 7.2　变量的具体计算方法

变量	含　义	计算方法
ROA	总资产报酬率	（利润总额+利息支出）/平均总资产
OWNER	企业性质	国有企业取 1,其他取 0
SIZE	企业规模	期末总资产的自然对数
ATR	偿债能力	速动资产/流动负债
ER	资本结构	负债/股东权益
TAT	营运能力	销售净收入/总资产平均余额

表 7.3　变量的描述性统计

样本类型	变量	变量定义	均　值	标准差	最小值	最大值
全样本 N＝480	ROA	总资产报酬率	0.049	0.064	−0.505	0.456
	SIZE	企业规模	21.690	0.971	18.524	24.938
	ATR	偿债能力	2.995	4.198	0.114	62.788
	ER	资本结构	0.838	5.162	−60.603	75.943
	TAT	营运能力	0.534	0.295	0.032	1.652
已发生跨界 融合企业 N＝188	ROA	总资产报酬率	0.041	0.046	−0.103	0.204
	SIZE	企业规模	21.598	0.986	18.524	23.779
	ATR	偿债能力	3.034	5.607	0.114	62.788
	ER	资本结构	1.100	8.212	−60.603	75.943
	TAT	营运能力	0.473	0.231	0.084	1.483
未发生跨界 融合企业 N＝292	ROA	总资产报酬率	0.054	0.073	−0.505	0.456
	SIZE	企业规模	21.749	0.958	19.937	24.938
	ATR	偿债能力	2.970	2.966	0.302	19.719
	ER	资本结构	0.669	0.668	0.037	4.957
	TAT	营运能力	0.573	0.324	0.032	1.652

注:因企业性质、跨界融合为虚拟变量,此处省略对其的描述性统计。

表7.4对跨界融合前后两类数字创意企业的经济绩效进行比较。对于发生跨界融合的企业,跨界融合前后的绩效由0.028提高到0.054,同比增长了约92.8%;对于未发生跨界融合的企业,跨界融合前后的绩效由0.078下降到0.030,同比减少了约61.5%。出现该现象的原因在于,中国经济自2014年以来从高速增长转为中高速增长,经济发展动能从要素驱动、投资驱动逐渐向创新驱动转变,作为促进产业结构升级的重要力量,数字创意产业日益受到国家和企业的高度重视,其无边性、渗透性的特点决定了跨界融合是促进其发展的重要趋势。企业只有积极开展跨界融合、谋求转型升级,才能应对激烈的市场竞争,否则将难以改善企业绩效,面临淘汰的危险。

表7.4　跨界融合前后企业绩效描述性统计

变量	2014—2015 年				2016—2017 年			
	跨界融合企业		未跨界融合企业		跨界融合企业		未跨界融合企业	
	均值	标准差	均值	标准差	均值	标准差	均值	标准差
ROA	0.028	0.045	0.078	0.062	0.054	0.043	0.030	0.076

（三）倾向得分匹配法配对样本

样本中的对照组和实验组满足共同趋势假定,是运用双重差分模型的一个重要假定[1],本书采用倾向得分匹配法匹配样本,以满足这一假定。借鉴已有研究,本书中的经济效应选取企业规模、企业性质、资本结构、营运能力、偿债能力作为协变量,按照1∶5的配对比例选择样本,利用倾向得分匹配法获得47家实验组样本和73家对照组样本,共计120组。如表7.5所示,匹配后样本数据的P值均大于0.1,实验组和控制组的各项统计特征基本一致,满足样本同趋势假定。

---

[1]　庄仲乔:《产融结合促进我国战略性新兴产业成长的理论与实证分析》,《人文杂志》2018年第11期。

表 7.5　倾向得分匹配均衡性检验

变　量	均　值		P 值
	跨界融合企业	未跨界融合企业	
企业性质	0.132	0.139	0.886
企业规模	21.651	21.655	0.977
偿债能力	3.116	3.223	0.868
资本结构	0.413	0.589	0.515
营运能力	0.478	0.482	0.910

（四）双重差分模型的实证检验及结果分析

本书首先通过倾向得分匹配法，为 47 家实验组企业匹配 73 家控制组企业，再以这 120 家企业数据为样本，建立 DID 模型分析数字创意企业跨界融合对企业绩效的影响，该模型包括跨界融合前后、是否发生跨界融合及二者交乘项的 PSM-DID 模型的结果。

表 7.6 结果显示，DID 即 $D_{it}T_{it}$ 的系数的 P 值为 0.000，在 1% 的显著性水平下显著，表明数字创意企业跨界融合对其绩效的影响显著，能够提升其经济绩效。从企业所处宏观环境来看，国家高度重视数字创意产业发展，为鼓励数字创意企业开展跨界融合活动，先后出台一系列政策，在财政补贴、税收优惠等方面给予其大力支持，有助于企业可持续性经营的开展和绩效的提升；从企业自身角度来看，数字创意企业开展跨界融合活动，进一步增强了创意、技术和人力等原本具有"柔性"的资产的通用性，从而节约了企业的生产成本。企业在跨界融合过程中能够打破组织边界，实现市场分工向企业内分工的转换，而纵向一体化和网络化等新的组织形式的出现减少了从生产到消费的中间环节，降低了企业的交易费用，使得企业有更加充裕的资金从事更多的生产研发活动，进而提高了企业绩效。

表 7.6　PSM-DID 模型结果

结果变量	跨界融合前			跨界融合后			DID
	实验组	控制组	DIFF	实验组	控制组	DIFF	
ROA	−0.450	−0.410	−0.040	−0.435	−0.460	0.025	0.065
标准差			0.009			0.009	0.013
T 值			−4.35			2.78	5.05
P 值			0.000***			0.006***	0.000***

四、 社会效应

（一）双重差分模型

$$SCR_{it} = \beta_0 + \beta_1 D_{it} + \beta_2 T_{it} + \beta_3 D_{it} T_{it} + \beta_4 X_{it} + \varepsilon_{it} \qquad (7.2)$$

其中，SCR_{it} 代表企业社会效应；D_{it} 为分组虚拟变量，如果是没有进行跨界融合的上市公司（对照组），则取值为 0，如果是进行跨界融合的上市公司（实验组），则取值为 1；T_{it} 为时间分组变量，将跨界融合发生前（2014—2015年）设为对照期，取值为 0，将跨界融合发生后（2016—2017 年）设为实验期，取值为 1；X_{it} 表示一系列影响企业社会效应的控制变量，包括企业规模、独立董事比率和企业性质等变量。

表 7.7　双重差分模型中参数的含义

	2014—2015 年	**2016—2017 年**	差　异
发生跨界融合企业	$\beta_0 + \beta_1$	$\beta_0 + \beta_1 + \beta_2 + \beta_3$	$\Delta SCR_t = \beta_2 + \beta_3$
未发生跨界融合企业	β_0	$\beta_0 + \beta_2$	$\Delta SCR_0 = \beta_2$
双重差分结果			$\Delta\Delta SCR = \beta_3$

对于发生跨界融合的数字创意企业，跨界融合前后的企业社会效应分别是 $\beta_0 + \beta_1$ 和 $\beta_0 + \beta_1 + \beta_2 + \beta_3$，因此跨界融合活动给该数字创意企业的社会效应带来的影响是 $\beta_2 + \beta_3$；对于未发生跨界融合的数字创意企业，跨界融合前

后的企业社会效应分别是 β_0 和 $\beta_0 + \beta_2$，因此企业的社会效应的差异值为 β_2。处理组和对照组只控制了是否发生跨界融合，因此跨界融合对数字创意企业社会效应的净影响等于处理组在跨界融合前后社会效应的变化 ΔSCR_t 减去对照组在跨界融合前后社会效应的变化 ΔSCR_0，结果是 $\Delta\Delta SCR$，即 β_3 代表数字创意企业跨界融合前后社会效应的变化。若 β_3 大于零，则可以在一定程度上说明跨界融合对于数字创意企业社会效应有促进作用；若 β_3 小于零，则说明跨界融合可能会阻碍数字创意企业社会效应的提高；若 β_3 等于零，则说明跨界融合对数字创意企业社会效应没有影响。

（二）变量说明与描述性统计

1. 被解释变量

本书借鉴温素彬等（2008）[1]、王建琼等（2009）[2]、王琦等（2013）[3]和王海妹（2014）[4]的研究方法，来度量数字创意企业的社会效应，即采用社会贡献率，即政府所得贡献率、职工所得贡献率、投资者所的贡献率、供应商所得贡献率和社会所得贡献率之和度量社会效应。

2. 解释变量

本书采用双重差分模型研究跨界融合是否影响数字创意企业的社会效应，其核心解释变量为 $D_{it} T_{it}$。

3. 控制变量

参考已有研究成果，本书引入企业规模、独立董事比率和企业性质作为控

① 温素彬、方苑：《企业社会责任与财务绩效关系的实证研究——利益相关者视角的面板数据分析》，《中国工业经济》2008 年第 10 期。
② 王建琼、侯婷婷：《社会责任对企业可持续发展影响的实证分析》，《科技进步与对策》2009 年第 18 期。
③ 王琦、吴冲：《企业社会责任财务效应动态性实证分析——基于生命周期理论》，《中国管理科学》2013 年第 S2 期。
④ 王海妹、吕晓静、林晚发：《外资参股和高管、机构持股对企业社会责任的影响——基于中国 A 股上市公司的实证研究》，《会计研究》2014 年第 8 期。

制变量,变量具体计算方法见表 7.8,主要变量的描述性统计结果则详见表 7.9。

表 7.8　变量的具体计算方法

变　量	含　义	计　算　方　法
SCR	社会贡献率	政府所得贡献率+职工所得贡献率+投资者所的贡献率+供应商所得贡献率+社会所得贡献率
SIZE	企业规模	期末总资产的自然对数
OUT	独立董事比	独立董事人数/董事会人数
OWNER	企业性质	国有企业取 1,其他取 0

表 7.9　变量的描述性统计

样本类型	变量	变量定义	均　值	标准差	最小值	最大值
全样本 N=480	SCR	社会贡献率	10.259	32.439	0.974	551.962
	SIZE	企业规模	21.699	0.964	18.524	24.938
	OUT	独立董事比	0.377	0.055	0.333	0.571
已发生跨界 融合企业 N=188	SCR	社会贡献率	12.338	45.402	0.974	551.962
	SIZE	企业规模	21.622	0.972	18.524	23.779
	OUT	独立董事比	0.376	0.050	0.333	0.500
未发生跨界 融合企业 N=292	SCR	社会贡献率	8.921	20.071	1.259	212.099
	SIZE	企业规模	21.749	0.958	19.937	24.938
	OUT	独立董事比	0.379	0.058	0.333	0.571

注:因企业性质和跨界融合为虚拟变量,此处省略对其的描述性统计。

表 7.10 对跨界融合前后两类数字创意企业的社会效应进行比较。对于发生跨界融合的企业,跨界融合前后的社会效应同比增长了约 81.4%,由 8.768 提高到 15.909,社会效应上升幅度较大;对于未发生跨界融合的企业,跨界融合前后的社会效应由 8.608 提升到 9.233,同比增长了约 7.3%。相对于发生跨界融合的企业,未发生跨界融合的企业社会效应的提升幅度相对较

小。2016 年政府工作报告提出"大力发展数字创意产业,促进传统媒体与新兴媒体融合发展",我国数字创意产业在一系列政策扶持下迅速发展,它以新一代信息技术为核心,融合设计、影视、动漫、游戏、广告等产业,给各利益相关者带来了可观的效益,使得发生跨界融合的企业的社会效应均值显著提高。数字创意产业主体(文化创意和设计服务)与技术基础融合提升了数字创意产业为其他产业服务的能力,最终成为发展的推动力。

随着国家对数字创意产业的扶持以及我国居民文化素养的提升,属于提高科学文化水平和居民素质服务的第三产业部门的数字创意企业社会效应均值均有所提升,但由于未发生跨界融合的企业缺乏发展动力,其社会效应增值幅度较小。

表 7.10　跨界融合前后企业社会效应描述性统计

变量	2014—2015 年				2016—2017 年			
	跨界融合企业		未跨界融合企业		跨界融合企业		未跨界融合企业	
	均值	标准差	均值	标准差	均值	标准差	均值	标准差
SCR	8.768	17.005	8.608	15.655	15.909	61.887	9.233	23.731

（三）倾向得分匹配法配对样本

样本中的对照组和实验组满足共同趋势假定,这是运用双重差分模型的一个重要假定[1],本书采用倾向得分匹配法匹配样本,以满足这一假定。借鉴已有研究,本书中的社会效应选取企业规模、独立董事比率和企业性质作为协变量,按照 1∶5 的配对比例选择样本,利用倾向得分匹配法获得 47 家实验组样本和 73 家对照组样本,共计 120 组。如表 7.11 所示,匹配后样本数据的 P 值均大于 0.1,实验组和控制组的各项统计特征基本一致,满足样本同趋势假定。

---

[1]　庄仲乔:《产融结合促进我国战略性新兴产业成长的理论与实证分析》,《人文杂志》2018 年第 11 期。

表 7.11　倾向得分匹配均衡性检验

变　量	均　值		P 值
	跨界融合企业	未跨界融合企业	
企业性质	0.140	0.141	0.986
企业规模	21.655	21.649	0.965
独立董事比	0.375	0.377	0.838

（四）双重差分模型的实证检验及结果分析

本书首先通过倾向得分匹配法,为 47 家实验组企业匹配 73 家控制组企业,再以这 120 家企业数据为样本,建立 DID 模型分析数字创意企业跨界融合对企业社会效应的影响,该模型包括跨界融合前后、是否发生跨界融合及二者交乘项的 PSM-DID 模型的结果。

表 7.12 结果显示,DID 的系数值为 7.589,大于 0,表明跨界融合对数字创意企业的社会效应具有一定的促进作用;DID 系数的 P 值为 0.349,在一定的显著性水平下不显著,表明数字创意企业跨界融合的社会效应不显著。从表 7.10 结果得出,跨界融合前后发生跨界融合的企业社会效应的变异系数从 1.939 提升到 3.890,增加了约 100.6%;未发生跨界融合的企业社会效应的变异系数从 1.819 提升到 2.570,增加了约 41.3%,可见发生跨界融合的数字创意企业在社会效应方面的差距较大,且在融合后的差距更明显,这表明少数企业在跨界融合时能够利用机遇和优势获得巨大的收益,提供较大的社会效应,而大多数企业的社会效应没有显著提高,造成严重的两极分化现象,导致社会效应在总量上明显提升,而差分结果却不显著。例如,一些大型企业通过收购、注资和入股等行为进入数字创意产业,出现数字创意产业资金一边倒的现象,大部分小型数字创意企业在跨界融合后难以生存,导致提供的社会效应下降。此外,数字创意企业跨界融合会对某些传统的服务模式产生利益关系的冲击,同时也会改变某些社会关系,满足不同的需求,诱发利益链条的断裂和

利益矛盾的转移①,影响利益相关者,而利益关系的重构和利益分配的调整需要一定的时间实现。结合经济效应的双重差分结果来看,发生跨界融合的企业从 2016 年以来发展时间较短,在保证自身生存条件下,难以满足利益相关者的利益,所以社会效应的差分结果不显著。

表 7.12　PSM-DID 模型结果

结果变量	跨界融合前			跨界融合后			DID
	实验组	控制组	DIFF	实验组	控制组	DIFF	
SCR	132.578	132.803	−0.225	143.465	136.101	7.364	7.589
标准差			5.724			5.710	8.093
T 值			−0.04			1.29	0.94
P 值			0.969			0.198	0.349

五、 创新效应

(一)双重差分模型

$$INNO_{it} = \beta_0 + \beta_1 D_{it} + \beta_2 T_{it} + \beta_3 D_{it} T_{it} + \beta_4 X_{it} + \varepsilon_{it} \tag{7.3}$$

其中,$INNO_{it}$ 代表企业创新效应;D_{it} 为分组虚拟变量,如果是没有进行跨界融合的上市公司(对照组),则取值为 0,如果是进行跨界融合的上市公司(实验组),则取值为 1;T_{it} 为时间分组变量,将跨界融合发生前(2014—2015 年)设为对照期,取值为 0,将跨界融合发生后(2016—2017 年)设为实验期,取值为 1;X_{it} 表示一系列影响企业创新效应的控制变量,含企业规模、现金流量、企业性质、负债比率、流动比率、留存收益与资产结构等变量。

---

① 方付建:《新技术应用的社会效应研究——以打车软件为例》,《科技管理研究》2015 年第 11 期。

表 7.13　双重差分模型中参数的含义

	2014—2015 年	2016—2017 年	差　异
发生跨界融合企业	$\beta_0 + \beta_1$	$\beta_0 + \beta_1 + \beta_2 + \beta_3$	$\Delta INNO_t = \beta_2 + \beta_3$
未发生跨界融合企业	β_0	$\beta_0 + \beta_2$	$\Delta INNO_0 = \beta_2$
双重差分结果			$\Delta\Delta INNO = \beta_3$

对于发生跨界融合的数字创意企业,跨界融合前后的创新绩效分别是 $\beta_0 + \beta_1$ 和 $\beta_0 + \beta_1 + \beta_2 + \beta_3$,因此跨界融合活动给该数字创意企业创新绩效带来的影响是 $\beta_2 + \beta_3$;对于未发生跨界融合的数字创意企业,跨界融合前后的企业创新绩效分别是 β_0 和 $\beta_0 + \beta_2$,因此企业创新绩效的差异值为 β_2。处理组和对照组只控制了是否发生跨界融合,因此跨界融合对数字创意企业创新绩效的净影响等于处理组在跨界融合前后创新绩效的变化 $\Delta INNO_t$ 减去对照组在跨界融合前后创新绩效的变化 $\Delta INNO_0$,结果是 $\Delta\Delta INNO$,即 β_3 代表数字创意企业跨界融合前后创新绩效的变化。若 β_3 大于零,则可以在一定程度上说明跨界融合对于数字创意企业创新绩效有促进作用;若 β_3 小于零,则说明跨界融合可能会阻碍数字创意企业创新绩效的提高;若 β_3 等于零,则说明跨界融合对数字创意企业创新绩效没有影响。

(二)变量说明与描述性统计

1. 被解释变量

本书借鉴陆国庆(2011)[1]、黎文靖,郑曼妮(2016)[2]和王素莲,赵弈超(2018)[3]等人的研究方法,来度量数字创意企业的创新效应,即采用年度公司专利申请总数衡量企业创新绩效。

---

[1]　陆国庆:《中国中小板上市公司产业创新的绩效研究》,《经济研究》2011 年第 2 期。

[2]　黎文靖、郑曼妮:《实质性创新还是策略性创新?——宏观产业政策对微观企业创新的影响》,《经济研究》2016 年第 4 期。

[3]　王素莲、赵弈超:《R&D 投资、企业家冒险倾向与企业创新绩效——基于不同产权性质上市公司的实证研究》,《经济与管理》2018 年第 6 期。

2.解释变量

本书采用双重差分模型研究跨界融合是否影响企业的创新绩效,其核心解释变量为 $D_{it}T_{it}$。

3.控制变量

参考已有研究成果,本书引入企业规模、现金流量、企业性质、负债比率、流动比率、留存收益、资产结构作为控制变量,变量具体计算方法见表7.14,主要变量的描述性统计结果则详见表7.15。

表 7.14 变量的具体计算方法

变　　量	含　　义	计　算　方　法
INNO	企业创新	年度公司专利申请的总数
SIZE	企业规模	期末总资产的自然对数
CF	现金流量	经营活动产生的现金流量净额的自然对数
OWNER	企业性质	国有企业取1,其他取0
LEV	负债比率	总负债/总资产
LIQ	流动比率	流动资产/流动负债
RE	留存收益	留存收益的自然对数
Tan	资产结构	固定资产净额/总资产

表 7.15 变量的描述性统计

样本类型	变量	变量定义	均　　值	标准差	最小值	最大值
全样本 N=380	INNO	企业创新	18.324	29.130	0.000	225.000
	SIZE	企业规模	21.768	0.878	20.032	24.152
	CF	现金流量	2.5E+09	4.0E+09	1.0E+08	3.4E+10
	LEV	负债比率	0.335	0.163	0.009	0.830
	LIQ	流动比率	3.800	7.222	0.785	76.458
	RE	留存收益	19.998	0.931	16.979	22.301
	Tan	资产结构	0.154	0.135	0.001	0.674

续表

样本类型	变量	变量定义	均　值	标准差	最小值	最大值
已发生跨界融合企业 N=116	INNO	企业创新	17.491	27.652	0.000	118.000
	SIZE	企业规模	21.652	0.939	20.032	23.779
	CF	现金流量	1.9E+09	2.3E+09	1.7E+08	1.7E+10
	LEV	负债比率	0.312	0.146	0.009	0.675
	LIQ	流动比率	3.919	7.765	0.785	73.795
	RE	留存收益	19.763	0.994	16.979	21.829
	Tan	资产结构	0.146	0.131	0.001	0.674
未发生跨界融合企业 N=264	INNO	企业创新	18.689	29.801	0.000	225.000
	SIZE	企业规模	21.819	0.847	20.190	24.152
	CF	现金流量	2.8E+09	4.6E+09	1.0E+08	3.4E+10
	LEV	负债比率	0.345	0.169	0.014	0.830
	LIQ	流动比率	3.748	6.984	0.785	76.458
	RE	留存收益	20.102	0.884	17.306	22.301
	Tan	资产结构	0.157	0.137	0.006	0.586

注:现金流量值过大,故采用科学计数法表示,如 2.5E+09=2.5×10⁹,下同。

表7.16　跨界融合前后企业创新效应描述性统计

变量	2014—2015 年				2016—2017 年			
	跨界融合企业		未跨界融合企业		跨界融合企业		未跨界融合企业	
	均值	标准差	均值	标准差	均值	标准差	均值	标准差
INNO	13.897	24.008	22.318	33.481	21.086	30.660	15.061	25.208

表7.16 对跨界融合前后两类数字创意企业的创新效应进行比较。跨界融合前未发生跨界融合的企业的创新绩效高出发生跨界融合的企业8.42个百分点,而跨界融合后出现了明显的反转,发生跨界融合的企业的创新绩效比未发生跨界融合的企业高出6.025个百分点。对于发生跨界融合的企业,跨界融合后的创新绩效由13.897提高到21.086,增长约51.7%;对于未发生跨

界融合的企业,跨界融合后的创新绩效由 22.318 下降到 15.061,减少 34.0%。这主要是因为数字创意产业以文化创意、设计服务为核心,这一核心要求其必须不断寻求创新,因此无论是否发生跨界融合,数字创意企业本身就具有较高的创新绩效。此外,2016 年我国强调了数字创意产业的重要地位,在一系列政策驱动下,企业纷纷进行跨界融合,进一步促进了企业的创新,提高了企业的竞争力;未发生跨界融合的企业的竞争力稍有下降,所以其创新绩效在 2016 年后就出现了下降。

(三)倾向得分匹配法配对样本

样本中的对照组和实验组满足共同趋势假定,是运用双重差分模型的一个重要假定[1],本书采用倾向得分匹配法匹配样本,以满足这一假定。借鉴已有研究,本书中的创新效应选取企业规模、现金流量、负债比率、流动比率、留存收益、资产结构作为协变量,按照 1∶5 的配对比例选择样本,利用倾向得分匹配法获得 47 家实验组样本和 73 家对照组样本,共计 120 组。如表 7.17 所示,匹配后样本数据的 P 值均大于 0.1,实验组和控制组的各项统计特征基本一致,满足样本同趋势假定。

表 7.17 倾向得分匹配均衡性检验

变　量	均　　　值		P 值
	跨界融合企业	未跨界融合企业	
企业规模	21.690	21.659	0.849
现金流量	2.0E+09	1.8E+09	0.654
负债比率	0.315	0.308	0.797
流动比率	3.964	4.147	0.894
留存收益	19.847	19.852	0.974

---

① 庄仲乔:《产融结合促进我国战略性新兴产业成长的理论与实证分析》,《人文杂志》2018 年第 11 期。

续表

变　量	均　值		P 值
	跨界融合企业	未跨界融合企业	
资产结构	0.149	0.141	0.723

（四）双重差分模型的实证检验及结果分析

本书首先通过倾向得分匹配法，为 47 家实验组企业匹配 73 家控制组企业，再以这 120 家企业数据为样本，建立 DID 模型分析数字创意企业跨界融合对企业创新效应的影响，该模型包括跨界融合前后、是否发生跨界融合及二者交乘项的 PSM-DID 模型的结果。

表 7.18 结果显示，DID 即 $D_{it}T_{it}$ 的系数的 P 值为 0.056，在 10% 的置信水平下显著，表明跨界融合对数字创意企业的创新绩效有一定的积极影响。首先，跨界融合打破了传统行业的边界，企业能够通过外部渠道获取新的异质性知识，增加自身知识存量和知识组合创新的机会。企业也可以借助知识溢出效应快速识别新兴市场和潜在需求，提高自身成功创新的概率，从而提升企业的绩效。[1] 其次，数字创意企业跨界融合有助于其迅速掌握内外部环境变化，及时对各要素进行创新重组，打破原有产业要素的构成，将技术创新成果与其他业务项融合，促成新兴产业的形成。成功进入新行业的企业掌握了全新的技术、增加了全新的业务，还开拓了全新的市场，从而有助于企业开展多元化经营，分散风险，提高经营绩效。最后，各地区大力支持数字创意产业的创新活动，推动建设了一大批数字创意产业园。随着园区各方面的完善与健全，企业积极对接产业创新政策，开展跨界交流与合作，打造协同创新网络，有力地确保了跨界融合创新效应长期地、稳定地发挥积极作用。

---

[1]　夏家弯：《跨界行为、战略变革与组织绩效：资源整合能力的调节作用》，硕士学位论文，华南理工大学，2018 年。

表 7.18　PSM-DID 模型结果

结果变量	跨界融合前			跨界融合后			DID
	实验组	控制组	DIFF	实验组	控制组	DIFF	
INNO	−198.070	−191.152	−6.918	−191.221	−201.928	10.707	17.625
标准差			6.322			6.612	9.169
T 值			−1.09			1.62	1.92
P 值			0.276			0.107	0.056[*]

第三节　结论与启示

本章从经济效应、社会效应和创新效应三个方面研究了数字创意产业的跨界融合效应,基于实证结果,得出以下结论与建议。

一、　数字创意产业跨界融合的经济效应及启示

在经济效应方面,政府对数字创意产业的大力支持以及跨界融合给企业带来的资源和成本优势提高了企业的竞争力,有效促进了企业的经济增长。在政策实施上,要保证政策扶持的效率和精准性,建立数字创意产业的总体发展规划,明确发展目标,确定未来跨界融合发展的政策导向,保证政策实施的精准性和产业发展的合理性;完善和优化数字创意产业发展的监督机制,确保政策实施的效率和质量,新兴产业通过跨界融合带动传统产业发展,实现数字创意跨界融合从"有"到"优"的转变。

二、　数字创意产业跨界融合的社会效应及启示

在社会效应方面,总体上我国数字创意产业还有较大的上升空间。数字创意企业跨界融合首要满足自身利益最大化,忽视了对利益相关者的影响。且数字创意产业跨界融合形成的利益链条在短时间内发展不成熟,在社会效

应方面还没有取得显著效果。数字创意企业在跨界融合时要充分发挥"既跨且融"模式的优势。简单生硬的跨界只是将各自所需资源进行随机组合应用,以达到实现资源共享的目的,而"既跨且融"模式不仅能打破跨界的边界,还能通过不同行业、产业、区域与文化之间要素的共通点,实现资源的灵活配置,带动利益相关者利益的增长,打造完整的利益链条,充分发挥"既跨且融"模式主客体双赢的优势。

三、　数字创意产业跨界融合的创新效应及启示

在创新效应方面,数字创意企业跨界融合通过要素间的重组,实现技术和内容的创新,促进了企业的创新效应。在政府的扶持和企业创新的努力之下,我国大数据技术、人工智能与区块链等数字创意技术快速发展,数字创意产业跨界融合的瓶颈也日益凸显,表现为高质量的数字创意内容匮乏。而突破这一瓶颈需要企业加大研发力度,注重研发质量,研究数字创意资源的发展规律,保持对市场的敏锐反应,构建完整的产业链并充分挖掘其价值,更好满足不同层次消费者的需求。此外,我国对创新的重点扶持要兼顾技术创新和内容创新,实现技术创新和内容创新两者并驾齐驱式发展。

第八章　我国数字创意产业跨界融合区域比较

　　区域既是地理空间上的概念,同时也是经济空间的基本组成部分。在地理空间内部,区域经济活动基于产业构成基本要素,充分调动和利用区域资源,从而构成一个特定的经济空间。区域空间是数字创意产业运作的现实载体,随着对区域布局的紧密性、产业市场的依赖性等不断提高①,数字创意产业跨界融合的广度和深度不断加深,已经体现了本书第五章所阐述的"既跨且融"的多种跨界融合模式。在整合区域资源和推动产业转型等方面,数字创意产业跨界融合效应不断凸显,也成为促进区域经济增长的中坚力量。目前,我国各区域由于发展基础不同,数字创意产业跨界融合发展也各有侧重、各具特色。本章将按照我国地理区域划分,分别选取京津冀区域、长三角区域、珠三角区域以及中西部地区四大区域对其数字创意产业跨界融合发展差异与不同的"既跨且融"模式进行比较分析。

---

　　①　华正伟:《我国创意产业集群与区域经济发展研究》,博士学位论文,东北师范大学,2012年。

第一节　京津冀区域数字创意产业
跨界融合发展

一、概况

京津冀区域包括北京市、天津市和河北省,处于环渤海地区的核心区域,自然资源较为丰富。由于北京是我国重要的政治、经济与文化中心,政治资源占有绝对优势,带动了京津冀区域技术、资源和人才等要素的流入,使区域的综合经济实力越来越强,已成为继长三角、珠三角之后我国经济发展的第三大增长极。本节将重点介绍京津冀区域数字创意产业跨界融合的发展基础,分析当前发展现状,希望能为我国其他地区的数字创意产业与企业的发展提供借鉴作用。

(一)跨界融合发展基础

1.地理环境

京津冀处于环渤海地区和东北亚的核心重要区域,不仅是陆上交通枢纽,还对接大型出海口,天然良港众多,具备一定地缘优势。区域内人口众多,劳动力资源丰富,交通便利,生产材料、矿产资源丰富,便于要素整合,为数字创意企业(以下简称"数创企业")开展跨界融合提供了良好的前提和基础。分地区来看,作为首都的北京是我国的交通枢纽,东临渤海的天津是我国重要的港口城市,而处于环首都经济圈的河北省可以充分享受北京市和天津市带来的拉动效应①,优良的地理环境已成为京津冀区域数字创意产业发展的重要载体。

---

① 张菲:《新常态下京津冀文化创意产业协同发展的研究》,《人力资源管理》2017 年第5 期。

2. 经济环境

京津冀区域的经济发展水平、整体综合实力均位于全国前列。从经济总量看,据国家统计局调查显示,2018 年京津冀地区生产总值合计 8.5 万亿元,约占全国的 9.8%。[①] 作为首都的北京对经济发展有着强大的推动力和牵引力,吸引了众多企业落户于此。除此之外,北京也是我国重要的金融中心,囊括了全国最重要的金融机构总部,资金实力在国内首屈一指。天津工业化程度高,其传统制造业不仅规模雄厚、门类齐全,而且技术先进,随着现代经济的发展,智能化、云技术的加持使得制造业又有了新的突破。河北省是农业大省,农产品丰富多样,同时也是京津冀乃至全国的原材料工业基地,而一些新兴产业如生物技术和新能源等产业的发展也是日新月异。[②] 京津冀区域各地区优势互补,为企业间跨界融合提供了便利条件。

3. 文化氛围

京津冀区域现存许多世界文化遗产,文化底蕴浓厚。首都北京是拥有 3000 多年历史的名城,文化资源包罗万象,建筑风格别具一格,以紫禁城为代表的皇家宫殿、以胡同和四合院为代表的传统民居,拥有不可比拟的历史价值,享誉世界。除了传统历史文化之外,诸如文学影视文化等现代文化资源也非常丰富。天津具有深厚独特的津派文化底蕴,特色文化艺术产业、软件互联网等产业优势非常明显。河北是中华民族文化的发祥地之一,文化资源丰富独特,并且历史悠久。因为重视传统民俗文化的传承,省内保留了很多独特的民间艺术、地方戏剧等珍贵的非物质文化遗产,并且在红色旅游方面也有很大的发展潜力。[③] 立足三地的比较优势,利用现代数字技术和智能移动终端,整合各类文化资源,使各要素不断渗透融合,从而推进了京津冀区域数字创意产业跨界合作和融合。

---

① 数据来源:《中国统计年鉴 2018》。
② 刘彦缨:《京津冀产业协同发展路径分析研究》,硕士学位论文,天津理工大学,2018 年。
③ 冯秀丽、郑书清、齐方圆:《京津冀协同发展背景下的区域文化资源开发利用与有效整合对策研究》,《科技风》2015 年第 19 期。

4. 园区建设

文化产业的高质量发展,离不开空间载体的支撑。近年来,京津冀区域已形成一批特色鲜明的创意产业园区,是推动数字创意产业跨界融合发展的重要力量。北京的清华科技园、中关村软件园等以科技创新提供全方位的产业公共服务,为文化企业营造了良好的发展环境;在保护利用老旧厂房的基础上改造而成的莱锦文化创意产业园、天宁1号文化科技创新园等,成为北京城市文化新地标。天津在促进文化创意与城市智慧街区的融合改造中,创新发展了各类园区如五大道文化旅游区等。文创产业聚集区的建设也颇有成效,有效推进了C92文化产业园和大型专业智能舞美制作产业基地等项目。此外,葫芦庐等各类主题公园正熠熠生辉,使得文化创意与智能农业的融合更加深化。近年来,河北省创意产业也有了一定的发展,已有1家国家级文化产业试验园区、30家省级文化产业示范园区、12家文化产业示范基地和121家文化产业示范基地。① 在京津冀协同发展的机遇下,园区建设为推动京津冀区域文化交流与合作向更高水平、更深层次与更宽领域的发展提供了良好的平台支撑。

5. 创新优势

京津冀区域是我国重要的文化教育中心,区域内拥有数以百计的优秀科研院校,人才济济,科技发达。北京地区坐落着清华、北大等我国顶尖学府,各类人才为北京带来了巨大的科技创新活力。中关村科技园是国内最大的电子信息产业研发中心,囊括了电信产业的科研、贸易和生产基地,许多知名品牌与公司均诞生于此,中关村已成为广大科技人才的梦想殿堂。② 近年来,京津冀区域协同创新成效显著,一是积极促进"院市—院校"合作、国际战略联盟、创新驿站与研发联合体等各种方式构建创新协同平台,且不断加强和国内外先进地区的技术共建与市场转化,搭建面向全球的市场化平台;二是组建专门机构,配备专业人员,下拨专项经费,致力于技术资源的凝聚,并保障区域资源

① 张菲:《新常态下京津冀文化创意产业协同发展的研究》,《人力资源管理》2017年第5期。
② 王建峰:《区域产业转移的综合协同效应研究》,博士学位论文,北京交通大学,2013年。

的精准对接。仅 2014 年至 2017 年,京津冀三地联合专利授权量从 2943 件增至 5691 件,年均增长率达到 24.6%。① 源源不断的创新活力,为数字创意产业的跨界融合发展打下了坚实的基础。

(二)跨界融合发展现状

京津冀区域高校林立,人才辈出,科技资源雄厚、创新活力巨大。该区域还是我国文化资源最为丰富的区域之一,三地都有浓厚的文化气氛,同时又各具特色和优势。在京津冀协调发展大局下,文化创意、电子信息等数字创意产业正在逐步向京津冀集中,推动了数字创意产业的跨界融合发展。其跨界融合模式主要表现为跨要素融合,借助区域内科技与文化等要素的渗透整合,提升了产业价值,使区域经济发展质量进一步提升。

1. 北京市数字创意产业的跨界融合

北京市创意人才、资本等要素资源丰富,是京津冀区域数创企业跨要素融合的领跑者。借助"设计之都"资源汇聚的优势,产品设计、建筑与环境设计,以及视觉传达设计等行业发展迅猛,创意设计和众多实体经济体的融合中涌现了如 798 艺术区等新地标,也使北京成为时尚创意领域的风向标城市之一。此外,传统媒体产业转型迅速,不仅拓展了大批网络和新媒体业务,还充分利用先进多媒体手段,构建国际化传媒网络,广播影视、数字出版等数字创意产业发展势头强劲。在数字创意产业带动下,中华文化典型象征的故宫摇身一变,成了"网红"。据报道,截止到 2018 年 12 月,故宫文化创意产品研发超 1.1 万件,文创产品收入在 2017 年达 15 亿元。② 打造的一系列故宫主题节目如《我在故宫修文物》《上新了·故宫》等播放量突破十几亿,观众好评如潮,

---

① 叶堂林、刘秉镰、张贵:《协同创新:京津冀经济转型突围的原动力》,《光明日报》2019 年 2 月 26 日第 7 版。

② 《故宫文创这样造品牌,多种方式传播优秀传统文化》,搜狐网,见 https://www.science-direct.com/。

引发了千万次的讨论量。数创企业通过这种"文化+科技"的要素跨界融合，既实现了对文创 IP 商业价值的深入挖掘，又收获了广泛的关注度。

2. 天津市数字创意产业的跨要素融合

天津把智能科技产业作为推动高质量发展的重要抓手，积极促进互联网、物联网、大数据、人工智能和实体经济深度跨界融合，系统谋划"大智能"战略布局，打造"天津智港"。以大数据为基础，提高自主创新能力，改造产业支撑体系，带动"互联网+"和"文化+"工程的跨界融合发展。"互联网+"工程充分发挥互联网辐射带动作用，在文化生产、消费等方面加强技术应用，从而提升服务水平。"文化+"工程旨在推进文化创意与智能工业设计制造融合，陆续举办了天津国际设计周、"滨海杯""大众创业、万众创新"国际设计大赛等活动。天津国家动漫园影视动画制作基地项目依托国家动漫园公共技术服务平台设备设施，建设了电影、电视剧和 CG 动画等制作基地，与一线影视动画公司、高等院校合作，打造影视动画类高端制作团。"飞鸽——88"文化创意产业园利用闲置的旧厂房，着力打造为文化创意产业发展服务的平台。通过跨界融合，数创企业实现了价值增值。

3. 河北省数字创意产业的跨界融合

河北省数字创意产业目前已经初具规模，企业间的跨界融合活动在逐步开展。全省创新发展意识正在不断增强，数字智能制造产业一马当先。在张家口市的秦淮数据新媒体大数据产业基地内，运行的新一代高性能服务器的数量已有 15 万台，一跃成为当前全国最大的单体数据中心园区，还将在信息技术支持方面协助冬奥会。① 聚力发展大数据，将大数据产业培育为优势产业，将为数字创意产业带来诸多机遇，在经济高质量发展的背景下保障产业的发展活力。②

---

① 冯燕：《占比规上两成：河北战略新兴产业驶上快车道》，《中国经济导报》2019 年 3 月 15 日第 2 版。

② 冯燕：《占比规上两成：河北战略新兴产业驶上快车道》，《中国经济导报》2019 年 3 月 15 日第 2 版。

此外,部分企业依托河北独特的民俗文化、红色文化等文化资源,提出打造"一部手机游河北"的智慧旅游体系,不仅发扬光大了地方文化,还实现了数字创意产业和旅游业的跨界融合发展。《河北省 2018 年国民经济和社会发展统计公报》显示,2018 年河北省旅游总收入已达 7636.4 亿元,同比增长了24.4%。① 丰富的文化资源也成了影视创作源泉,河北影视集团等推出了电影《周恩来的四个昼夜》《唐山大地震》等,以及电视剧《太行山上》《打狗棍》和综艺节目《中华好诗词》等一批优秀影视文化产品,创造了国内影视界的"河北现象"。②

二、 相关政策支持

从政策发布时间来看,北京市、天津市和河北省均于 2010 年左右出台了数字创意相关产业政策,为京津冀区域相关数字创意产业发展奠定了政策基础。从政策发布数量来看,天津市近几年出台数字创意相关产业政策的数量及频率较北京市、河北省有所提升,不仅涵盖整体产业政策,还细化到了电影、人工智能和智能文化创意等具体行业。北京市、河北省也相继出台数字创意相关产业政策,共同推进京津冀区域数字创意产业的发展(见表 8.1)。下文将从发展目标、重点行业两个方面对京津冀区域相关政策进行梳理分析。

表 8.1 京津冀区域数字创意产业主要支持性政策

	时间	政策文件	主 要 内 容
北京市	2011	北京市关于加快培育和发展战略性新兴产业的实施意见	大力发展创意设计、动漫游戏、数字内容等基于新一代信息技术的文化创意产业
	2015	北京市促进文化创意产业发展的若干政策	加快发展北京市文化创意产业

---

① 《河北省 2018 年国民经济和社会发展统计公报》,中国经济网,2019 年 3 月 11 日。
② 《河北省文化产业发展"十三五"规划》,河北省文化和旅游产业协会网。

续表

	时间	政策文件	主　要　内　容
北京市	2018	北京市关于推进文化创意产业创新发展的意见	建设充满人文关怀、人文风采和文化魅力的中国特色社会主义先进文化之都,建成市场竞争力强、创新驱动力足、文化辐射力广的文化创意产业引领区
	2019	北京市关于推动北京影视业繁荣发展的实施意见	到2020年,进一步巩固北京影视业在全国的领先地位,推动北京成为具有国际影响力和首都特色的影视之都
	2020	北京市文化产业高质量发展三年行动计划	强化创意设计服务的渗透和支撑能力,推动文博创意产品创新性发展,加强动漫游戏的中国创意表达,推动城市更新与文化功能有机融合
天津市	2010	天津市文化产业振兴规划	重点扶持发展文化创意、广播影视、出版发行、演艺娱乐、文化旅游、数字内容和动漫、文化会展、艺术品交易等八类产业
	2010	天津市第一批文化产业振兴重点工作计划	大力发展传媒业、影视业、演艺娱乐业、动漫业等
	2011	天津市创意产业发展"十二五"规划	天津市创意产业增加值年均保持25%以上的增长速度,到2015年,占全市生产总值比重力争达到10%,打造中国北方的创意之都
	2011	关于促进天津市电影产业繁荣发展的实施意见	打造我国北方地区3D电影后期特技制作加工中心和3D数字电影制作中心。电影产业产值和城市电影票房年均增幅分别达到20%和30%以上,并带动相关产业发展,使电影产业成为我市服务业的重要组成部分
	2015	天津市推进文化创意和设计服务与相关业融合发展行动计划(2015—2020年)	到2020年,创意产业增加值占全市生产总值比重力争达到8%,建成优秀文化创意成果的转化应用中心,优质文化创意资源的汇聚中心,独具特色的文化强市、北方创意之都
	2016	天津市文化产业发展"十三五"规划	实施"互联网+"、"文化+"战略,利用现代网络通信、大数据、云计算等新技术,催生文化新业态、新产品和新服务,构建文化产业新格局
	2018	天津市新一代人工智能产业发展三年行动计划(2018—2020年)	到2020年,天津市力争实现位居全国前列的人工智能产业总体水平。实现150亿元的人工智能核心产业规模,带动相关产业实现1300亿元的规模
	2018	天津市智能文化创意产业专项行动计划	到2020年,建设一批智能文化创意产业平台,培育一批智能文化创意企业,推出一批智能文化创意产品,培育一批智能文化创意产业人才
	2020	天津市关于促进文化和科技深度融合的实施意见	推动人工智能、5G、虚拟现实等技术在新媒体、数字出版、广播影视、文化创意等领域应用示范,加强文化领域技术集成创新与模式创新

	时间	政策文件	主　要　内　容
河北省	2010	河北省环京津地区产业发展规划（2010—2015年）	以"创意、创新、创业"为主题,重点培育数字内容、研发设计、广播影视、工艺美术、出版发行、动漫游戏等产业
	2014	河北省关于推进文化创意和设计服务与相关产业融合发展的实施意见	推动动漫游戏等产业优化升级,重点支持石家庄、保定、唐山、邯郸国家级动漫基地建设,推动动漫游戏与虚拟仿真技术在设计、制造等产业领域中的集成应用,加快数字内容产业发展
	2018	河北省战略性新兴产业发展三年行动计划	到2020年,河北省大数据与物联网等10个重点领域实现超过1.7万亿元的主营业务收入,带动战略性新兴产业实现5000亿元的增加值,战略性新兴产业增加值占GDP的比重达到12%以上

（一）发展目标

北京市作为京津冀协同发展的核心,在2012年获得"设计之都"新名片之后,又提出到2020年打造成为国际影视之都的目标,多方位、高质量的布局数字创意产业。天津市作为京津冀协同发展首都圈之一,提出到2020年,创意产业的增加值达到天津市生产总值的8%,打造文化强市和北方创意之都。河北省作为京津冀协同发展协同圈之一,提出到2020年,显著提高文化创意和设计服务增加值占文化产业增加值的比重,提高相关产业产品和服务的附加值(见表8.2)。"核心+首都圈+协同圈"的一致发展目标为京津冀区域数字创意产业发展描绘了蓝图。

表8.2　京津冀区域各省市数字创意产业发展目标

	政策文件	发　展　目　标
北京市	北京市关于推动北京影视业繁荣发展的实施意见	到2020年,进一步巩固北京影视业在全国的领先地位,推动北京成为具有国际影响力和首都特色的影视之都

	政策文件	发　展　目　标
天津市	天津市推进文化创意和设计服务与相关产业融合发展行动计划（2015—2020年）	到2020年,创意产业增加值占全市生产总值比重力争达到8%,进一步提升与制造业、科技、旅游、特色农业、体育等相关产业融合发展的程度,建成优秀文化创意成果的转化应用中心,优质文化创意资源的汇聚中心,独具特色的文化强市、北方创意之都
河北省	河北省关于推进文化创意和设计服务与相关产业融合发展的实施意见	到2020年,进一步强化文化创意和设计服务的先导产业作用。显著提高文化创意和设计服务增加值占文化产业增加值的比重和相关产业产品和服务的附加值,基本建立与相关产业全方位、深层次、宽领域的融合发展格局

（二）重点行业

北京市依托其"设计之都"优势、"影视之都"目标,重点发展产品设计、建筑与环境设计、视觉传达设计、网络文学、网络音乐、网络剧、网络电影、数字出版与网络游戏等设计类或影视类相关行业。天津市依托其重要工业城市和港口城市地位、凭借其大工业基础和优势,重点发展出版发行、广播影视、文化展演与工艺美术等创意行业,并推进其与制造业、科技等优势产业跨界融合发展。河北省聚焦于媒体行业,重视传统媒体与新兴媒体融合发展,重点发展动漫、数字出版、网络出版与手机出版等媒体相关行业(见表8.3)。北京市依托其政治中心、文化中心、国际交流中心与科技创新中心的地位,辐射带动天津市、河北省文化创意产业协同发展,推动京津冀区域数字创意产业更好、更快发展。

表8.3　京津冀区域各省市数字创意产业重点发展行业

	政策文件	重　点　行　业
北京市	北京市关于推进文化创意产业创新发展的意见	聚焦创意设计、媒体融合、广播电视、出版发行、动漫游戏、演艺娱乐、文博非遗等领域,重点发展产品设计、建筑与环境设计、视觉传达设计、网络文学、网络音乐、网络剧、网络电影、数字出版、网络游戏等数字创意行业

	政策文件	重 点 行 业
天津市	天津市推进文化创意和设计服务与相关产业融合发展行动计划（2015—2020 年）	重点发展出版发行、广播影视、文化展演、工艺美术等创意行业，重点加强创意产业与制造业、科技、旅游产业、特色农业、体育产业等的跨界融合发展
河北省	河北省关于推进文化创意和设计服务与相关产业融合发展的实施意见	积极推进传统媒体和新兴媒体融合发展，重点支持石家庄、保定、唐山、邯郸国家级动漫基地建设，推动动漫游戏与虚拟仿真技术在设计、制造等产业领域中的集成应用，大力发展数字出版、网络出版、手机出版等新兴新闻出版业态

三、 典型企业的跨界融合模式

京津冀作为中国的"首都经济圈"，位于东北亚中国地区环渤海心脏地带，该地区地缘相接、人缘相亲、文化一脉、历史渊源深厚，是中国北方经济规模最大、最具活力的地区。在京津冀协同发展的大背景下，数字创意产业发展为京津冀地区经济发展注入新的活力，以"跨要素主动融合"模式为代表的产业跨界合作频繁，新产品、新服务和新业态不断涌现，成为引领数字创意产业高速成长的重要地区之一。

（一）光线传媒：跨门类融合+主动融合

1. 光线传媒简介

北京光线传媒股份有限公司（以下简称"光线传媒"）成立于 1998 年，以电视栏目制作起家，经过二十多年的发展，当前已成为中国最具盛名的民营传媒娱乐集团之一。2011 年，光线传媒在深圳证券交易所挂牌上市，成为该公司发展史上具有里程碑意义的新起点。从最初的以电视栏目制作起家到如今涉足电视节目制作，电影投资、制作与宣发，电视剧投资与发行，艺人经纪，新媒体互联网，以及游戏等多个领域，光线传媒凭借自身的改革与创新，始终引领行业潮流。

2.光线传媒的跨门类主动融合过程

光线传媒始终坚守"内容为王"的发展战略,通过纵向的产业链延伸有效地实现了跨门类的主动融合。2011年既是光线传媒成功上市,开启新阶段的转折点,也是其大胆改革,主动寻求跨界与开展融合的起点。这一年里,公司在保持传统电视节目制作优势的基础上,加大对影视剧和电影业务的投入,发行了七部电影,跻身民营电影公司的前三甲。2012年,公司抓住"文化大发展大繁荣"的战略机遇,开始加快完善立足于主营业务的产业链布局,以外部股权购入的方式加大对电视剧内容制作的投入,并积极向互联网游戏、互联网互动娱乐社区等领域延伸和拓展,公司出资收购了网页游戏领域的龙头企业——北京天神互动科技有限公司,并于2013年将杭州热锋网络科技有限公司收归旗下,正式布局游戏领域。此后,光线传媒积极发展"影游互动",致力于为消费者提供更加多样化的娱乐产品和服务,通过开展电影与游戏的跨界合作,将电影作品的强大文化穿透力、高话题度等特点与游戏的深层娱乐体验、良好的现金流等优势进行有效结合,有助于形成良好的互补和互动效应。2014年,光线传媒入股广州蓝狐文化传播公司,开始涉足动漫的制作与发行,开启了新的跨界领域,制作或发行了《大鱼海棠》《你的名字》等具有超高知名度与良好票房的动漫作品,这些优质IP的积累有助于将内容优势最大限度地发挥价值,有效带动了产业链其他环节的良性互动并产生了聚合效应。2015年,光线传媒开始布局技术领域,其投资的VR/AR、视频技术公司迅速与公司业务发生紧密互动,为新产品门类、服务形式和业态种类的衍生提供了技术保障。经过公司多年来在内容领域的深耕和长期以来的战略布局,如今的光线传媒已成为覆盖实景娱乐、衍生品、戏剧、艺人经纪、文学、音乐、视频、动漫、电视剧(网剧)与电影等多个领域的综合内容集团之一,光线传媒的跨界融合以内容为核心,以影视为驱动,同时布局横向的内容覆盖和纵向的产业链延伸等。[①]

---

① 房子微:《光线传媒并购新丽传媒中的高估值问题研究》,硕士学位论文,辽宁大学,2018年。

3.光线传媒的跨门类主动融合模式

光线传媒的发展历程充分体现了跨门类主动融合的模式。从最初单一的电视栏目制作,到打破自身产业界限和业务运作模式,相继开展影视、游戏与动漫的跨界合作,通过专注和聚焦"内容"领域,实现最大限度的产业链纵向延伸,同时,也充分体现了其积极顺应文化传媒行业的发展态势,主动促进产业内部不同门类之间的交流互通。

(二)新东方:跨要素融合+主动融合

1.新东方简介

新东方的全名为北京新东方教育科技(集团)有限公司(以下简称"新东方"),它的前身是1993年成立的北京新东方学校,于2016年在纽约证券交易所上市。① 新东方总部位于北京市海淀区中关村,业务涉及外语培训、学前教育、中小学基础教育、在线教育、图书出版与出国咨询等领域,是中国目前最大的综合性教育集团之一。

2.新东方的跨要素主动融合过程

作为中国教育行业的先行者,新东方通过梳理和整合已有核心要素,引进和利用新兴要素,充分发挥自身海量资源和品牌优势,致力于打造一个线上线下相融合的教育生态圈。1996年,第一家新东方书店诞生。2000年12月,新东方教育在线创立,正式进入远程教育领域。2003年5月,新东方大愚文化传播有限公司成立,标志着新东方开始经营和出版图书与期刊杂志。这些看似多元化的举动并没有为新东方的发展带来改变。2013年,新东方财务报表出现了净亏损1580万美元,危机的到来使新东方管理团队开始思考企业未来的发展之路,也成为新东方真正实施互联网转型与变革的

---

① 田韵含、尹佳奇:《新东方与好未来对比分析》,《现代经济信息》2018年第24期。

起点。自此,新东方通过整合诸如品牌、渠道与人才等现有要素,同时引入科技、信息与创意等新要素,凭借要素间组合所带来的优势互补来实现要素的价值增值,逐步成为集教育服务、教育产品研发和线上线下教育培训为一体的大型综合性教育科技集团。2014 年,新东方开发出一款背单词的手机APP"乐词",并加入了游戏、视频讲解以及社区互动等多元化元素,通过大数据为每个用户量身定做个性化的学习方案。2015 年,新东方打造"双师课堂"教学模式,利用互联网技术,将优秀教育资源带到全国各地,有效解决教育资源分配不均的问题。当前,新东方已建成一个由互联网教育公司、传统培训公司和各类教育关联公司等组成的教育生态圈①,涵盖了大部分培训领域。同时,新东方积极发展图书、期刊与音像的编辑、出版、发行和零售业务,致力于为广大读者提供高质量的线下基础教学产品和服务。实际上,新东方的线上线下发展是将引入的信息技术、创意等要素与共享的品牌优势和客户群体等要素集聚创新,从而形成全新的三大发展架构:一是构建线上线下相结合的 O2O 双向互动平台;二是打造单一的在线学习平台,开发在线教育辅助产品;三是组建由新东方和在线教育公司一同组成"互联网+"教育生态圈。②

3. 新东方的跨要素主动融合模式

新东方的转型之路与互联网在中国的发展轨迹不谋而合。新东方充分认识到了多年来开展传统教育培训所积累的优秀的师资力量、稳定的生源及优秀的口碑等优质要素的重要性,并引入互联网运作模式及信息技术要素,充分发挥了要素间的协同作用与集成创新,实现了跨要素融合。同时,新东方牢牢把握住了互联网普及带来的机遇,主动融入教育行业改革转型的浪潮,成功实现线上线下教育联动,成功扩大了教育业务的版图。

---

① 郑刚、胡佳伟:《新东方的互联网转型与变革》,《清华管理评论》2018 年第 6 期。
② 郑刚、胡佳伟:《新东方的互联网转型与变革》,《清华管理评论》2018 年第 6 期。

（三）中文在线：跨要素融合+主动融合

1. 中文在线简介

中文在线集团于 2000 年成立,是中国数字出版的开创者,更是全球最大的中文数字出版机构。[①] 它于 2015 年在深圳证券交易所创业板上市,成为中国"数字出版第一股"。中文在线以成为世界级文化教育集团为目标,通过"文化+"和"教育+"的双向发展战略落实"数字传承文明"的企业使命。它是我国最大的正版数字内容提供商,拥有海量的数字内容资源,旗下版权机构数、知名作家数、畅销书作者数和驻站网络作者数均位居行业前列,在推动数字出版产业发展、教育信息化变革与知识产权保护等方面做出了重要贡献。

2. 中文在线的跨要素主动融合过程

在数字经济趋势下,中文在线不断创新思变,围绕"文学 IP"和"教育内容"等两大核心要素开展要素组合,实现文化与科技的深度融合。一方面,以 IP 一体化开发为核心构建文化新生态。2015 年,旗下"汤圆创作组"APP 组建了全国最大的校园文学联盟,渠道覆盖 3000 所校园(大学+中学),涵盖 1555 个校园文学社团,超过 10 万名校园作者入驻校园专区。2016 年"汤圆创作组"成立了校园漫画家俱乐部,覆盖 240 个城市,近 500 所高校,漫画作者超过 1000 名。2017 年,全资子公司——鸿达以太拥有 18 万集部、5.8 万小时的有声读物资源和优质原创小说资源。公司通过版权机构、自有平台和作者获得了海量 IP 资源,构成文学策源地。中文在线以文学 IP 为核心,以授权、合作分成与联合出品等方式,深度一体化开发影视、游戏等 IP 衍生产品,通过泛娱乐形式进行变现。如在 IP 影视衍生领域,公司于 2016 年携手克顿影视全面开发都市题材重磅作品《橙红年代》;在 IP 游戏衍生领域,公司于 2017 年上线原创 IP 定制游戏《武道至尊》,取得了较好的流水和排名。另一方面,以数

---

① 高黛云:《互联网情境下网络文学 IP 运营分析》,《西部学刊》2019 年第 9 期。

字出版为基础构建在线教育生态。2013 年 10 月,中文在线与清华大学共同打造了全国最重要的 MOOC 平台——学堂在线。2015 年,公司进一步强化了自身在数字教育领域的优势,实现了教育业务的跨越式发展,其教育行业阅读产品实现了全覆盖,既囊括中小学,又涵盖高校和公共图书馆;既包括传统的数字图书馆,又包含基于互联网模式的数字图书馆以及云屏数字借阅机等产品。[①] 2018 年,公司通过引进与研发相结合的方式,开发出"引得"数字人文资源平台,借助"大数据+人工智能"技术,为历史资料处理提供更高效、更准确的服务,对公共图书馆资料的收藏、高校文科专业及高校图书馆开展古籍研究、历史研究以及对文史类学科教学等方面均具有重要作用。

3. 中文在线的跨要素主动融合模式

中文在线通过牢牢把握"文学 IP"这一核心要素,进一步跨界付费数字阅读、影视出品与制作、游戏发行及运营、二次元等业务,构建泛娱乐生态,实现IP 版权价值最大化。围绕"教育内容"这一核心要素,通过文化与科技要素的组合,涉足全民阅读,教育服务等业务,构建起在线教育生态。企业的主动布局与大胆跨界最终奠定了其在中文数字出版领域的领导者地位。

第二节　长三角区域数字创意产业
跨界融合发展

一、　概况

长三角区域包括上海、南京、苏州、杭州、宁波、合肥等 26 个城市,覆盖上海市、江苏省、浙江省以及安徽省,形成了"三省一市"的基本格局。长三角处于"一带一路"和长江经济带交汇处,既是我国东海岸连接海陆、承转南北的

---

① 戴鹏:《A 公司电子书产品营销策略研究》,硕士学位论文,北京理工大学,2016 年。

枢纽,也是我国文化、科技与金融的汇集高地。作为我国经济发展最快、开放水平最高与创新能力最强的区域之一,长三角区域的数字创意产业根基强大,行业之间的跨界交流活跃,跨界融合的广度和深度均位于全国前列,经济效应和创新效应等持续显现,使该区域数字创意产业呈现出欣欣向荣的景象。了解长三角区域数字创意产业跨界融合的发展概况,对我国数字创意产业的发展具有重要意义,本书将重点介绍长三角区域数字创意产业跨界融合的发展基础和现况。

(一)跨界融合发展基础

1.地理环境

长三角区域具有明显的地理位置优势,位于长江下游江海交汇之地,是联系内陆的节点,濒临黄海与东海,是南北海上航运的中枢;长三角河流湖泊众多,淡水鱼资源丰富,气候湿润、土壤肥沃,适合作物生长,自古以"鱼米之乡"著称;该区域拥有航运、港口与铁路多层次立体交通网络,外连西太平洋东亚航线,内接长江黄金水道,遍布区域内部的铁路网,实现"三省一市"一小时通勤圈。此外,长三角一体化深入推进大气污染协同防治、河湖海水环境协同治理,是我国区域生态环境一体化治理的典范。总之,长三角拥有的地理环境优势充分带动了数字创意产业的跨界融合,对外拥有狭长海岸线和众多港口,是高端服务外包业务的承接者和中转站;对内长三角一体化高质量发展,沿着长江经济带向中上游转移企业,是内部企业跨界融合的源头和带动者。

2.经济环境

长三角区域是全球重要的现代服务业和先进制造业中心,经济体量大,产业体系完备,集群优势明显,消费引擎强劲。据国家统计局调查显示,2017 年长三角区域的经济总量占全国的 20%,拥有上市公司数量在全国范围内占比 33.9%,吸引外企数量占比 34.7%,为数字创意产业跨界融合提供了强劲的经济基础动力。实力雄厚的传统制造业和重工业依靠信息化和智能化,实现产业转型升级,开启了工业4.0道路;第三产业发展独占鳌头,2017年第三产业产值在该区域占53.0%,文化产业增加值占全国总量30%①;2015年长三角区域居民年人均文化消费娱乐支出便突破1000元大关,超出同期全国人均文化娱乐消费支出1.4倍,数字创意产业消费市场广阔。此外,长三角区域独具明显的金融市场规模优势,2017—2018年,长三角文化产业并购案例占全国33%以上,其中广告服务业并购最为活跃;长三角区域的众筹融资模式日趋成熟,近2017—2018年吸金规模超3亿元,其中设计服务业的融资规模最大,艺术陶瓷制造业的案例数量最多。长三角区域依托自身高度发展的金融市场,不断扩大数字创意产业规模,加快产业内外要素流通,促进地区间的分工合作和子产业内部的融合协作,推动数字创意产业跨界融合深入发展。

3.文化氛围

长三角区域是江南文脉的传承和发扬之地,文化内容丰富、开放性强,该区域文化是中华文化的主流文化之一,最初的文化可追溯自商末时期的吴越文化,后来经由历史发展演变为江南文化、海派文化、金陵文化、淮扬文化和徽文化等众多地方特色文化。其中,江南文化历经东晋到清末,发展时间最为悠久,其独具的诗性文化和审美文化深入人心,是长三角区域文化发展的巅峰。作为长三角成长的基因,江南文化在长三角一体化的推动下焕发出新的活力。如浙江省利用江南古镇和园林特色,融合文化、旅游和科技要素,开拓乌镇模式,重启了江南文化。江南文化与长三角开放的地理位置相呼应,其开放包容、敢于突破与精益求精等特征影响着长三角区域数字创意产业的跨界融合,同时包容交通、市场与产业等多种维度,加快区域经济一体化建设,推动数字创意产业的跨行业融合;其吸纳并融合异质文化,不断突破传统,最终形成海派文化,推动数字创意产业的跨文化融合;此外,瓷器、茶和丝绸等具有长三角区域文化特色的技艺和精品在海内外影响深远,推动数字创意产业跨界融合

---

① 李炎、胡洪斌:《中国区域文化产业发展报告(2016—2018)》,社会科学文献出版社2018年版。

走出国门,走向世界。

4. 园区建设

长三角区域建设了数量可观的数字创意产业园区,推动数字创意产业聚集发展。截止到 2018 年底,仅上海就有 128 家数字创意产业园区;在全国 75 家省市级数字创意产业园区中,江苏占比约两成,共 13 家;在 2018 年数字创意产业园区综合发展实力排名前十榜单中,长三角区域占 5 个。可见,长三角数字创意产业园区建设位于我国前列。在长三角三省一市中,上海市结合产业发展、工业布局和区域功能等特点,融合多种产业门类,建设覆盖工业设计、游戏软件、动漫艺术与影视制作等的数字创意产业园区,实现数字创意产业多行业聚集发展;江苏省数字创意产业园区涵盖国学、音乐、动画、自然山水、陶瓷与现代科技等元素,实现传统文化、自然景观和现代文明的融合;浙江省建立以工艺礼品、历史文化、数字娱乐、旅游会展与影视等为主的数字创意产业园,实现文化产业园区功能破壁;安徽省合肥创新产业园培育了科大国盾、华米科技与中盛溯源等一批高端技术领军企业,以创新带动传统工业转型升级。三省一市的数字创意产业园区建设各有特点,若长三角区域加快推动数字创意产业园区交叉融合发展,数字创意产业跨界融合将会释放出更大的活力。

5. 创新优势

长三角区域是全国科技创新能力最强的区域,拥有密集的高校群、多维度的科研机构、庞大的高新技术科研活动人员规模和强大的科技成果转化能力。首先,在教育的数量和质量上,长三角区域均名列前茅,全国 42 所"世界一流大学建设高校"中长三角区域就拥有 8 所;2017 年长三角区域高等教育普及率(大学专科及以上)达 16.5%,远高于 13.9% 的全国平均水平。此外,长三角拥有 4 个国家自主创新示范区,74 个国家重点实验室,22 个中科院分部;2017 年该区域高新技术科研活动人员共计 188.3 万人,2018 年数字人才达到 11.8 万,流入流出比达到 1.06,位列全国各区域榜首。同时,长三角区域产学研结合、科技成果转化能力优势明显,2017 年长三角区域高新技术企业 R&D

经费内部支出总计 0.27 万亿元,比过去 10 年增长 15.0%,专利授权数总计 57.2 万件,占全国比重 35.5%。① 除了这些创新资源优势外,长三角区域不断推进区域协同创新发展,长三角 G60 科创走廊就是典型代表。目前,长三角 G60 科创走廊汇集该区域的重大科创平台,推进先进制造业转型升级和集群发展,借助上海的创新资源溢出以消除区域内创新资源的分布差异,带动苏浙皖三省协同发展。长三角区域强大的创新资源优势与区域协同创新发展加快了区域内各要素的便捷流动,为数字创意产业跨界融合提供了强劲的动力。

(二)跨界融合发展现状

长三角区域数字创意产业起步较早,产业生态系统建设比较成熟,现已在影视娱乐、创意设计、网络文学与动漫等行业拥有较强的竞争优势。截止到 2018 年底,长三角区域的文化产业增加值占国内文化产业总增加值的 30%,总体规模和发展水平均处于全国各区域首位。② 此外,凭借区域强大的科技实力,出版、传媒与工业制造等众多传统行业积极引进现代数字技术,成功实现了转型升级。新兴行业和传统行业纷纷开展跨行业的交流合作,持续推动跨界融合的广度和深度,成为推动区域经济增长的重要力量。

1. 上海市数字创意产业的跨界融合

上海市是长三角区域数字创意产业跨界融合发展的标杆,在影视、电竞和创意设计等多个领域引领着我国数创产业的发展潮流。上海在 2004 年就成立了上海创意产业中心,其开放包容的环境吸引了众多创业者的目光。目前上海已在新闻出版、工业与建筑设计、数字娱乐、数字传媒、时尚消费、文博会展和咨询策划等领域集聚了一批具有较强实力的数字创意企业③,产业规模

---

① 数据来源:WIND 数据库、平安证券研究所。

② 颜维琦、曹继军:《三省一市,共绘长三角文化新图景》,《光明日报》2018 年 12 月 5 日第 8 版。

③ 《2018 年上海文化产业发展报告》,中国经济网,2019 年 3 月 14 日。

和产业增长速度均处于全国较高水平,引领长三角区域的产业跨界融合。作为中国影视产业的诞生地,上海积极部署影视产业,充分发挥影视在上海数创产业发展中的领头军作用,带动其他产业创新发展。例如,松江科技影都在特效工业、精制顶尖影棚与布局文化装备等方面精耕细作,构筑起由前期创作、影片拍摄、后期制作、放映发行与影视教育等组成的核心产业圈层,扩大了产业跨界融合的广度。上海还积极布局电竞产业,已汇集全国 80%以上的电竞公司、俱乐部和明星资源,多次举办大型游戏比赛,未来将成为我国知名的电竞之都。此外,上海多次举办国际电影节与国际艺术节等知名活动,为产业跨界交流、创意产出展示提供了国际化的舞台。

2. 江苏省数字创意产业的跨界融合

江苏省数字创意产业与传统制造行业的跨界融合发展成果突出。作为长三角区域的工业集聚地,江苏省内众多企业坚持将跨界融合作为发展的重要路径,引进物联网、移动互联网、人工智能、大数据与云计算等先进科技手段,推进了制造业的转型与升级。随着制造技术不断网络化、数字化和智能化,一批以生产智能成套系统、智能机器人与高端专用装备等为核心的高科技企业逐渐出现,江苏省成为长三角区域的先进制造业中心。同时,新一代信息技术的发展提升了各行业的跨界融合水平,数字创意、"互联网+"等新业态和新模式相继涌现。目前,江苏省拥有全国近两成的省市级数字创意业园区,产业集聚水平较高,其中,常州创意产业基地是江苏省发展最为成熟的数字创意产业园区,动漫、软件与主题旅游等产业较为出色,现已发展为我国第五大数字创意产业园。截至 2018 年,常州已连续 15 年举办常州动漫艺术周,是江苏省推动数创产业发展的重要平台。此外,技术的创新应用为旅游业发展提供了新引擎,文化与科技的融合引发了文旅热潮,实现了口碑与经济的双丰收。《2018 年江苏省国民经济和社会发展统计公报》显示,2018 年江苏省旅游业总收入已达13247.3 亿元,同比增长 13.6%,成为全国第二个旅游业迈上万亿元台阶的省份,旅游业的快速发展在一定程度上体现了产业跨界融合的强大驱动力。

3.浙江省数字创意产业的跨界融合

浙江省是我国改革创新前沿阵地,也是我国较早关注数字创意产业跨界融合发展的区域。在数字内容产业方面,浙江省推进数字内容产业打造计划,不仅培育了浙数文化、咪咕数媒、时光坐标与大丰实业等一大批数字文化创新企业,还打造了中国网络作家村、国家音乐产业基地等产业集聚区,产业整体呈现良好发展态势,其中,省会城市杭州市的数字出版、网络文学等新产业的业态优势显著。在影视产业方面,浙江计划打造全国影视产业的副中心,目前浙江影视产业不仅在规模上居全国前列,在质量上也具有可比性,是数字创意产业跨界融合的重要基点。浙江横店和象山等两大影视基地是我国古装影视最主要的拍摄地,极大地带动了影视文化旅游、休闲餐饮等周边产业的发展。在电子商务领域,浙江作为电子商务的发行地,已具有成熟的电子商务平台生态系统,以阿里巴巴为代表的龙头企业辐射作用明显,涌现了众多中小型相关企业,培育了许多新模式和新业态,打造了"互联网+"创新创业活动的集聚地。未来,依托互联网企业的集聚优势,浙江数字创意产业的跨界融合将会更加活跃,并不断向国际化水平迈进。

4.安徽省数字创意产业的跨界融合

安徽省是长三角区域数字创意产业发展相对落后的地区,但在长三角一体化国家战略和政策的扶持之下,安徽省数字创意产业发展速度不断加快。作为安徽文化产业改革跨界的领头军,安徽新华发行集团和安徽出版集团在文化领域深耕细作,整合并创新徽州文化资源,推进科技和文化融合,促进省内数字出版发行的繁荣。芜湖市国家级数字出版基地的产业集聚效应初现,影视广播等数字创意产业方兴未艾。安徽以"+文化"和"文化+"的形式积极推动数字创意产业跨界融合,主动融合先进的科技手段,充分彰显了徽州文化的魅力。[①] 其中,安徽省演艺集团率先将3D影像技术与黄梅戏融合,打造了

---

① 《安徽加快转型升级步伐"文化+"引领产业蝶变》,中安在线网,见 http://ah.anhuinews. com/system/2016/09/20/007464547.shtml。

《牛郎织女》等优质项目,成功吸引了年轻消费者的目光,扩大了传统黄梅戏文化的受众群体。此外,创意服务业也是安徽的优势产业,其中,安徽智能家居业不仅在省内具有巨大的市场基础,其产业从业者还遍布全国各地。近年来,以科大讯飞等为代表的高技术企业开始纷纷投入智能领域,涌现了一大批备受追捧的智能电视、智能音箱等智能家居产业。① 未来,安徽省内企业可以在数字智联家居行业不断发挥创造力,谋求更多跨界融合的机会。

二、 相关政策支持

从政策发布时间来看,江苏省、上海市最先出台数字创意产业政策,拉动了长三角区域其他地区产业政策的形成与发展。浙江省、安徽省紧随其后,近年来频繁出台了数字创意产业政策,形成了长三角区域数字创意产业政策发展的热潮。从政策发布数量来看,长三角区域数字创意产业政策主要集中于上海市和江苏省,浙江省充分发挥后发优势,逐年增加了数字创意产业政策的数量(见表8.4)。三省一市合力为长三角区域数字创意产业发展提供了良好的政策环境。下文将从发展目标、重点行业等两个方面对长三角区域推动数字创意产业跨界融合的政策进行梳理分析。

表 8.4 长三角区域数字创意产业主要支持性政策

	时间	政策文件	主 要 内 容
上海市	2008	上海市加快创意产业发展的指导意见	从资源配置、自主创新、销售渠道、行业管理、市场准入、知识产权保护、人才集聚、资金支持、组织领导等方面,对创意产业发展进行指导
	2012	上海市战略性新兴产业发展"十二五"规划	综合支撑高技术服务业专项工程,涵盖网络文学、网络游戏、数字动漫、数字印刷、数字发行、阅读终端等数字内容服务链

① 陈接峰:《着力发展安徽数字创意产业》,《安徽日报》2018年7月10日,第6版。

续表

	时间	政策文件	主　要　内　容
上海市	2016	上海市国民经济和社会发展第十三个五年规划纲要	加快发展高品质的文化、健康、教育培训和养老等服务业,提升文化创意、体育健身、旅游休闲、时尚等产业竞争力
	2016	上海创意与设计产业发展"十三五"规划	力争"十三五"期间,创意与设计产业增加值年均增速高于全市GDP年平均增速两个百分点,明显提升时尚之都、设计之都、品牌之都的国际认同度和综合影响力
	2018	促进上海创意与设计产业发展的实施办法	力争五年内实现创意与设计产业增加值的增长速度比全市生产总值增速高2—3个百分点。到2030年成为卓越全球创意城市
	2018	关于促进上海影视产业发展的实施办法	支持影视企业与文化创意、数字内容、主题娱乐的融合发展,支持应用各类影视技术和作品成果IP,开发游戏、音像、书籍、休闲旅游、演艺等衍生产品
	2018	关于促进上海网络视听产业发展的实施办法	鼓励包括网络视频、影视动漫、网络游戏、技术研发、信息服务等新兴文化企业入驻中国(上海)网络视听产业基地,形成规模效应
	2018	关于促进上海动漫游戏产业发展的实施办法	积极鼓励开发包括网络动漫、电视动画、漫画、手游、网络游戏等在内的优质原创动漫游戏作品和项目,鼓励动漫游戏企业研发VR、AR等前沿科技与动漫游戏相结合的产品
	2020	上海市促进在线新经济发展行动方案	顺应娱乐消费趋势,重视用户体验,进一步推动网游手游、网络文学、动漫电竞等互动娱乐产业发展,支持线上比赛、交易、直播、培训、健身
	2021	上海市社会主义国际文化大都市建设"十四五"规划	以重点领域的高质量发展引领文化创意产业全面发展,聚焦"两中心、两之都、两高地",推进全球影视创制中心、国际重要艺术品交易中心建设,打造亚洲演艺之都、全球电竞之都,形成网络文化产业高地、创意设计产业高地,力争在电竞领域形成世界级影响力
浙江省	2016	浙江省国民经济和社会发展第十三个五年规划纲要	把文化创意产业培育成万亿级产业
	2017	浙江省培育发展战略性新兴产业行动计划(2017—2020年)	力争到2020年实现800亿元以上的数字创意产业增加值,打造链条完整、技术先进、文化引领的数创产业发展格局,加快培育壮大数字创意产业

	时间	政策文件	主 要 内 容
浙江省	2017	浙江省文化创意产业发展规划	着力做强做大艺术品业、工业设计、信息软件、动漫游戏、建筑设计和传媒出版等优势行业
	2017	杭州市文化创意产业发展"十三五"规划	到2020年,把杭州建设成为具有国际影响力的全国文化创意中心
	2017	浙江省关于加快把文化产业打造成为万亿级产业的意见	加快发展数字教育、数字电视、数字音乐、动漫游戏、网络影视、网络文学等数字内容产业。大力发展建筑设计、智能设计、时尚设计、品牌设计、新媒体和体验交互设计等产业
	2018	浙江省数字化转型标准化建设方案(2018—2020)	推进区块链、人工智能、云计算、互联网、大数据等现代化信息技术标准化联动应用,促进人工智能、智能网联汽车、虚拟/增强现实等前沿科技应用,培育数字消费新业态、新模式
	2018	浙江省数字经济五年倍增计划	发展数字文化创意服务,促进互动新媒体、数字广告、数字动漫、数字影视、网络文艺、网络视听、网络游戏等的集聚发展
	2020	浙江省数字经济促进条例	县级以上人民政府及其有关部门应当通过建设数字文化创意产业试验区等方式,推进网络视听、数字影视、数字动漫、网络游戏、数字广告、互动新媒体等数字文化创意产业发展
	2021	关于下达2021年浙江省国民经济和社会发展计划的通知	实施文化产业提升计划,大力发展数字文化新业态,健全现代文化产业体系和市场体系。推进之江文化产业带建设,支持横店影视文化产业集聚区、象山影视城建设,打造具有国际影响力的影视文化创新中心
江苏省	2006	南京市文化创意产业"十一五"发展规划纲要	2010年基本建成与社会主义市场经济体制相适应、有力支撑创新型城市建设的文化创意产业体系,构建中国东部地区"文化智慧创意中心"
	2015	江苏省关于加快提升文化创意和设计服务产业发展水平的意见	到2020年实现文化创意和设计服务产业增加值在整个文化产业增加值占比大于25%,把江苏省建成创意设计强省
	2015	苏州市关于进一步加快文化创意产业发展的若干政策意见	着力提升文化创意产业发展水平,逐年提升文化创意产业占GDP的比重,成为区域性文化创意产业中心
	2016	江苏省国民经济和社会发展第十三个五年规划纲要	重点发展数字创意产业

续表

	时间	政策文件	主　要　内　容
江苏省	2016	江苏省"十三五"战略性新兴产业发展规划	重点发展数字创意产业,打造数字创意强省
	2016	江苏省关于加快推进"互联网+"行动的实施意见	重点推进"互联网+"文化创意,优化规范数字创意、数字设计、数字出版、数字影视、数字媒体等发展环境
	2016	南京市关于促进文化创意和设计服务与相关产业融合发展的实施意见	到2020年南京市实现文化创意和设计服务产业的增加值占整个文化产业增加值比重大于70%,实现超过1100亿元的文化产业增加值,文化产业增加值占GDP比重大于8%
	2017	江苏省关于创新管理优化服务培育壮大经济发展新动能的实施意见	重点发展数字创意产业,积极培育分享经济、数字经济、生物经济、绿色经济、创意经济、智造经济等新兴经济业态
	2018	江苏省关于进一步扩大和升级信息消费持续释放内需潜力的实施意见	推动数字创意在智慧旅游、智慧医疗、远程教育、社交网络、电子商务等领域中的应用,积极发展社交电商、虚拟现实购物等新模式和新业态,大力发展数字出版、数字影视等新闻出版广播影视业
	2019	关于印发江苏省完善促进消费体制机制行动方案（2019—2021年）的通知	建立完善国有文化文物单位文创产品开发试点成效评价和激励机制。加大文化艺术消费补贴,加强对江苏大剧院等重点文化消费场所的支持力度
	2020	关于促进文化和旅游消费若干措施的通知	发展基于超高清、虚拟现实等技术的新一代沉浸式体验型文化和旅游消费内容,丰富数字电影、网络音乐、网络动漫、网络表演、网络文学、数字艺术展示等数字创意内容
	2021	关于深入推进数字经济发展的意见	大力发展休闲农业、创意农业、乡村旅游等新业态,跨界配置数字技术等产业要素,发展线上云游等新模式,做靓"苏韵乡情"品牌
安徽省	2012	安徽省关于加快数字出版产业发展的意见	大力发展网络游戏、网络动漫、电子书、精品学术期刊数据库等优势产业,加快发展民族动漫产业;大力扶持数字出版产品的开发,积极发展民族网络文化产业
	2014	安徽省推进文化创意和设计服务与相关产业融合发展行动计划	加快新闻、出版、音像、印刷数字化转型升级,推动动漫游戏与虚拟仿真技术在相关产业中的集成应用,扶持优秀原创动漫产品的创作、游戏软件开发和生产传播

	时间	政策文件	主　要　内　容
安徽省	2016	安徽省国民经济和社会发展第十三个五年规划纲要	培育数字出版、动漫游戏、移动多媒体、网络视听等新型文化业态,加快发展创意文化产业
	2016	安徽省战略性新兴产业"十三五"发展规划	重点发展数字创意产业,到2020年,数字创意产业产值突破1000亿元
	2018	安徽省支持数字经济发展若干政策	支持数字经济领域的产学研平台资源整合,大力发展"数字+"社会服务,如智慧学校、智慧医疗、智慧旅游、智慧交通等
	2019	安徽省公共文化服务保障条例	县级以上人民政府应当将公共数字文化建设纳入本级信息化发展规划,构建标准统一、互联互通的公共数字文化服务网络,统筹建设管理公共数字文化工程,支持公共文化设施管理单位加强数字化和网络建设
	2020	关于印发安徽省贯彻落实淮河生态经济带发展规划实施方案的通知	大力培育一批数字创意、影视后期制作、文化创意设计等新兴文化企业,推动传统文化制造业转型升级,打造具有淮河流域文化特色的工艺美术区域品牌
	2021	安徽省国民经济和社会发展第十四个五年规划和2035年远景目标纲要	充分发挥海量数据和丰富应用场景优势,持续增强数字技术和产业创新能力,推动数字经济和实体经济深度融合,壮大经济发展新引擎

(一)发展目标

上海市作为长三角区域的龙头,提出到2020年实现创意与设计产业增加值超过上海市地区生产总值的6.5%。江苏省和浙江省作为长三角区域的两翼,分别提出到2020年,浙江省实现800亿元以上的数字创意产业增加值,江苏省实现创意与设计服务增加值超过文化产业增加值的25%。安徽省作为长三角区域腹地,也提出到2020年实现1000亿元的数字创意产业产值(见表8.5)。"一龙头+两翼+一腹地"的数字创意产业发展目标相互补充,为长三角区域数字创意产业发展指明了方向,有利于推动长三角区域的数字创意产业跨界融合发展。

表 8.5　长三角区域各省市数字创意产业发展目标

	政策文件	发展目标
上海市	上海创意与设计产业发展"十三五"规划	到 2020 年,力争实现创意与设计产业增加值超过上海市生产总值的 6.5%,打造具有更高国际认同度和综合影响力的国际著名设计之都
浙江省	浙江省培育发展战略性新兴产业行动计划(2017—2020 年)	到 2020 年,浙江省力争数字创意产业增加值达到 800 亿元以上,形成文化引领、技术先进、链条完整的数字创意产业发展格局
江苏省	江苏省关于加快提升文化创意和设计服务产业发展水平的意见	到 2020 年,实现文化创意和设计服务增加值超过江苏省文化产业增加值的 25%,打造数字创意强省
安徽省	安徽省战略性新兴产业"十三五"发展规划	到 2020 年,安徽省数字创意产业产值突破 1000 亿元,形成文化引领、技术先进、链条完整的数字创意产业发展格局

（二）重点行业

长三角区域各地区紧紧围绕数字创意产业发展目标,确定了各自数字创意产业的重点发展行业。上海市为打造国际著名设计之都,重点发展工业设计、时尚设计、建筑设计、广告设计、平面与多媒体设计等设计行业。浙江省基于其互联网和数字经济优势,重点发展数字阅读、数字出版、数字影视、手机游戏、网络动漫与网络广告等"互联网新经济+文化创意"行业。江苏省依据全省各地特色与优势,针对性地布局数字创意产业。其中,南京市重点发展文化创意设计和建筑设计,苏州市重点推动传统工艺与现代创意设计融合发展,无锡市重点发展工业设计,徐州市重点发展工程机械设计,南通市重点发展建筑设计,扬州市重点发展文化旅游,其他城市则依托本地优势打造各具特色的产业之都,共同推动创意产业集聚化发展。安徽省基于其徽派文化优势,重点发展具有徽派文化特色的影视、动漫游戏、音乐制作、新媒体艺术、设计服务等行业。除了促进重点行业单一发展之外,长三角区域也十分重视数字创意重点行业与其他产业的跨界融合发展,推进数字创意产业的结构升级(见表 8.6)。

表8.6　长三角区域各省市数字创意产业重点发展行业

	政策文件	重点行业
上海市	促进上海创意与设计产业发展的实施办法	主要聚焦工业设计、时尚设计、建筑设计、广告设计、平面与多媒体设计等重点领域,发展服务设计等新业态,加强人工智能、云计算、大数据、虚拟(增强)现实、移动互联网、物联网等新兴信息技术在文化创意产业中的深度融合应用,重点推进创意设计与科技、制造业、城市宜居产业的跨界融合发展
浙江省	浙江省培育发展战略性新兴产业行动计划(2017—2020年)	重点发展数字阅读产业、数字出版产业、云音乐、数字影视、互动新媒体、移动多媒体等新兴视听产业及手机游戏、网络动漫、网络广告等文化创意产业,推进数字创意产业与先进制造业、消费品工业、现代服务业融合发展
江苏省	江苏省关于加快提升文化创意和设计服务产业发展水平的意见	南京重点发展文化创意设计、建筑设计,苏州重点推动传统工艺与现代创意设计融合发展,无锡重点发展工业设计,徐州重点发展工程机械设计,南通重点发展建筑设计,扬州则重点打造国际文化旅游名城,其他城市建成各具特点的创意城市、设计都市,形成一批区域性创意设计中心,建成沿江创意设计城市群和沿运河创意设计特色产业带
安徽省	安徽省战略性新兴产业"十三五"发展规划	结合徽派文化特色,创作具有鲜明特点的戏曲、音乐、美术等数字创意内容产品,引导设计服务业、新媒体艺术、音乐制作、动漫游戏、影视创新发展

三、 典型企业的跨界融合模式

长三角区域经济实力较强,国家和地方政府的政策扶持力度较大,为数字创意产业的发展打下了良好的基础。该区域数字创意产业具有多元化、功能互补和融合发展的特点,涌现了一大批以跨行业和跨门类融合为主要发展模式的龙头企业,产业融合发展迅速,为长三角区域经济发展做出了突出贡献。

（一）慈文传媒:跨门类融合+主动融合

1.慈文传媒的简介

1999年,慈文传媒股份有限公司在上海成立,业务范围涵盖艺人经纪、移动休闲游戏研发推广、渠道的推广、影视剧的投资、制作、发行和衍生业务等领域。通过多轮并购和资本运作,目前,慈文传媒已由业务单一的影视公司转型为以自有 IP 为核心资源,以影视为主要经营业务并不断进军娱乐圈经纪业务和游戏业务的行业龙头企业,形成了各业务板块良性互动、协同发展的业务体系,成为电视剧、电影和动画制作全覆盖的综合性大型传媒机构。

2. 慈文传媒的跨门类主动融合过程

慈文传媒在国内影视界具有很高的影响力,先后推出了一系列高品质的作品,并多次包揽国内各项大奖。慈文传媒的突出业绩得益于其前瞻性的眼光和规划部署,在网络小说尚未普及的时候就已经购买了大量 IP,并着手实施 IP 的孵化开发,不仅围绕 IP 打造了一系列影视作品和动漫作品,而且逐步延伸到手游、游戏和电子商务等各个终端,形成了全产业链的闭环。2014 年 8月,慈文传媒与顺网科技达成 3 年合作协议,协议内容涵盖授权游戏开发、宣发动漫和影视等数字内容两大合作项目。不仅每年授权顺网科技或其他合作企业 3 个及以上的 IP 进行游戏开发,而且承诺顺网科技拥有其推出的动漫、影视等作品的优先宣发权。2016 年,为了争夺互联网平台的优质内容和付费资源,慈文传媒积极拓展原创网络内容,着重在精品 IP 孵化、专业人才培养和团队组建等方面拓展业务,构建了项目研发、生产、营销滚动同时推进的产业链,形成了可持续发展的长效机制保障。2017 年,公司顺应供给侧改革和消费升级趋势,把握视频付费市场快速扩张的发展机遇,坚定实施以网台联动头部剧为主、以拓展付费模式网生内容和深化推进 IP 泛娱乐开发为辅的发展战略,不断推出具有代表性的现象级产品,加快推进向"泛娱乐产业优质运营商"转型升级的步伐。

3. 慈文传媒的跨门类主动融合模式

根据上述慈文传媒的跨界融合可以发现,慈文传媒的发展呈现出跨门类主动融合的特点。慈文传媒始终坚持精品原创和 IP 开发并重,推进精品 IP的培育和开发,并且通过跨门类主动融合,促进各部门优化重组,围绕 IP 全产业链开发,推进"影游联动",实现 IP 价值最大化,不断扩大市场规模和利润,抢占新一轮泛娱乐产业竞争的制高点。未来,慈文传媒将继续深化推进 IP 泛娱乐开发的发展战略,致力于开创影视、动漫和游戏多个业务板块跨门类协同发展的新局面。

(二)鹿港文化:跨行业融合+被动融合

1. 鹿港文化的简介

鹿港文化创建于 1993 年,最初名为鹿港毛纺集团有限公司,主要生产销售各类针织毛纺纱线和高档精纺呢绒面料。当时,大规模纺织品市场竞争激烈,几近饱和,许多企业库存积压,产品无法赶上消费者的需求。2016 年,为了寻求新的发展,公司大胆突破原有传统的纺织业生产,开始实施影视文化的蓝海战略,并正式更名为江苏鹿港文化股份有限公司。公司在创意文化领域的多元化经营实现了其从传统制造业到数字创意创业的转型升级,为自身发展注入了新的动力与活力。

2. 鹿港文化的跨行业被动融合过程

鹿港文化的自救之举呈现出跨行业被动融合的特点,2014 年,公司并购世纪长龙,迈出了跨界转型的第一步,并于 2015 年收购天意影视 51%的股权,将主营业务延伸至文化领域,进一步加强了影视文化产业的布局。2016 年,公司将互联网影视作为未来重要的发展战略。2017 年,公司按年初既定的经营目标,在扎实稳妥做好纺织产业的同时,加大对影视文化的投入,实现纺织与影视跨行业共同稳步发展。公司纺织业务立足现有规模,积极调整产品和客户结构,不仅提高了盈利能力,也为进一步推进影视文化产业发展打下了良好的基础。公司立足内容核心竞争力,打造积极向上且有时代影响力的优质影视作品。目前,鹿港文化主要从事纺织和影视业务,其中影视业务又包括传统电视剧制作和发行、电影的投资和发行、网络剧等新型媒体的开发、制作和发行三个方向。从鹿港科技到鹿港文化,虽然名称上只有两个字的变化,但是代表了鹿港文化产业版图的扩张,体现了由传统产业跨行业进入数字创意产业的战略。

3.鹿港文化的跨行业被动融合模式

虽然被动式跨行业经营实属无奈之举,但纺织业与影视业的多元化经营给企业带来了诸多好处。目前,鹿港文化已与国内众多知名制作、发行公司和专业工作室形成了良好的合作关系,在行业内享有较高的知名度,从而吸引了一大批业内资深的从业人员,成为推动公司稳定、高速发展的宝贵人力资源财富。

(三)风语筑:跨行业融合+主动融合

1.风语筑的简介

作为中国展览展示行业的龙头企业,上海风语筑展示股份有限公司首次提出"设计领衔与跨界总包"概念,以为用户提供个性化设计为核心竞争力,借助数字化技术对产品进行展示,开创了展示文化的新型领域。公司于2017年在上海证券交易所主板上市,成为第一家登陆主板的展示行业上市公司和科技文创高新技术领域的龙头企业。

2.风语筑的跨行业主动融合过程

风语筑的行业领先地位得益于实施了跨行业主动融合的公司战略,公司于2003年创立,其创始人兼董事长怀揣着对艺术的向往,将深厚的专业知识和实践经验运用于主题文化与展示的跨界融合之中,专注于城市规划展览馆的设计,填补了当时国内展示行业的空白。公司成立两年就实现了营业收入过亿元,并于2013年迁入风语筑大楼,开启了强劲发展、迅速扩张的新进程:2015年,公司进行股份制改制,广纳贤士,汇聚行业专家、技术先锋与创意达人,共同打造风语筑的人才战略高地;2016年营业收入达12.27亿元,位居行业领先地位;2017年公司在城市馆和园区馆展示领域累计中标金额达15.76亿元,占业内总量的一半以上,成功登陆沪市主板;2018年上半年实现营业收入8亿元。风语筑主要从事数字文化展示体验系统的策划、设计、实施和维护,大多数城市馆、博物馆、文化体验中心和新零售体验中心等有展览展示需求的场馆及空间都使用了其产品和服务。公司将数字文化展示技术运用于创意互动、影视动漫和在线教育等文化创意领域,实现了数字科技与创意文化的跨行业融合,为客户提供了极具冲击力的展示画面和沉浸式的体验空间。随着大数据和云计算技术的不断进步,公司抓住发展机遇,切实践行跨界理念,将业务扩展到整个社会和生活的方方面面,不断扩宽赛道,先后参与设计上海中心大厦观光展厅、中车企业展馆、快递展馆等各类展馆,并将新一代人工智能技术等创新技术运用于文化展览馆中,大大提高了展示的效果。近年来,公司开始布局融入电影院线元素的展馆业务。

3.风语筑的跨行业主动融合模式

经过多年的发展,风语筑通过跨行业主动融合,借助丰富的经验和技术优势,奠定了自身在行业中的领头羊地位。公司在行业内拥有良好的口碑和深厚的资源,是世界级的创意设计和跨界融合创新平台,其锐意进取和不断创新的品质也将使其继续充当行业转型升级的引领者。

第三节　珠三角区域数字创意产业
跨界融合发展

一、　概况

珠江三角洲经济区于1994年确立,位于广东省中下游,与东南亚地区隔海相望,海陆交通便利,被称为中国的"南大门"。珠三角区域拥有独特的发展优势,是我国最先开放的区域,是具有全球影响力的先进制造业和现代服务业基地,是我国参与经济全球化的重要主体。本书将重点介绍珠三角区域数字创意产业跨界融合的发展基础,分析当前发展现状,希望能为我国其他地区的数字创意产业和企业的发展提供借鉴作用。

（一）跨界融合的发展基础

1. 地理环境

珠三角区域位于北回归线以南,气候温和湿润,日照时间长,农牧渔业发展具有得天独厚优势;煤、铁等矿产资源缺乏,但生物和海洋资源丰富,对农业及轻化工业的发展极为有利;毗邻港澳,靠近东南亚,拥有天然的海道良港,对外贸易十分便利。其次,珠三角区域是全国较大的侨乡之一,有1000多万侨胞分布在世界上130多个国家和地区,极大地促进了区域的招商引资,为区域发展提供了雄厚的资金支持。最后,珠三角区域文化和人才资源众多,为区域现代服务业发展奠定了坚实的发展基础。其"引进来"与"走出去"的独特区域优势为数字创意产业跨区域融合提供了良好的发展环境。

2. 经济环境

珠三角区域是我国四大工业基地之一,以轻工业为主的综合性工业和以出口为主的加工工业和制造业居多。深圳、珠海和汕头经济特区的创办打开了我国对外开放的大门。40多年来,珠三角区域逐渐弱化传统农业,不断发展高技术制造业和服务业,形成了以深圳高新区为中心的高新技术产业密集区,仅广州一个城市就拥有近三百家世界500强企业,大大增强了珠三角区域的经济实力。此外,珠三角区域外向型经济总体水平较高,有助于学习国外的先进技术和管理方法,改进传统制造业,发展先进制造业,其中新一代宽带无线移动通信设备行业的转型和发展尤为显著。珠三角区域充分发挥毗邻港澳的地缘优势和遍及世界各地侨胞的有利条件,以国内市场为依托,以国际市场为导向,推动外向型经济高水平与快速度发展。总体来看,珠三角区域的产业结构已基本实现从传统农业到工业化,再到产业多元化发展的转变。

3. 文化氛围

珠三角区域是岭南文化最早的发源地,广东省是岭南文化的核心区域,是中国侨乡文化的典型代表区域。岭南文化涵盖学术、文学、绘画、书法、饮食、商业与侨乡等众多内容,广府文化、潮汕文化和客家文化构成了汉族岭南文化的主体。① 改革开放以来,珠三角区域首先打开对外开放的大门,成为世界各国文化交往的重要平台。在商业文化上,以珠三角为中心向外辐射形成"粤商"群体,形成了岭南文化讲求实利实惠,偏重商业的倾向;在社会结构上,广东是我国流动人口数量最多的省份,"打工文化"和"新移民文化"是珠三角地域具有典型意义的文化现象,形成了新的社会大融合的局面。开放、包容、创新的文化氛围促进了珠三角区域的数字创意产业跨地域、跨文化融合发展。

4.园区建设

珠三角区域大力发展品牌策划、工业设计、建筑设计与网游动漫等产业园区,促进了技术与创意内容的融合发展,同时加快建设国家软件产业基地、网游动漫产业基地和各类文化创意产业园区,推动了数字文化产业的发展。其中,广州和深圳的园区建设最具代表性。自1999年天河软件园成立以来,广州文化创意产业园迅速发展,目前已拥有约222个各具特色的文化产业园,如以艺术设计、创意生活为核心的红砖厂创意区,以工业特征和后现代艺术文化为主题的1850创意园,集创意、艺术、文化、商业与旅游体验于一体的TIT创意园等。深圳文化创意园坚持"文化+科技"的发展方向,经过多年的发展,已成为集文化产业原创、研发、展示、交易及配套服务为一体的高端文化创意园区,涵盖影视、创意设计、高端工艺品与软件四大重点领域。2016年,深圳成立数字创意与多媒体行业协会,成为中国首家数字创意产业类协会。目前,该协会有会员400余家,其中国家高新技术企业108家,数字创意研发企业200余家,智能智造企业130余家,上市企业26家,产值达2000亿元,集合了数字创意、虚拟现实、新媒体艺术、文化软件、动漫游戏与影视制作等领域优质企业。园区建设的先驱行动与发展壮大,为珠三角区域的数字创意产业跨界融合发展提供了优质的平台与便利的渠道。

---

① 练红霞:《岭南文化在建筑空间中的运用》,《科技创新与应用》2013年第3期。

5.创新优势

珠三角区域经历了从贴牌代工到自创品牌,从模仿创新到原始创新,从产品形态表现到高端创意设计的创新发展趋势的转变。2015 年珠三角区域获得国家自主创新示范区批复,成为国际一流的创新创业中心。在 2018 年各大城市高新技术企业数量统计中,广州拥有 1.44 万家,深圳拥有 1.1 万家,分别位列全国第二、第三,东莞拥有 5798 家,位居所有二线城市之首①,可见,珠三角区域是高新技术产业的聚集区。在人才引进上,珠三角借助粤港澳大湾区丰富的科教优势和人才优势,大量引进各领域人才。截止到 2018 年底,珠三角区域累计引进诺贝尔奖获得者、发达国家院士等 143 人,人才引进数量居全国前列,不断产生与国际领先的新技术和新成果。在海外创新优势上,广东企业在境外设立了 246 所研发机构,主动融入全球创新网络,不断进军全球市场。此外,与其他区域人才聚集在高校、科研机构和国有企业相比,珠三角区域的创新人才呈现出向民营企业和新型研发机构集聚的态势。企业成为珠三角区域的创新主体,各创新要素在企业间充分流动,市场在创新资源配置中开始发挥决定性作用。在当前全球性创新整合和知识快速流动的背景下,珠三角区域的自主创新能力将推动数字创意产业与国际接轨,实现跨文化与跨地域的充分融合。

(二)跨界融合发展现状

珠三角区域拥有得天独厚的地理环境、多元的产业结构、开放的文化氛围、高质量的园区建设和优越的自主创新优势,涌现了物联网、云计算、大数据、跨境电商、网络教育与人工智能等新业态和新模式,数字创意产业发展较为成熟。作为"21 世纪海上丝绸之路"重要的开放平台合作区,珠三角区域以包容的姿态接纳海外经济贸易和文化交流合作,注重扩大产业发展格局,重视

---

① 数据来源于《二线城市高新企业比拼:这两座城市力压所有省会城市!》,参见第一财经网(cbn-yicai)。

跨地域和跨文化的融合,积极对接国际产业分工,推动数字创意产业跨界融合发展。广州市、深圳市、珠海市和东莞市是珠三角区域数字创意产业跨界融合发展最具代表性的城市,其发展现状各具特色。

1. 广州市数字创意产业的跨界融合

广州市数字音乐、动漫和游戏等数字创意产业发展迅猛,其中游戏和动漫行业成功进入全球市场,为广州打造数字创业产业强市提供有力支撑。据统计,2016 年,广州文化创意产业实现 2487.78 亿元的增加值,占全市国内生产总值的 12.69%。2017 年,广州文化创意产业增加值达 2800 亿元,占全市GDP 的比重提升到了 13%[①],不断增大的经济基量为数字创意产业跨界融合发展奠定了雄厚的经济基础。此外,广州互联网产业发达。2017 年广州拥有超过 3000 家互联网企业,其中 1600 家聚集在广州创新产业集群区——天河区,年营业收入超过 1000 亿元。2017 年,网易、多益、酷狗、游爱与趣丸 5 家企业入围全国互联网百强。作为全国最大的数字音乐平台,广州酷狗音乐2018 年营业收入达 100 亿元,在数字音乐方面具有明显的领先优势。[②] 广州市游戏产业 2017 年营业收入达 482.2 亿元,占广州省游戏产业营业总收入的28.9%。广州汇集了网易游戏、爱九游等著名游戏公司,培育了一批优秀产品,不断迈向国际化。2018 年,网易游戏与国外知名游戏 VR 研发商 Survios达成战略合作,实现了游戏与 VR 的融合。在动漫产业方面,广州已打造奥飞娱乐、星原文化等上市动漫龙头企业,并不断向海外进军,国际影响力不断增强,如奥飞影业将国际动画电影项目打入北美迪士尼乐园市场等。

2. 深圳市数字创意产业的跨界融合

深圳市是中国改革开放建立的第一个经济特区,凭借在信息技术、数字技

---

① 徐咏虹:《广州蓝皮书:广州文化创意产业发展报告(2018)》,社会科学文献出版社 2018年版。

② 徐咏虹:《广州蓝皮书:广州文化创意产业发展报告(2019)》,社会科学文献出版社 2019年版。

术以及地理位置上的优势,逐渐成为具有一定影响力的国际化城市,成为珠三角区域数字创意产业的跨界融合的领头羊。深圳依托良好的数字技术基础,聚焦智慧城市和电子政务领域的发展。2017 年,深圳举办"电科杯"城市数据大赛,挖掘数据价值,实现创新应用,推动数据革命,引领产业创新;2018 年推进"互联网+政务服务"的模式,清理了许多"僵尸网站",让公开平台从"有"变"优"。其次,深圳拥有腾讯、华强与华为等新兴信息技术公司,其卓越的信息技术基础为"深圳智造"领跑 5G 终端领域打下坚实基础。在全球市场上,截止到 2019 年 3 月,深圳 5G 终端数量占全球比重超过 1/3,具有强大的国际消费市场优势。此外,深圳位于珠江口东岸,对外贸易便利,逐渐发展壮大了一批重点出口基地和对外文化贸易龙头企业。如全国最大的商品油画生产与交易基地和全球重要的油画交易集散地——大芬油画村,全国最大的工艺礼品展示、交易和出口基地——笋岗工艺礼品城,入选"2017—2018 年度国家文化出口重点企业"名录的环球数码、雅昌文化与方块动漫等 15 家企业。在文化出口上,深圳市不断发挥引领作用,推动中国文化"走出去"。

3.珠海市数字创意产业的跨界融合

珠海市地理位置优越,东与香港隔海相望,南与澳门相连,其数字出版、影视和旅游等休闲娱乐行业与港澳交互频繁,是珠三角区域连接港澳的中转站。珠海数字创意产业发展迅速,其中现代传媒出版业、数字内容业、影视娱乐业与创意设计业等产业较为突出,基本形成产业集群的发展态势,如以伟创力、佳能、得理乐器、惠威音响、斯巴克音响和斯玛特高端印刷等企业为主的数字创意产品研发制造产业集群,以金山网游、传奇动画、网易达手游、天空动漫等游戏动漫公司和以珠海南方影视基地、南方数字娱乐公共服务中心等影视公司为主的文化科技产业集群。珠海凭借自身临近港澳的地理优势,利用从香港丽新集团、广东电视台和珠影集团募集的资金投资 50 亿元建设南方影视基地,建立了以影视为主线,并延伸至旅游、休闲娱乐等相关产业的链条。此外,珠海对外合作交流日益频繁,据珠海市统计局调查显示,2018 年,珠海外贸进口总额达到 1359.15 亿元,同比增长 22.5%。截止到 2018 年 10 月,珠海横琴累计办理跨境人民币结算业务约 3989 亿元,共注册港资金融类企业 151 家,注册资本达到 664.6 亿元。珠海优良的地理优势使其成为珠三角区域与港澳数字产业合作的枢纽。

4. 东莞市数字创意产业的跨界融合

东莞市依托轻工业,不断发展壮大创意设计、旅游、智能制造和新能源四大特色产业。首先,在工业设计方面,东莞坚持在全球领域寻求创意设计,连续成功举办 14 届"东莞杯"国际工业设计竞赛活动,邀请国内外知名专家 150 余名,累计征集到 20 多个国家和地区 38000 余件作品,免费为参赛者申请专利近 1000项,活动参与人数达 32 万人,汇集了全球先进的创意理念。其次,东莞利用虎门鸦片战争遗址、可园博物馆、南社—塘尾古村落与袁崇焕纪念园等重大历史文化资源,建设寮步牙香街、香慧寺、香博馆和东城莞香文化产业创新集群发展项目,实施"文化+"战略,不断做大做强以数字创意内容为核心的现代文化服务业。最后,东莞是全球最大的制造业基地之一,拥有 45 家世界 500 强企业,800多家国外上市公司,吸引来自全球 20 多个国家和地区的投资者在此注资,推动制造业的转型升级,扩大数字创意产业的产业链。东莞制造业不断朝着数字化、信息化、网络化和智能化的发展发展,从传统制造转向智能制造,紧紧跟随全球制造业转型的步伐。总之,东莞拥有良好的制造业基础,数字创意产业发展势头良好,未来东莞将是数字创业产业跨界融合过程中的一匹黑马。

二、 相关政策支持

从政策发布时间来看,深圳市早在 2008 年就开始陆续出台数字创意产业政策,开启了珠三角区域数字创意产业的发展之路。从政策发布数量来看,珠三角区域数字创意产业政策主要集中于深圳市、广州市。深圳市由于数字创意产业起步较早,政策数量相较于广州市具有明显的优势。特别地,广东省省级引领性政策为珠三角区域各地区发展数字创意产业指明了前进方向(见表

8.7)。下文将从发展目标、重点行业两个方面对珠三角区域支持数字创意产业跨界融合发展的相关政策进行梳理分析。

表 8.7　珠三角区域数字创意产业主要支持性政策

	时间	政策文件	主　要　内　容
广东省	2010	广东省建设文化强省规划纲要（2011—2020)	重点培育包括新型媒体终端、数字电视、网络游戏等在内的新一代高增长性战略产业。着重发展珠三角地区广告设计和创意研发、音乐创作、影视制作、动漫游戏、工业设计、传媒出版等高端、新兴文化产业
	2011	关于加快珠江三角洲地区文化创意产业发展的指导意见	到2020年,珠三角地区实现文化创意及相关产业增加值占区域生产总值比重10%以上
	2015	广东省推进文化创意和设计服务与相关产业融合发展行动计划（2015—2020)	到2020年,力争实现超过1000亿元的文化创意和设计服务增加值,明显提高文化创意和设计服务增加值占文化产业增加值的比重,加快数字内容发展
	2017	广东省战略性新兴产业发展"十三五"规划	到2020年,力争实现超过3万亿元的新一代信息技术产业产值规模,形成3—4个包括数字创意、绿色低碳、高端装备制造、生物等在内的万亿元级支柱产业
	2020	广东省建设国家数字经济创新发展试验区工作方案	打造国家数字创意产业集群。高标准建设一批数字技术驱动型的省级数字创意产业园,培育一批具有全球竞争力的数字创意头部企业和游戏、动漫发行运营平台企业
	2021	广东省数字经济促进条例	推动发展互联网文体娱乐业等,培育推广游戏、动漫、电竞、网络直播、融媒体等新业态新模式,发展网络视听、数字出版、数字娱乐、线上演播等产业,鼓励拓展优秀传统文化产品和影视剧、游戏等数字文化产品的海外市场
深圳市	2008	深圳市关于加快文化产业发展若干规定	鼓励发展动漫游戏、网络文化与传播、数字内容、出版印刷、网络传输服务等领域重点文化企业
	2009	深圳市关于促进创意设计业发展的若干意见	加快发展创意设计业,将深圳打造成为世界一流水准的"设计之都"
	2011	深圳文化创意产业振兴发展政策	重点发展创意设计、文化软件、动漫游戏、新媒体及文化信息服务、数字出版、影视演艺、文化旅游、非物质文化遗产开发、高端印刷、高端工艺美术等文化创意产业领域

续表

	时间	政策文件	主　要　内　容
深圳市	2012	深圳市文化发展"十二五"规划	到2015年,把深圳建设成为文化创意产业发展领头羊、更具国际影响力的创意之城和时尚之都
	2012	关于促进文化与科技融合若干措施的通知	深圳文化创意产业总产出超过5800亿元,成为深圳重要的战略性新兴产业和国民经济支柱性产业,文化与科技融合成为文化创意产业发展的主要形态
	2015	深圳市人民政府打造深圳标准构建质量发展新优势行动计划(2015—2020)	在文化创意领域,重点开展文化软件、新媒体及文化信息服务、数字出版、高端印刷、高端工艺美术等标准研制;在新一代信息技术领域,重点开展下一代信息网络、云存储、物联网、新型显示等标准研制
	2016	深圳市文化发展"十三五"规划	更加巩固文化产业支柱性产业地位,实现超过60%的数字内容产业和创意设计、文化信息服务等新型业态占比,实现10%以上的文化创意产业增加值的年均增长率
	2018	深圳市关于进一步加快发展战略性新兴产业的实施方案	围绕新一代数字经济、高端装备制造、信息技术等战略性新兴产业,着力推动大数据、云计算发展,前瞻布局金融科技及区块链等领域,形成引领数字经济发展的重要支柱
	2020	关于进一步实施福田英才荟若干措施的通知	为数字创意产业方面相关人才引进提供奖励
广州市	2016	广州市战略性新兴产业第十三个五年发展规划(2016—2020)	以动漫、游戏、创意设计三大产业链为主要抓手,打造结构合理、富有创意、竞争力强的时尚创意产业体系。到2020年,实现产业增加值500亿元
	2017	广州市推进文化创意和设计服务与相关产业融合发展行动方案(2016—2020)	到2020年,广州"文化创意之都"地位进一步增强,基本建立广州文化创意和设计服务与相关产业全方位、深层次、宽领域的融合发展格局
	2018	广州市关于加快文化产业创新发展的实施意见	巩固和壮大数字内容产业,大力发展数字互动娱乐、数字视听、网络文学、网络影视、网络出版、数字音乐等以数字内容为核心的相关产业
	2020	中共广州市委广州市人民政府关于加快集聚产业领军人才的意见	在文化创意等我市重点产业领域内,支持500名创新创业领军人才(含团队成员),每年支持1000名产业高端人才、2000名产业急需紧缺人才,吸引带动各类产业人才来穗工作,形成人才引领产业、产业集聚人才、人才与产业良性互动的良好局面

（一）发展目标

《关于加快珠江三角洲地区文化创意产业发展的指导意见》提出了珠三角区域创意产业发展的总目标,即到2020年,珠三角区域实现文化创意及相关产业增加值在区域生产总值中的占比达到10%以上,将文创产业打造成为重要的国民经济和战略性新兴产业的带动性产业。珠三角区域以广州市和深圳市为核心,以其他七个地级市为支点,以重大项目、文化产业集群与若干文化产业园区为支撑,创建文化创意产业带,形成国际竞争力强、经济效益高、集聚效应显著、科技水平先进、产业特色鲜明、区域布局合理的创意产业发展新格局,将珠三角区域打造成拉动全广东、辐射全国的文化创意产业中心。

（二）重点行业

《关于加快珠江三角洲地区文化创意产业发展的指导意见》指出,珠三角区域重点发展创意设计、演艺、游戏娱乐、动漫、广播影视、出版发行等文化创意产业。广州市和深圳市重点发展影视制作、数字出版、动漫游戏、创意设计等高端、新兴文化创意产业,致力于打造"设计之都""创意之城"。珠海市重点发展数字内容、文化旅游、软件设计产业,努力建设文化创意产品生产和出口基地。东莞市重点发展文化会展和创意设计产业,为文化创意产业和制造业搭建对接平台,提升文化产品制造业的发展水平。中山市注重粤台文化交流发展,重点发展游戏游艺产业,打造一镇一品的镇级文化产业集群。江门市重点发展华侨文化旅游、印刷创意和古典红木家具产业。惠州市重点发展影视产业,建设广东港澳台影视拍摄基地。佛山市和肇庆市重点发展工业设计、工艺美术与文化旅游等结合本地特色的文化产业。珠三角区域不断加强同港澳台的合作,打造珠江两岸文化创意产业圈,推动数字创意产业蓬勃发展。

三、 典型企业的跨界融合模式

珠三角区域凭借强大的科技创新能力与技术研发能力成为全国经济发展的重要引擎。作为全国改革开放的先行区,珠三角区域依托其得天独厚的地理优势成为中国参与经济全球化的主体区域。丰富的国家政策红利、强劲的科技创新能力及对外开放的门户优势使得珠三角区域成为当今数字创意产业发展的新高地。开放、共享的区域发展理念为数字创意产业开展"跨文化""跨地区"的主动融合提供了良好的环境。其中,以广东和深圳等地为代表的数字创意企业营收能力较强,总体发展成熟稳定。

(一)欢聚时代:跨门类融合+互动融合

1. 欢聚时代的简介

2005 年,广州欢聚时代信息科技有限公司(以下简称"欢聚时代")正式成立,并于 2012 年在美国纳斯达克上市。作为全球性的直播和社交业务服务商,欢聚时代的业务覆盖直播、资讯、教育、社交、游戏与金融等多个领域,核心产品包括但不局限于 YY 语音、虎牙直播、Bigo、开心斗、Hago、YY 交友与欢聚游戏等。公司以"改变世界的沟通方式"为使命,致力于成为引领富集通讯时代的创新公司。

2. 欢聚时代的跨门类互动融合过程

欢聚时代旗下业务门类众多,不同门类之间开展跨界融合,极大地丰富了用户的消费体验。2005 年 6 月,多玩游戏网诞生,并借力《魔兽世界》火爆中国。2007 年,中国游戏市场需求进入井喷期,玩家对游戏体验也提出了更高的要求。当时,网游中最刺激的群体对战需要指挥一两百人,战斗期间需要多级指挥频繁地调兵遣将,以打字为主的交流方式严重影响了玩家的发挥。基于此,欢聚时代针对游戏中玩家的交流问题开发了一款语音软件,这就是 YY 语音的由来。YY 语音的推出也为公司开展后续业务提供了工具保障。2011

年,欢聚时代利用 YY 语音打造出一款专业的互动网络教学平台——YY 教育,这也意味着公司正式布局在线教育领域。YY 教育通过创新展示形式,为用户提供具有清晰音质及流畅教学的线上即时互动课堂,极大地突破了传统教育的时空限制。2012 年,多玩 YY 官方正式推出一款插件,用于将游戏与解说同步结合的直播平台——YY 游戏直播。随着互联网环境的改变,欢聚时代洞察到游戏直播将成为未来流量增长的关键点。于是,在 2014 年将虎牙直播从 YY 游戏直播业务中独立出来,并在 2017 年成立了广州虎牙信息科技有限公司。虎牙直播培育了一大批优质游戏主播。此外,虎牙直播一直致力于直播技术上的革新,通过采用行业内领先的视频压缩技术使得在同等清晰度的视频中流量耗费减少了 20%—30%。经过多年来在"游戏+直播"领域的深耕,2018 年 11 月,虎牙直播在美国纽约证券交易所正式上市,不仅成为集团内部孵化的首家上市公司,也成为国内首家上市的游戏直播平台。为了更好地实现多门类的跨界融合,如今的欢聚时代将虎牙直播与 YY 游戏、多玩游戏网共同组成"欢聚互娱"品牌,以"游戏运营、游戏资讯、游戏直播"等三位一体的运营架构,搭建起富集生态圈战略,并通过生态内外资源整合,建立一套循环再生的闭环经营模式。

3. 欢聚时代的跨门类互动融合模式

欢聚时代用创造性的跨界思维,实现了多门类的互动融合,为用户带来了颠覆性的互联网产品体验。当前,移动互联网的应用已经深刻改变了社会生活方式,而人工智能带来的革命会远远超过互联网。未来,欢聚时代将积极把握人工智能技术,继续把产品和服务推向全球。

(二)华强方特:跨文化融合+主动融合

1. 华强方特的简介

深圳华强方特文化科技集团股份有限公司(以下简称"华强方特")成立于 2006 年,是目前国内在大型文化科技主题乐园领域,集成套设计、制造与出口等为一体的企业。华强方特始终坚持规模化、多元化与国际化的发展战略，秉承"文化+科技"的发展理念，致力于打造"创、研、产、销"一体化产业链。公司业务发展围绕"文化内容产品及服务"和"文化科技主题乐园"两条主线，前者主要涵盖影视、动漫、主题演艺和文化衍生品等业务，后者则侧重创意设计和文化科技主题乐园等业务，由此形成了优势互补的全产业链，拥有大量自主知识产权。

2.华强方特的跨文化主动融合过程

华强方特以"文化内容产品及服务"和"文化科技主题乐园"为核心业务，凭借独特的跨文化的跨界模式，主动进行业务融合，致力于在国内、国际市场上打造强大的文化科技品牌。就文化内容产品及服务而言，华强方特拥有数码电影专业研制机构，深入挖掘中华文化精髓，将多元化特种电影形式和中国古典文化相结合，成功研制十多类特种电影形式，并系统输出美国、加拿大、意大利等40多个国家和地区[1]，每年配套出口20余部影片。此外，自2012年推出《熊出没》系列动画以来，方特动漫作品累计出口25万分钟，覆盖美国等100多个国家和地区，部分作品还登陆全球知名媒体，不仅创下高收视率，还得到了国外媒体的广泛关注与推荐。就文化科技主题乐园而言，公司掌握集主题乐园创意设计、研究开发、内容制作、施工建设与市场运营等环节为一体的全产业链运营[2]。进一步地，针对主题乐园的文化创意理念制定了发展战略四阶段：第一阶段是经典系列主题乐园，包括方特欢乐世界、方特梦幻王国、方特水上乐园。2006年，首家经典系类主题乐园——芜湖方特欢乐世界正式建成，开启了华强在国内主题公园领域的布局。2014年，方特第一家授权投资的主题乐园在伊朗开业，开创了中国文化科技主题乐园"走出去"的先河。

---

[1] 周科：《千帆竞发浪潮涌，百舸争流正逢时——十八大以来我国文化产业发展成就综述》，中国共产党新闻网，2017年6月5日，见 http://cpc.people.com.cn/n1/2017/0605/c64387-29318229.html。

[2] 安老板、麻酱：《文化自信下的中国主题乐园》，《现代青年》2018年第11期。

第二阶段是美丽中国三部曲,这是与中国文化深入融合的主题乐园系列。自2015 年起开始第一部曲——"方特东方神画",现已建成 4 个方特东方神话乐园。第三阶段是量身定制的特色文化主题乐园,通过将区域特色文化与主题游乐相结合,打造出具有地方特色的文化科技主题乐园,如 2016 年着手打造的邯郸"方特国色春秋"等。第四阶段是动漫系列园区,将以多部热门动漫 IP为主要内容,建设方特动漫乐园、熊出没乐园、熊出没小镇等乐园产品,如2018 年宁波、贵阳、台州等多地宣布打造"熊出没小镇"。四阶段战略深植于源远流长的中华文化,大力彰显了伟大的中华民族精神,产生了具有影响力的文化示范效应。同时,也为外国游客接触、了解中华文化提供了重要的平台,有利于促进文化交流与合作。

3.华强方特的跨文化主动融合模式

华强方特以文化为核心,以科技为依托,创新文化发展模式,始终坚持文化原创,坚持在产品和服务中融入独有的中华文化元素,成为跨文化融合的典范。通过主动投身于文化合作与文化融通,利用高科技手段为文化资源的传播与发展提供了国际化的平台,走出了一条国际化创新发展之路。

(三)腾讯:跨地域融合+主动融合

1.腾讯公司简介

深圳市腾讯计算机系统有限公司(以下简称"腾讯")成立于 1998 年 11月 11 日,于 2004 年在香港主板上市。成立之初,腾讯公司的业务是拓展无线网络寻呼系统,历经 21 年,现已发展成为中国首屈一指的互联网综合服务提供商。腾讯一直秉承"连接一切"的发展战略,不仅要通过互联网连接人与人,还要连接人与物、连接人与设备。当前公司业务已涉及社交、娱乐、支付、工具和咨询等多类业务,成为珠三角地区乃至全国互联网企业的领头羊。

2.腾讯公司的跨地域主动融合过程

腾讯公司的发展呈现出典型的跨地域主动融合模式。一方面,公司以深圳为大本营,依托地域覆盖连锁经营,各个地域在相应的专业领域享有独特优势。当前,腾讯主要在四个区域设立了分公司,分别是北京分公司、上海分公司、成都分公司和广州分公司,不同区域的公司有不同的事业群,相辅相成,共同发展。其中,北京分公司成立于 2000 年,北京分公司主要覆盖综合门户网站信息咨询服务、搜索服务和技术研发支持、无限增值业务以及网络媒体广告服务等业务。广州分公司成立于 2005 年,作为深圳总部的后花园,承担着重要的研发任务,先后推出如 QQ 邮箱、微信、QQ 手机管家与 QQ 通讯录等重量级产品,此外还承担了腾讯华南广告销售的职能。上海分公司于 2007 年成立,位于漕泾河开发区,作为整合多个业务部门发展的规模化分公司,是其在华东地区主要的发展中心和纽带。成都分公司成立于 2007 年,致力于提升腾讯的客户服务能力、互动娱乐产品研发能力、无限产品研发运营和数据信息处理能力。另一方面,腾讯不断拓展海外扩张之路,开展全球化布局。自 2014 年以来,得益于海外云业务的不断扩张,腾讯先后在中国香港、新加坡、加拿大、美国等国家与地区设立数据中心。此外,为了扩展商业版图,以股权收购的方式实施海外产业链投资,从而实现战略控制,其全产业链投资特征在游戏领域最为明显。就上游游戏开发商而言,腾讯于 2011 年和 2012 年分别以 4 亿美元和 3.3 亿美元的代价拿下美国游戏开发商 Riot Games 公司 92.78%和 Epic Games 公司 48.4%的股权;就下游游戏渠道和游戏辅助延伸而言,2012 年,通过收购 Level Up 掌握了巴西、菲律宾及美国部分游戏分发渠道;2014 年,腾讯耗资 5 亿美元收购韩国 CJ Games 同时合并了旗下的游戏发行部门 Netmarble,使得此后腾讯开发的手游可以通过此渠道进入韩国市场。

3. 腾讯公司的跨地域主动融合模式

无论是分地域的专业化经营还是频繁的海外收购兼并,都体现了腾讯公司跨地域的跨界融合模式。这种立足国内同时放眼全球的扩张策略,有利于我国数字创意产业发展与国际接轨并保留中国特色,更是腾讯公司立足于通过互联网服务提升人类生活品质的使命、主动寻求新型融合业态的表现。

（四）网易：跨地域融合＋主动融合

1. 网易公司简介

1997 年 6 月,广州网易计算机系统有限公司(以下简称"网易")成立,成立之初主要致力于推行全中文搜索引擎服务。2006 年,公司在美国纳斯达克股票市场公开上市。经过 20 多年的发展,当下的网易产品矩阵渗入了无数普通中国人的生活,旗下的主要服务和产品包括：门户网站、在线游戏、电子邮箱、在线教育、电子商务、在线音乐与网易 bobo 等。正是这种跨界经营思维,才让网易走出了停牌危机的低谷,成长为中国互联网代表性企业。

2. 网易的跨地域主动融合过程

与大多数互联网企业一样,网易通过在本土开展分地区专业化经营及实施积极的全球化战略实现跨地域的主动融合。一方面,公司依托不同地区各自的地理优势和发展环境塑造不同的业务体系。2001 年,位于广州的网易互动娱乐事业群成立,包括网易互娱引擎部和网易互娱游戏 AI 实验室等。网易互娱目前在研的游戏产品多达上百款,在线运营的产品数量占网易游戏总品类数量的 80% 以上,自主研发的产品包括《梦幻西游》系列、《大话西游》系列、《阴阳师》与《第五人格》等,主要的合作代理产品包括《我的世界》《影之诗》与《实况足球》等。① 2006 年,网易杭州研究院成立,是依托网易平台成立的全国研发中心,致力于为整个网易集团提供先进的技术解决方案,是网易内部的技术支撑平台和基础技术支持中心。目前,杭州研究院的业务涉及数字娱乐、教育、二次元与智能硬件等多个领域,并秉承"网易出品,必属精品"的态度孵化出网易云音乐、网易云课堂与中国大学 MOOC 等行业内标杆的互联网产品。同年,网易有道事业部在北京成立,开发语言翻译应用及服务如"有道词典",个人云应用如"有道云笔记",在线教育如"有道精品课",有道推广如

---

① 网易公司简介,见 http://gb.corp.163.com/gb/home.shtml。

"有道智选",电子商务导购服务如"慧慧购物助手",以及智能服务平台如"有道智云"等涵盖多领域的互联网产品。另一方面,网易的海外扩展步伐从未停歇,通过全球化的兼并收购不断完善自身的产业链布局。如2018年网易联手了海外顶级的 VR 游戏研发商 Survios,共同成立了合资公司——影核互娱(Netvios),这是网易布局 VR 和游戏融合发展的初步举措。2019年网易收购了《底特律:成为人类》《暴雨》与《超凡双生》开发商 Quantic Dream 的部分股份[①],为下一代游戏的研究和开发寻找了优质的合作伙伴。

3. 网易的跨地域主动融合模式

网易始终秉持着创新与合作的发展态度,积极开展多领域和全方位的跨界融合,通过跨区域的组织管理形成多元化的竞争优势,不同事业部之间创意的碰撞和技术的互补催生出一系列具有代表性的互联网产品与服务。放眼全球市场的战略雄心有利于网易公司从其他国家和地区挑选优质的合作伙伴,从而为网易公司今后以更加主动的姿态进军海外市场奠定了坚实的基础。

第四节　中西部区域数字创意产业跨界融合发展

一、　概况

中西部区域占我国土地面积约 82%,人口数量占全国近 50%。在地理划分上,中部地区包括山西、河南、湖南等省份[②],西部地区包括陕西、四川、云南、广西等十二个省、自治区和直辖市。中西部区域土地辽阔,资源丰富,人口众多,文化底蕴浓厚,消费市场广阔,该区域数字创意产业跨界融合的发展具

---

① 马卡:《网易宣布收购〈底特律〉开发商 Quantic Dream 部分股份》,IT 之家网,2019 年 1 月 29 日,见 https://www.ithome.com/0/407/799.htm。

② 本书将安徽省归为长三角区域,故在中西部区域对安徽省不做分析。

有极大潜力。本节将重点介绍中西部区域数字创意产业跨界融合发展的基础与现况。

(一)跨界融合的发展基础

1.地理环境

中部地区是承转东西的重要节点,交通网络发达,拥有郑州和武汉两个国际性综合交通枢纽,太原、长沙、南昌、九江等 15 个全国性综合交通枢纽,公路网络逐渐完善,水路上建设了汉江、湘江与赣江等高等级航道。可见,在"一带一路"倡议中,中部地区担任着交通枢纽的重任。此外,中部地区拥有丰富的矿产资源,山西、河南等省份拥有大量的煤铁铝等矿产资源;湖北、江西、湖南等省市拥有大量的有色金属和非金属资源,这些条件对重工业的发展极为有利。西部地区地域辽阔,与蒙古国、俄罗斯、塔吉克斯坦、哈萨克斯坦、吉尔吉斯斯坦等 12 个国家接壤,约占全国陆地边境线的 91%,与东南亚许多国家隔海相望,约占全国海岸线的 1/11;西部地区矿产、土地、水力等资源十分丰富,已有西电东送和西气东输工程;该区域地理条件复杂多样,气候垂直差别明显,物种丰富,有丰富的旅游资源。在地理条件方面,中部地区担任重要的交通枢纽,西部地区物质资源丰富,为数字创意产业的跨界融合提供了机会。

2.经济环境

中西部区域的资源环境决定该区域第一产业和第二产业有较好的发展。尽管数字创意产业起步较晚,发展基础薄弱,产业链不完整,但仍有很大的发展空间。据国家统计局相关数据显示,在 2019 年第一季度,中部地区全国规模以上文化及相关产业企业营业收入较上年同期增长 10.7%,西部地区较上年同期增长 15.2%,远高于东部地区的 7.3%,中西部地区文化产业发展具有很强的后发优势。此外,中西部地区成本优势逐渐突出,成为我国大型企业和国外跨国公司投资的对象,加快了中西部地区产业转型和发展。其中,在中部崛起的浪潮下,经过近十年国家政策的支持和众多跨国公司的入驻,中部地区的产业转型发展取得显著效果,形成"三基地一枢纽"格局,新一代信息技术、新能源汽车等重点新兴产业发展壮大,在全国具有较强竞争力,第三产业比重大幅度上升。西部地区经济水平相对较为落后,数字创意产业发展水平与全国平均水平有一定差距。根据"中国西部省市文化产业发展指数(2018)"显示,四川位于西部省市文化产业发展综合指数榜首,其次是重庆、陕西;西部地区各省市综合指数均值为 73.90,与全国平均指标的差距从上年的 3.0%缩小至 2.5%[①];从西部文化消费分指标来看,西部地区文化消费意愿与全国平均水平相差最大,全国均值是 77.36,而西部地区均值是 69.74,可见,西部地区的消费潜力还有待开发。此外,成都、昆明、贵阳、重庆和西安形成"钻石五城"城市群,其产业高度优化、文化资源高度积淀,连接西南、贯通西北,促进了西部地区文化与经济的均衡发展。

3.文化氛围

中部地区作为我国文明的发源地,拥有丰厚的文化底蕴,形成了大量独具特色的人文旅游景观。中部地区虽然拥有浓厚的文化氛围,但在我国的文化旅游产业中吸引力不够强劲,甚至不如西部四川、重庆等省市,主要是由于缺乏宣传,这也体现了其数字创意产业发展的缺陷。文化发展具有代表性的中部省份是湖南省,该省拥有中南传媒、天舟文化等发展较为成熟的数字创意企业,对该省的文化宣传具有极大的促进作用。西部地区包含藏族、壮族、回族、维吾尔族等几十个民族,每个民族独具文化习惯和建筑风格,文化产品多样,还有不同民族的宗教、文学、服饰、风度、饮食及各种节日庆典活动等。这些风格不一的文化色彩,为我国数字创意产业发展提供了大量的创意内容,如大量网络文学、影视及动漫作品基于西部异域神秘的文化色彩进行创作,也有将西部地区的特色景点作为影视拍摄基地等。中西部具有强大的文化底蕴,为数

---

① 四川文化创意产业研究院、中国人民大学创意产业技术研究院、文化品牌评测技术文化和旅游部重点实验室:《中国西部省市文化产业发展指数(2018)》,四川新闻网,2019 年 1 月 24 日。

字创意产业的发展提供了不竭的创意源泉。

4.园区建设

中西部区域数字创意产业发展基础相对较为薄弱,创意产业园区建设相较京津冀、长三角、珠三角等区域来说,整体滞后,但仍然有些省份与城市开始了园区建设的进程,其中比较有代表的是武汉市、成都市、湖南省和江西省。2008 年,武汉市以东湖高新区为基地,以动漫产业为突破口,建设数字创意产业基地,即中国光谷创意产业基地。其中,光谷创意产业孵化器以武汉动漫公共技术服务平台为基础,提供技术支持服务,以光谷文化创意产业投资基金为依托,进行投融资服务,共孵化 16 家国家级动漫企业,创造了业内多项第一,是国内动漫企业聚集度最高和青年创业比例最高的专业型孵化器。2018 年 9 月,成都市文化体制改革和文化产业发展领导小组公布了 31 家首批文创产业园区,每个园区定位各不相同,有游戏、旅游、泛娱乐和教育等领域,通过腾讯开放平台,综合线上线下业务能力,打造优质互联网创业平台,孵化中小微数字创意企业和创业团队。湖南省有甜心文化产业园、浏阳河文化产业园、昭山文化创意产业园、浏阳河文化产业园等六大文化创意产业园,与当地的人文景观相结合,聚集数字创意企业,加速发展旅游、演艺、影视与出版等产业,促进数字媒体和数字动漫等新兴业态的发展。江西省的创意园区基于其纺织业的发展,赣坊 1969 文化创意产业园和 699 文化创意园均是由纺织厂发展而来,形成集商业、艺术、教育、设计和休闲娱乐为一体的产业园区,为当地开辟了新的生活方式。

5.创新优势

在创新基础上,中部地区聚集了全国大量的科教和智力资源,中部 6 个省会城市有 300 多所高校,其中有 16 所"985"和"211"高校。同时,中部地区还拥有研发与孵化中心、国家级高技术园区、火炬产业园与科研院所等各级各类丰富的创新资源。此外,湖北、河南均拥有国家级自主创新示范区,在"十三五"规划中,武汉市致力于建设具有全球影响力的产业创新中心,郑州市则计划打造为国际综合交通枢纽和物流中心与"一带一路"核心节点城市①。据武汉市、郑州市统计局网站显示,2018 年,武汉市的创投资本总额比上年增长9.1%,专利授权量增长 21.7%,每万人专利拥有量 34 件;郑州市全年技术合同成交金总额增长 136.8%,专利授权数量增长 48.6%,组织实施科技项目量增长 8.8%。可见,中部地区研发投入不断增强,专利数量增长迅猛,创新发展初具成效,未来增量可观,在创新上具有很强的后起优势。西部地区主要以陕西、四川、重庆三省(市)为核心,云集众多高等院校和国家科研机构,构建创新力量,形成西部地区的科技创新中心,在西部地区的创新发展中发挥着引领、带头和模范作用。2018 年,重庆的高新技术产业化指数位列全国第一,陕西比上年排名上升 4 位,高出全国平均水平;此外,四川的科技活动产出指数和科技促进经济社会发展指数不断上升。② 同时,新疆、贵州、青海、云南等其他西部地区积极融入"一带一路"建设,积极增加创新投入,着实扩大创新产出,改善创新环境,并通过加强与东部地区的创新和文化交流来带动产业结构升级和提升西部区域竞争力。

(二)跨界融合发展现状

据国家统计局对全国规模以上文化及相关产业 6 万家企业的调查结果显示,2018 年,中西部区域的上述企业实现营业收入达 19626 亿元,占全国比重的 21.9%,且近几年的增长速度均高于东部地区。中西部区域虽然经济不如东部发达,但该区域内拥有众多独特的自然景观和丰富的文化资源,在文化与科技融合方面有一定的优势,数字创意产业的发展正在稳步前行。依靠中部崛起和西部大开发的政策支持,中部和西部地区的数字创意企业积极开展跨

---

① 王悠然:《中部城市创新驱动发展战略实施路径及成效对比分析——以武汉和郑州市为例》,《创新科技》2018 年第 12 期。

② 中国科技发展战略研究院:《中国区域科技创新评价报告 2018》,中国经济网,2018 年10 月 29 日,见 http://www.ce.cn/。

界融合活动,以跨门类融合的形式逐渐实现完整产业链的构建,推动了相关产业的有效升级。其中,中部地区的湖南、湖北、河南和江西四省,以及西部地区的四川、重庆、陕西和贵州四省(市),是中西部区域内数字创意产业发展较为强劲的省市,各个地方的数字创意产业跨界融合发展取得了显著的成绩,又有其不同的特色。

1. 湖南省数字创意产业的跨界融合

湖南省数字创意产业的发展水平位于中部地区的前列,文化与科技融合产生的新业态得到了进一步发展。全省以引导文化产业优化升级为着力点,促进文化与科技双向深度融合,以创意设计、数字媒体和数字出版主要发展领域,大力发展"互联网+文化产业",在广电、出版、动漫与演艺等方面已形成竞争优势,引领着传统产业与新兴产业的跨界融合发展。就动漫游戏而言,从湖南省文化和旅游厅发布的数据来看,2018 年湖南省共完成电视动画 14500 分钟,制作动画电影 2 部,新上市运营手游 41 款,销售动漫图书 530 余万册,申请动漫游戏及相关知识产权 1825 项,相关业务年度总产值达 305 亿元。电竞小镇、贝拉小镇与主题乐园等一批动漫游戏特色的旅游景点成功运营,动漫游戏产业链价值不断延伸。除省会城市长沙市的动漫企业保持强劲发展势头外,怀化海兵动画、郴州春韵与株洲方特等企业迎头赶上,形成了全省各市州共同发展的产业格局。此外,湘西文化、红色文化等文化要素与科技的融合成果成为旅游业新的增长点。例如,湖南演艺集团推出的《梦回穿紫河》开创了省内文旅实景秀的流动舞台模式,宋城演艺的《炭河千古情》弘扬了灿烂的西周历史文化,掀起了湖南文旅和科技融合的热潮。① 数字创意产业的跨界融合,不仅为传统企业转型提供支点,也为湖南数字经济的发展插上了翅膀。

2. 湖北省数字创意产业的跨界融合

湖北省提出把湖北建成在全国特别是长江流域具有重要影响力的区域文

---

① 资料来源于《推动湖南文化和旅游融合发展走在前列》,《中国文化报》,见 http://www.mzyfz.com/html/1296/2019-05-06/content-1392700.html。

化中心,大力促进文化、科技与相关产业的融合,推动了新闻出版发行、广播影视、文化旅游、文化演出、文化制造与工艺美术等传统文化产业的创新发展。随着数字化、智能化与信息化等新技术的应用,数字出版、动漫游戏与创意设计等新兴产业优势初现。在数字出版方面,培育了湖北日报、长江传媒、湖北广电与知音传媒等文化骨干企业,引领全省出版传媒业的高速增长。在动漫行业的跨界融合中,手游、端游与 VR 游戏等新业态展现出了勃勃生机。其中,武汉斗鱼网络科技有限公司主营的以弹幕直播为主的直播网站"斗鱼TV",涵盖了游戏、动漫、娱乐、体育和户外等多种内容,成为泛娱乐综合直播平台的典范。斗鱼公司在发展过程中异军突起、最终领跑全国泛娱乐直播业,充分验证了湖北动漫游戏产业跨形态、跨媒介与跨行业的转型战略。[1] 湖北全省数字创意产业集园区和基地的建设也取得了一定的进展,中国光谷创意产业基地的动漫、游戏等数字创意产业实力较为强大,聚集的动漫企业超过全湖北的百分之七十,游戏企业则占近百分之六十,是我国数创产业集聚度最高的基地之一[2],为企业之间的跨界融合发展带来了极大的便利。

3. 河南省数字创意产业的跨界融合

河南省借鉴贵州大数据发展经验,争取数字经济的发展先机。目前,河南省内的大数据产业园区已有 18 个,产业集聚水平较高。郑东新区龙子湖智慧岛核心区,是国家级的大数据综合试验区,这里聚集了华为、浪潮等一百多家大数据领域的骨干企业,取得了大数据与相关产业融合发展的重大突破。在推动影视制作、出版发行与工艺美术等传统产业转型升级方面,专注于文化与科技、金融、体育与信息等要素融合,大力发展网络视听、移动多媒体与创意设计等新兴产业。在数字创意产业规划方面,将数字内容、创新设计和动漫游戏

---

[1] 黄晓华:《湖北文化产业蓝皮书:湖北文化产业发展报告(2018)》,社会科学文献出版社 2018 年版。

[2] 资料来源于《中国光谷创意产业基地》,湖北文化产业发展网,2015 年 6 月 14 日,见 http://www.hbci.cn/cyyq/dqxz/whs/201506/t20150614_56519.shtml。

三块领域列为发展重点,通过做强、做大数字创意产业来实现经济高质量发展。在文化和旅游的跨界融合发展方面,坚持以高质量发展为目标,以融合发展为主线,创新推动文化事业、文化产业和旅游业发展迈向新台阶。2018年,河南省的旅游总收入已达8120亿元,相比于2017年,增长了20.28%。[①] 随着2018云台山国际旅游节和三门峡黄河旅游节等重大节庆活动的成功落幕,河南的国际知名度也在提升,以中国功夫为创意的数创产品受到了广泛关注。

4.江西省数字创意产业的跨界融合

江西省作为内陆省份,近年来积极跟进数字创意产业发展趋势,以创新为驱动,不断加强科技和文化融合,争取逆势强劲发展。"十二五"期间,江西的文化产业收获颇丰,在此基础上,数字创意产业的发展也逐渐日新月异。在影视产业方面,依托美丽的自然风貌,省内也聚集了一批影视城,吸引着众多剧组前来取景拍摄。例如,新版《水浒传》取景龙虎山,新版《西游记》取景龟峰,电视剧《欢乐颂2》取景婺源,电影《失孤》取景南昌、靖安等,大力带动了当地经济的发展。数字创意基地与园区的建设也在如火如荼的进行中。在共青城,聚集了如北大青鸟和分众传媒等众多数字创意企业,覆盖了新型传媒和创意设计等产业,"科技+""文化+"等产业跨界融合新业态蒸蒸日上。而由前江西华安针织总厂改造的699文化创意园,是南昌乃至江西毋庸置疑的数字创意新兴典范。集聚在园区的企业通过促进文化和科技的融合,突破了南昌传统的红色旅游、绿色旅游模式,新增一张令人瞩目的文化旅游名片。在数字创意产业跨界融合的推动下,江西省在我国数字创意产业的百花争艳中坚定发展信念,乘风破浪,戮力前行。

5.四川省数字创意产业的跨界融合

作为西部省份,四川省非常重视基于以民族与民俗为内容的数字创意产业的跨界融合活动。首先,动漫产业通过将茶文化和酒文化元素融合进动漫

---

① 《坚持高质量发展,亮点纷呈,河南省文化和旅游厅亮出2018年"成绩单"》,大河网,2019年1月23日,见 https://4g.dahe.cn/news/20190123440865。

产业的内容创作中,打造原创动漫 IP,不仅传播了四川特色的茶文化与酒文化,还推进了动漫产业的升级。随着国家动漫游戏振兴基地的建成,动漫游戏产业集聚水平大幅升高,围绕产业链的延伸,企业之间的跨界融合活动也将继续持续推进。其次,利用创意设计产业,将特色川藏文化元素融入各类设计中,将创意想法变现,开发了一系列工艺产品,涌现了大量融合互助的数字创意企业。此外,还培育了特色的产业基地,如藏羌彝文化产业走廊和丝绸之路文化产业带,借助"一带一路"建设机遇,利用数字创意产业弘扬优秀的四川文化。最后,四川省正在不断加强"文化+"与"互联网+"融合发展,进一步增强数字创意产业的实力和竞争力。其省会成都市依托高新技术产业开发区和成都天府新区、五城区等区域,加快创新数字新媒体技术,并提高数字文化产品研发力度,着重发展数字媒体服务、数字文化产品设计服务等,构建完整的数字创意产业链条,力争成为西部地区甚至是全国闻名的数字创意产业基地。①

6.重庆市数字创意产业的跨界融合

作为直辖市,重庆市正处于数字创意产业跨界融合发展的扩张期,文化成为"大众创业、万众创新"的重要领域,为社会营造了浓郁的文化创新氛围。首先,在游戏领域,文化和旅游找到了热点,通过跨界融合,既充分利用了文化资源,又增添了旅游体验,也为重庆游戏产业锦上添花。例如,腾讯重庆团队自主研发的首款旅游探险游戏《重庆密码》,深受大众欢迎。其次,在利用数字科技方面,推动了云计算、物联网与大数据等新一代信息技术与文化融合,演艺、娱乐、文博与印刷等设施设备的数字化技术水平不断提高,特效电影、实景演出等新兴业态正蓬勃发展,涌现了《归来三峡》等优秀项目。《2017 年重庆文化产业运行情况》显示,2017 年重庆文化创意和设计服务实现增加值达142.94 亿元,占比 21.6%,较去年同期增加 2.1 个百分点,成为重庆经济贡献

---

① 李春雨:《"十三五"期间四川将加快促进数字创意产业蓬勃发展》,四川新闻网,2017 年2 月 17 日,见 http://news.eastday.com/eastday/13news/auto/news/society/20170217/u7ai6506610.html。

最大的行业。最后,重庆市通过发展大数据、人工智能、智能机器人与软件服务等智能产业,已经吸引了阿里巴巴、腾讯、百度与华为等多家知名科技巨头,共同致力于打造西部创新资源集聚地。随着产业发展路径的成熟及扶持性政策的落地,文化与科技、经济、旅游、金融等融合深度加快,重庆市内衍生出众多新业态,数字创意企业寻求跨界合作的热情正在不断高涨。

7. 陕西省数字创意产业的跨界融合

陕西省大力支持现代信息技术的运用,以文化创意资源的数字化转化和开发推动数字创意产业的发展。在人工智能方面,陕西省现有人工智能相关国家级研发平台 11 个,省部级平台 36 个,具有 26 个世界领先水平的科研成果,涵盖了图形识别、智能机器人与无人系统等领域。深圳光启、知盛数据、阿里巴巴与科大讯飞等国内知名企业的项目已入驻西安高新区,使其人工智能产业发展集群效应凸显,产业增长速度不断加快。[1] 在数字文化创意基地,先进技术的运用也大大推动了数字创意产业的全面发展。例如,秦汉新城通过引进曾制作出《功夫熊猫》《阿凡达》《变形金刚》等知名大片的惠普渲染技术,推出了支持影视、动漫等制作的渲染云平台,为陕西数字创意产业的勃发做出了很大的贡献。在文旅融合方面,陕西省不断鼓励文化创意企业创作旅游内容的动漫游戏产品、数字虚拟旅游景点和景观,各地在"文化+旅游"的跨界融合中深入挖掘景区文化内涵,推出了如《长恨歌》《道·梦空间》等一批特色鲜明的产品,以及两汉三国文化景区、白鹿原影视基地等一批优秀项目。此外,省会西安市紧抓"一带一路"建设的历史机遇,推进建设了西安丝路国际会展中心,将西安打造成为具有世界影响力的会展名城,扩大了整个陕西省的国际知名度。

8. 贵州省数字创意产业的跨界融合

贵州省坚定不移实施大数据战略行动,集聚资源要素,以大数据推动产业

---

① 张江舟:《陕西成为我国人工智能技术发展重要引领地 26 个科研成果世界领先》,群众新闻网,2019 年 2 月 26 日,见 http://www.sxdaily.com.cn/2019-02/26/content_1469210.html。

跨界融合发展。作为全国第一个拥有大数据领域的国家工程实验基地,现已有 9500 余家大数据企业在贵州聚集,不仅有腾讯、百度与阿里巴巴等知名企业的纷纷入驻,还有将亚洲数据中心建在贵阳的苹果公司,以互联网、大数据与云计算等为代表的科技创新,正在成为贵州弯道取直、后发赶超的新动能。在挖掘大数据在商业、民生等方面的价值方面,借助省内独具一格的历史文化资源,使"多彩贵州"品牌的建设更上高楼。目前,该品牌下已经集聚了全景 VR、影视传媒与文化旅游等众多领域,致力于打造差异化的 IP 产业链,推动传统产业与数字创意产业的融合发展,又使数字出版、新媒体、动漫与游戏等数字创意产业焕发了活力。例如,利用废旧厂房打造的 1958 梦幻之旅,利用各类新型科技,将山水、歌舞等元素进行跨界融合,这种新型实景演出模式扩展了产业的跨界融合,赋予产业发展新的生机。当前,贵州正加快大数据与经济社会各领域的融合,充分释放数据价值,继续在大数据领域深耕细作,把大数据发展战略贯彻到底[①],助推贵州经济高质量与高效率发展。

二、 相关政策支持

中西部区域数字创意相关产业政策主要集中于上述湖南省、湖北省、河南省、江西省、四川省、重庆市、陕西省与贵州省八个省市。其中,中部地区主要集中于湖南省、湖北省、河南省和江西省,西部地区主要集中于四川省、重庆市、陕西省和贵州省。从政策发布时间来看,中部地区湖南省率先于 2010 年出台数字创意相关产业政策,为中部地区发展数字创意产业建立了基础。随后其他省份也相继出台政策支持数字创意产业发展。而西部地区陕西省、四川省和重庆市早在 2010 年之前就已经开始出台数字创意相关产业政策,早早地抓住了数字创意产业的发展先机。从政策发布数量来看,中部地区湖南省

---

① 资料来源于《围绕这三个"关键词",贵州大数据这些年专注做了三件事》,多彩贵州网,2019 年 5 月 7 日。

的政策数量最多,其他省份近几年政策数量也有所提升。而西部地区各省市政策数量大体相同,数量增加的趋势也较为明显(见表8.8)。中西部区域各地区积极响应国家大力发展数字创意产业的号召,共同助力中西部区域数字创意产业的跨界融合发展。下文将从发展目标、重点行业两个方面对中西部区域推动数字创意产业跨界融合的相关政策进行梳理分析。

表8.8　中西部区域数字创意产业主要支持性政策

		时间	政策文件	主　要　内　容
中部地区	湖南省	2010	湖南省关于加快培育发展战略性新兴产业的决定	建立以网络及新兴文化业态、动漫游戏、创意出版、广播影视为主导的,相关产业联动发展且结构优化的文化创意产业体系。重点发展创意设计产业、数字媒体产业、数字出版产业、动漫游戏产业、创意园区建设等5大领域
		2011	数字湖南建设纲要	加快发展创意设计、数字媒体、数字出版、动漫游戏等新兴文化产业,构建现代文化产业体系
		2014	湖南省关于加快文化创意产业发展的意见	着力发展专业设计、广告服务、建筑设计、文化软件等创意设计产业,促进文化创意与体育、生态、休闲、旅游、科技等产业融合发展
		2015	湖南省实施"互联网+"三年行动计划	发展动漫、游戏、音乐、影视、文学、社交、网络新闻等的互联网文化产品,实施数字出版工程,推动在线阅读发展,培育互联网文化创意产业
		2015	关于加快湖南省工业设计产业发展的意见	加快发展工业设计,推动工业设计与装备制造业、信息服务业、文化创意产业、消费品工业等领域的融合发展,建设"创新湖南"
		2017	湖南省"十三五"战略性新兴产业发展规划	加快形成以文化创意、设计服务为核心,以数字技术为依托的数字创意产业集群,打造国内领先、世界一流的全国数字创意产业中心
		2017	湖南省2017年国民经济和社会发展计划	着力打造文化创意基地,做强做优中南传媒、芒果TV等重点企业,提升数字创意、动漫游戏、影视传媒等重点产业,推进文化与农业、制造业、旅游、金融、互联网、科技的融合发展
		2018	湖南省关于推进服务业创新发展的意见	加快发展动漫游戏、影视娱乐、数字出版、网络视听等产业,构建富有创意、科技含量高、竞争力强的文化产业体系,进一步提升"文化湘军"的影响力
		2011	湖南省"十四五"战略性新兴产业发展规划	充分发挥新兴服务业基础性作用,支撑科技创新突破转化,服务制造业高质量发展,满足新时代美好生活的新需求,打造具有国际影响力的数字创意产业集群

	时间	政策文件	主　要　内　容
中部地区	湖北省 2015	湖北省关于推进文化创意和设计服务与相关产业融合发展的实施意见	到2020年,湖北省基本形成文化创意和设计服务与相关产业全方位、深层次、宽领域的融合发展格局,打造中部地区文化创意和设计服务与产业融合发展高地
	2015	湖北省关于加快推进"互联网+"行动的实施意见	快速发展电子商务、互联网金融、文化创意、教育服务、健康养老等新兴业态,重点推进"互联网+"文化创意
	2015	湖北省关于加快服务业发展的若干意见	着力发展文化创意、影视制作、印刷复制、广告、演艺娱乐、文化会展、动漫游戏等重点产业,加快发展数字出版、数字传输、移动互联等新兴产业
	2017	湖北省服务业发展"十三五"规划	加快数字文化产业发展,积极培育数字出版、数字影音、动漫游戏、数字传媒、数字学习等数字内容产业,支持内容软件、移动互联、VR/AR快速发展
	2018	湖北省进一步扩大和升级信息消费持续释放内需潜力实施方案	大力发展数字影视和数字出版产业,推出具有地方特色的网络文化产品,丰富数字创意内容和服务
	2020	湖北省人民政府办公厅关于印发支持文化旅游产业恢复振兴若干措施的通知	鼓励商业综合体引进创新演艺项目。加强荆楚原创动漫游戏精品创作,打造动漫游戏行业品牌。推动动漫游戏跨界发展,与设计业、制造业、旅游业等开展合作,与影视、直播、文学、体育等深度融合,开发动漫游戏衍生品市场。推动文化装备制造与智慧旅游、特色小镇、城市综合体相结合,发展智能家庭娱乐、智能语音、3D打印等高端制造业和数字内容产业
	河南省 2015	河南省文化创意和设计服务与相关产业融合发展规(2015—2020)	围绕建筑设计服务、广告服务、工业设计服务、文化软件服务等重点领域,坚持创意引领,强化科技驱动,激活传统文化,加快创新应用,提升文化创意和设计服务整体发展水平
	2017	河南省"十三五"战略性新兴产业发展规划	加速融合数字技术、文化创意,快速发展数字创意产业,突出地方特色文化创造性转化和现代内容精品制作,推动数字创意在各领域应用渗透,促进数字创意产业创新发展
	2018	河南省大数据产业发展三年行动计(2018—2020)	积极发展现代有声读物、手机动漫、网络游戏、网络文学、数字音乐、在线演艺等数字文化艺术产品。加快大数据技术在工业设计、广告设计、建筑设计、园林设计等领域融合应用,鼓励发展3D在线打印等
	2020	河南省人民政府办公厅关于进一步激发文化和旅游消费潜力的通知	促进文化和旅游与工业融合,引导工业企业发展工业旅游,支持利用废弃矿山开发矿山公园,利用废旧工厂及工业设施建设文化创意基地

续表

		时间	政策文件	主　要　内　容
中部地区	江西省	2015	江西省关于加快发展文化创意产业的若干政策措施	培育新型文化创意业态,鼓励文化与科技、文化与休闲、文化与生态、文化与旅游、文化与电商融合等新型业态的文化创意企业发展
		2018	江西省关于推动文化产业高质量跨越式发展工作方案	实施数字文化产业发展战略
		2018	江西省关于加快文化强省建设的实施方案	发展数字文化产业,将互联网、VR、大数据、云计算等新技术与文化产业进行深度融合
		2018	江西省关于推进数字创意产业发展的建议	大力发展数字文化产业和文化创意产业
		2018	江西省进一步扩大和升级信息消费持续释放内需潜力的实施方案	丰富数字创意内容和服务,着力推进江西省动漫与网络游戏、数字媒体内容等产业集群发展
		2019	关于进一步支持文化产业发展的若干意见	每年评选一定数量的数字文化创意设计项目,给予适当资金扶持。充分发挥各类创业投资引导基金作用,加大对文化新业态创新企业的支持力度
		2020	关于做好2020年度江西省数字文化创意设计产业项目扶持申报工作的通知	重点支持数字文化产业创新发展、文化创意与旅游等相关产业融合发展建设、文化创意产业服务平台建设等
		2021	江西省公共文化服务保障条例	符合国家规定的公共图书馆、博物馆、文化馆、美术馆、科技馆、纪念馆等公共文化设施,其管理单位可以采取委托、授权、合作等方式开展文化创意产品开发,取得的收入按照国家有关规定纳入本单位预算统一管理,用于加强公共文化服务、继续投入文化创意产品开发或者对符合规定的人员予以激励
西部地区	四川省	2009	成都市文化创意产业发展规划（2009—2012）	重点发展传媒、文博旅游、创意设计、演艺娱乐、文学与艺术品原创、动漫游戏、出版发行等七大行业,把成都建设成为"中国文化创意产业的鼎立之城"
		2014	成都市文化创意和设计服务与相关产业融合发展行动计划（2014—2020）	面向西部民族历史文化、国际市场跨国合作与三次产业融合发展,初步建成发掘创新传播中心、西部文化贸易中心与西部创意设计中心
		2017	成都市文化产业发展"十三五"规划	"十三五"时期,加快发展创意设计、会展、传媒、信息等优势文化产业
		2017	四川省"十三五"战略性新兴产业发展规划	促进数字创意产业蓬勃发展

		时间	政策文件	主　要　内　容
西部地区	四川省	2018	四川省关于印发进一步扩大和升级信息消费持续释放内需潜力实施方案的通知	丰富数字创意产业内容和形式，着力推进电子竞技、动漫游戏、数字出版、数字音乐、网络文化、数字文化装备、数字艺术展示等产业集群发展
		2019	关于弘扬中华文明发展天府文化加快建设世界文化名城的决定	以提升天府文化的国际影响力、辐射力、集聚力为牵引，推动文化创意产业成为重要支柱产业，建设具有全国引领力、全球竞争力的世界文创名城
	重庆市	2006	重庆市关于加快创意产业发展的意见	重点实施"611"工程，重点支持时尚消费、咨询策划、文化传媒、建筑设计、软件设计、研发设计等六大类创意产业
		2015	重庆市关于推进文化创意和设计服务与相关产业融合发展的实施意见	加快数字内容产业发展，重点发展手机出版物、数据库出版物、应用软件、动漫游戏、网络视频、电子书包、数字报刊、电子图书等优势产业
		2016	重庆市关于加快发展战略性新兴服务业的实施意见	巩固做强传统文化产业，大力发展文化视听、动漫游戏、VR、AR 等新兴文化产业
		2018	重庆市进一步扩大和升级信息消费持续释放内需潜力实施方案	丰富数字文化内容。扶持网络文学、网络电影、网络剧、网络音乐等新兴产业发展，支持动漫游戏创意设计、开发应用和市场推广，培育数字创新企业
		2020	重庆建设国家数字经济创新发展试验区工作方案	打造千亿级数字经济产业集群，重点支持集成电路、新型显示、数字文创、智能建造、5G、物联网、大数据、人工智能、区块链等领域
		2021	重庆市人民政府办公厅关于印发加快发展新型消费释放消费潜力若干措施的通知	丰富文创产品供给带动消费。支持符合条件的园区创建重庆市数字文化产业园区，并按规定给予政策和资金扶持。推动线上博物馆发展带动文创产品销售，鼓励具备条件的各级文博单位开发线上博物馆，结合 5G、虚拟现实等技术，增加立体式展品展示。鼓励市级和区县博物馆、美术馆、图书馆开发文化创意产品，允许文化创意产品开发收益可按规定用于文博单位日常支出、征集藏品、提供公共服务等
	陕西省	2007	陕西省关于鼓励和推动动漫产业发展的实施意见	动漫产业是陕西省重点发展的文化创意产业之一，大力发展动漫产业
		2015	陕西省关于推进文化创意和设计服务与相关产业融合发展的实施意见	加快数字内容产业发展，全面推动三网融合以及传统媒体和新兴媒体融合发展

		时间	政策文件	主　要　内　容
西部地区	陕西省	2016	关于推动文化文物单位文化创意产品开发的实施意见	鼓励相关文化企业围绕陕西省非物质文化遗产资源,创新技术手段和表现形式,打造影视、动漫、演艺等多元文化创意产品
		2016	陕西省"十三五"战略性新兴产业发展规划	积极运用现代信息技术,重点发展数字出版、数字视听、数字教育和动漫游戏等数字产品
		2018	陕西省人民政府办公厅关于进一步扩大和升级信息消费持续释放内需潜力的实施意见	促进文化创意产品开发的跨界融合,支持原创网络作品创作,推动优秀作品网络传播。扶持一批重点文艺网站,拓展数字影音、动漫游戏、电子竞技、网络文学等数字文化体育内容,培育形成一批拥有较强实力的数字创新企业
		2020	中共陕西省委关于制定国民经济和社会发展第十四个五年规划和二〇三五年远景目标的建议	推动文化产业高质量发展,加快发展以文化创意为主的新型文化业态,做大做强影视制作、出版发行、演艺娱乐、动漫游戏等主导产业,培育一批具有国际影响力的文化龙头企业和知名品牌
	贵州省	2015	贵州省关于推进文化创意和设计服务与相关产业融合发展的实施意见	支持打造动漫、影视、娱乐、电子出版物生产、转换、加工和投送平台。打造民族主题影视剧、民族主题游戏等创意产品
		2016	贵州省"十三五"战略性新兴产业发展规划	推动以文化创意、创新设计为核心的数字创意产业蓬勃发展
		2017	贵州省进一步扩大旅游文化体育健康养老教育培训等领域消费的实施方案	突出发展文化创意产业,积极发展视频、VR游戏、3D动漫、文化软件设计、数字出版、数字媒体等新型文化创意业态,打造多彩贵州民族特色文化强省
		2018	贵州省关于进一步扩大和升级信息消费的实施意见	丰富数字创意内容和服务。发挥贵州省特色自然资源、民族资源、红色文化资源等优势,丰富数字媒体、数字出版、3D动漫、虚拟现实游戏和视频等数字内容供给

(一)发展目标

作为中部地区数字创意产业重要发源地,湖南省不断完善数字创意服务体系,提出打造全国数字创意产业中心的战略。作为中部地区经济总量最大、发展最快的地区,湖北省提出到2020年,显著提高文化创意和设计服务总量占文化产业的比重,打造中部地区文化创意和设计服务与产业融合发展高地。

河南省紧抓大数据先发机遇,提出大力培育发展数字创意产业,力争"十三五"期间实现1000亿元的数字创意产业规模。江西省提出大力发展数字文化产业和文化创意产业。四省依托各自优势和特色,带动中部地区其他省市共同发展数字创意产业,加快中部地区崛起。

四川省以省会城市成都为突破点,提出到2020年,力争产业跨界融合转型提升走在中西部地区前列,初步建成西部创意设计中心;重庆市提出到2020年,文化创意和设计服务产业年产值突破1000亿元,争取进入联合国"创意城市网络";陕西省提出到2020年,达到超过4000亿元的包括数字创意产业在内的新一代信息技术产业产值;贵州省提出到2020年,力争实现359亿以上的数字创意产业总产值(见表8.9)。以四川省、重庆市为代表的西部地区越来越重视数字创意产业的发展,为西部地区产业转型升级和结构优化带来了新的机遇。

表8.9　中西部区域各省市数字创意产业发展目标

		政策文件	发 展 目 标
中部地区	湖南省	湖南省"十三五"战略性新兴产业发展规划	形成文化引领、内容丰富、技术先进的数字创意服务体系,打造国内领先、世界一流的全国数字创意产业中心
	湖北省	湖北省关于推进文化创意和设计服务与相关产业融合发展的实施意见	到2020年,显著提高文化创意和设计服务总量占文化产业的比重,培育50家产值上亿元的骨干企业,建立10个以文化创意和设计服务为先导的产业集群,打造中部地区文化创意和设计服务与产业融合发展高地
	河南省	河南省"十三五"战略性新兴产业发展规划	抢抓加速融合数字技术和文化创意、快速发展数字创意产业的机遇,大力培育发展数字创意产业,力争数字创意产业规模达到1000亿元
	江西省	江西省关于推进数字创意产业发展的建议	继续大力发展文化创意产业和数字文化产业,推进数字文化产业与消费品工业、先进制造业及信息业、旅游业、广告业、商贸流通业等现代服务业融合发展

续表

		政策文件	发 展 目 标
西部地区	四川省	四川省"十三五"战略性新兴产业发展规划	促进数字创意产业成为新的增长点
		成都市文化创意和设计服务与相关产业融合发展行动计划（2014—2020）	到2020年，基本形成创意设计产业化、集聚化、高端化的发展格局，力争产业的跨界融合转型提升走在中西部地区前列，初步建成发掘创新传播中心、西部文化贸易中心和西部创意设计中心
	重庆市	重庆市关于推进文化创意和设计服务与相关产业融合发展的实施意见	到2020年，力争将文化创意和设计服务产业培育成先导产业，实现超过1000亿元的文化创意和设计服务产业年产值，实现文化创意和设计服务产业对相关产业发展的贡献度达到30%以上。力争进入联合国教科文组织"创意城市网络"
	陕西省	陕西省"十三五"战略性新兴产业发展规划	创新发展基于大数据、云计算、虚拟现实等新技术的信息服务业，到2020年，包括数字创意产业在内的新一代信息技术产业产值超过4000亿元
	贵州省	贵州省"十三五"战略性新兴产业发展规划	推动以文化创意、创新设计为核心的数字创意产业蓬勃发展，到2020年，数字创意产业实现总产值350亿元以上

（二）重点行业

湖南省凭借其领先且成熟的影视产业优势，重点发展网络视听、数字出版、影视娱乐与动漫游戏等影视相关行业。湖北省多方位布局数字创意产业，着力发展报刊、出版发行、印刷复制、影视、广电、动漫、数字网络和设计服务等行业。河南省重点发展动漫游戏软件服务、工业设计服务、广告服务与建筑设计服务等创意设计行业；江西省充分利用其历史文化和地域文化资源，重点发展具有特定地域文化特色的动漫和游戏行业。

四川省重点发展数字游戏、数字动漫与数字文化等行业。重庆市重点发展电子图书、数字报刊、电子书包、网络视频、动漫游戏、应用软件、数据库出版物与手机出版物等行业。陕西省重点发展数字出版、数字视听、数字教育和动漫游戏与时尚消费设计等行业。贵州省大力发展动漫游戏、网络文学、演艺娱乐、广播影视与新闻出版等行业（见表8.10）。

表8.10　中西部区域各省市数字创意产业重点发展行业

		政策文件	重 点 行 业
中部地区	湖南省	湖南省关于推进服务业创新发展的意见	加快发展网络视听、数字出版、影视娱乐、动漫游戏等产业,打造富有创意、科技含量高、竞争力强的文化产业体系,使"文化湘军"的影响力进一步提升
	湖北省	湖北省服务业发展"十三五"规划	积极培育数字出版、数字影音、动漫游戏、数字传媒、数字学习等数字内容产业,着力发展报刊、出版发行、印刷复制、影视、广电、动漫、数字网络和设计服务等八大重点产业集群
	河南省	河南省文化创意和设计服务与相关产业融合发展规划(2015—2020)	重点发展动漫游戏软件服务、工业设计服务、广告服务、建筑设计服务等领域,重点推动文化创意和设计服务与制造、建筑、文化旅游和现代农业等领域跨界融合发展
	江西省	江西省关于推进数字创意产业发展的建议	重点推进动漫产业提质升级,游戏产业健康发展,发展以数字技术为手段、以声光电等媒介为表现形式的数字艺术展示产业
西部地区	四川省	四川省"十三五"战略性新兴产业发展规划	重点发展视频游戏、网络游戏、手机游戏等数字游戏产品,影视动画、网络动画、手机动画和漫画等数字动漫产品,音乐影视、出版与典藏、广告制作、创意设计、社交媒体等数字文化产品
	重庆市	重庆市关于推进文化创意和设计服务与相关产业融合发展的实施意见	努力培育工业设计、平面设计、珠宝设计、服装设计、舞美设计、工艺美术设计等专业设计服务,重点发展电子图书、数字报刊、电子书包、网络视频、动漫游戏、应用软件、数据库出版物、手机出版物等优势产业
西部地区	陕西省	陕西省"十三五"战略性新兴产业发展规划	重点发展数字出版、数字视听、数字教育和动漫游戏等数字产品,同时重点发展工业模型与模具设计、建筑设计、产品外形外观及包装设计、广告和平面设计,以及服装服饰、家居用品等时尚消费设计
	贵州省	贵州省"十三五"战略性新兴产业发展规划	重点推进创意技术装备、数字出版、数字教育、数字娱乐、创意设计等产业繁荣发展,大力发展动漫游戏、网络文学、演艺娱乐、广播影视、新闻出版等产业

三、　典型企业的跨界融合模式

中西部地区数字创意产业发展起步时间较晚,经济发展基础薄弱,起点较低。但中西部地区地域范围广、跨度大,仍然涌现出许多跨界融合的代表性企业,这些企业主要分布在河南省、湖北省、安徽省、湖南省和江西省五省,主要融合产业为影视、游戏和网络文学,主要融合方式是"跨门类主动融合",强劲增长的新兴产业为中西部的经济发展提供了巨大动力。中西部数字创意产业跨界融合的代表性企业主要有以下企业:

(一)中文传媒:跨门类融合+主动融合

1.中文传媒简介

中文传媒公司前身为江西鑫新实业股份有限公司,是一家员工逾万名的大型省属国有出版传媒集团。2010 年,公司完成出版业的全产业链整合,在上海证券交易所成功上市。2013 年和 2014 年公司开始实施传媒出版、文化科技、文化金融和文化地产等业务的协同发展,并于 2015 年取得营业收入139.21 亿元、净利润 12.48 亿元、总资产达到 223.88 亿元的好成绩。2016年,入选国家级和全国性主题出版等出版物达 80 多种,同比增长 47.2%,获得省部级图书奖项有 91 种之多;2017 年公司实现营业收入 133.06 亿元,同比增长 4.15%。

2.中文传媒的跨门类主动融合过程

公司的经营范围不仅包含出版发行等传统业务,还涉及网络游戏、在线教育、影视剧生产、艺术品经营和文化综合体等业务,是一家具有多介质、平台化与全产业链特征的大型出版传媒公司,也是数字创意产业跨门类融合的典型代表企业之一。公司所处的出版传媒行业总体上属于传统行业,政府相关政策以及市场价格的不稳定对其经营产生了一定程度的影响。在互联网快速发展的时代,随着国家文化体制改革的深入推进和市场需求空间的不断扩展,中文传媒也积极提升多元化开拓能力,力图在接受市场挑战的同时,也抓住新一轮发展机遇。首先不断强化"Super IP"思维,着力打通与影视、动漫、娱乐、微电影与网络游戏等业态的通道,构建文化创意生态链。公司于 2012 年借助《海昏侯》《瓷上世界》《大中华寻宝记》等优秀作品加快在影视动漫、游戏与文创等领域的建设和经营①；其次进军游戏行业，2017年，随着智明星通"大IP"战略有序推进，《列王的纷争》为其典型代表，腾讯根据其改编开发的游戏《乱世王者》在市场广受好评，同时成功将改编权授予海外游戏厂商，计划用3年时间，出版8种英文版图书及相关游戏产品，逐步打入国际市场；最后是推动畅销书IP向影视动漫等产业转化。根据《千古悲摧帝王侯——海昏侯刘贺的前世今生》改编的网络大电影《海昏侯传奇之猎天》已于2017年在爱奇艺视频播出，点击量突破千万。同时，院线大电影《海昏侯密码》已完成剧本创作，同名电视剧亦在筹划中。这一系列的成果反映了传统出版业与游戏行业、影视业的融合能丰富企业的多元化经营，实现传统产业与数字创意产业的跨界融合并增加企业价值。

3. 中文传媒的跨门类主动融合模式

中文传媒公司通过优化重组自身的部门结构进行跨门类主动融合，实现新媒体新业态发展和新业务的拓展，围绕产品创新、游戏自研、游戏发行、孵化和并购新媒体相关团队四大方向加大研发及推广力度，增强了公司新媒体板块竞争力。如今，公司旗下已拥有9家出版社以及25种报刊，优质IP资源丰富，同时21世纪出版社集团通过市场化的经营形式，形成了较高的核心竞争力，在青少年文学、少儿科普动漫出版等产业优势明显②；其他出版社在主题出版、生态文明建设、影视文学、制瓷工艺与文化、书法篆刻等出版领域均有优势产品线和品牌。

（二）天舟文化：跨门类融合+主动融合

1. 天舟文化简介

天舟文化股份有限公司2003年创立于湖南长沙，天舟文化最初从事传统

---

① 左志红：《中文传媒：为转型升级赋予新动能》，中国新闻出版广电报网，2019年4月17日，见 https://www.chinaxwcb.com/info/551955。

② 陈美华：《全媒体视域下的区域出版产业竞争力评价与提升研究》，博士学位论文，南昌大学，2018年。

图书发行业,前身可追溯至 20 世纪 80 年代位于长沙的黄泥街书市所经营的图书业务。天舟文化从 2003 年到 2010 年扎根于传统的教育出版与大众出版,于 2010 年在深交所创业板上市,成为中国出版传媒行业首家上市的民营企业。公司 2010—2015 年主要从事互联网业务以及发行出版业务,公司在 2016—2018 年进行跨界经营。天舟文化公司在从事出版发行业务的基础之上,向着优质文化传播、互联网娱乐与教育服务等行业不断进军,通过跨界经营使得业务多元化,在国内文化领域具有较强的竞争力和影响力。

2. 天舟文化的跨门类主动融合过程

天舟公司是数字创意产业跨门类融合的典型代表企业,旗下数字创意产业包括游戏、在线教育等。在游戏行业,天舟文化围绕"多样化、精品化、全球化与大 IP"的发展战略,以游戏研发与运营、IP 打造及储备为发展重点,实现了游戏业务持续稳定的增长。公司自主研发和运营的多款精品游戏,获得了不少的消费者的青睐,为企业带来了可观的收入。天舟文化于 2014 年收购了游戏公司神奇时代 100%股权,在 2016 年收购游爱网络 100%,并通过所收购的游戏企业带来业绩大幅增长。2018 年,天舟文化以 3.75 亿元收购广州四九游公司 25%股权,而旗下全资子公司广州游爱网络则拟以 2.16 亿元收购海南奇遇(奇遇天下)72%股权。公司通过收购游戏公司,大力加强游戏的研发创新和拓展发行渠道,现已基本构建了集游戏研发、发行与运营为一体的完整产业链。在教育行业,天舟文化也取得了不错的成果。2015 年,天舟文化投资了决胜网,决胜网作为优秀的教育类产品门户,在国内拥有大量的用户基础,业务包含了早期教育、K12 教育以及职业教育等。2017 年,天舟文化成功入选"中国创业板上市公司价值五十强"名单,并且蝉联"世界媒体 500 强"。其分公司游爱网络被评为"2017 年中国互联网百强企业"①,"人民天舟"作为中国文化输出的典型代表,受到了央视、新华社等主流媒体的推介报道。天舟

---

① 徐思盈:《长沙文化产业发展现状与问题研究》,《西部论丛》2017 年第 11 期。

文化在游戏和在线教育两个子产业方面大力投资发展所取得的成果也推动了天舟文化公司的进一步跨界融合发展,形成良性循环。

3. 天舟文化的跨门类主动融合模式

天舟文化公司实施主动跨门类融合战略,抓住了国家大力推进文化产业大发展、大繁荣的良好机遇,积极布局泛娱乐、教育与文化三大板块,促进了公司进一步的快速发展,并按照经营多元、业态多元与投资多元的发展思路,整合教育与服务、移动互联网游戏与优质文化领域的资源,发展成为经济实力雄厚、产业特色鲜明、文化积淀深厚、国内一流且在国际上具有一定知名度的文化产业集团。

(三)长城动漫:跨门类融合+主动融合

1. 长城动漫的简介

长城动漫前身为四川圣达实业股份有限公司,公司于 2014 年通过并购重组,从主营生产销售焦炭业务的传统行业逐步转型成为涵盖动漫设计创作、游戏制作以及创意旅游等业务的大型文化创意类企业,并不断进军动漫原创及其衍生品领域。从企业发展的历程来看,长城动漫在发展到一定规模后,选择在产业链上下游进行多元化,这样的逻辑并不难理解,因为通过跨门类融合整合优势资源不仅可以减少交易成本,还可以对产品质量有所控制。公司致力于打造动漫游戏泛娱乐产业链,主要布局了动漫游戏原创内容的研发、IP 版权授予、相关衍生产品开发以及线上线下的 VR 体验等业务,实现了自身的多元化经营和更好的发展。

2. 长城动漫的跨门类主动融合过程

通过多元化、多渠道的经营和发展,公司实现了以 IP 为导向的动漫创作和游戏作品开发的收益最大化。在游戏行业,2015 年公司抓住互联网和数字技术快速发展的机遇,推出了自主研发的两款网页游戏产品在全球成功发行,同时,公司其他网页游戏产品的运营情况保持稳定上升。2016 年公司进军手游领域,发行了多款精品手游,并在之后一直保持行业领先的地位。在动漫行业,公司以原创和动漫精品节目制作为先导,系列作品涵盖了科幻、传统与古典等多种题材。2016年公司创作的6部动画片,实现了在各大卫视的多轮重播。2017年4月,公司通过收购浙江新长城动漫有限公司,进一步拓展了电影、电视剧以及新媒体等创意领域,使自身的影视制作、动漫衍生品开发和跨界合作等链节式产业结构不断地优化升级。2017年公司凭借多部优秀动画影视作品被认定为"高新技术企业",其动画播放数据在各大平台也有很大提升,拥有大量的观众和良好的口碑。此外,公司还致力于打造动漫旅游创意园,不断创新动漫体验和动漫游乐业务,通过将虚拟的动漫形象和人物实体化,并且借助虚拟现实技术,完善了线上娱乐与线下体验相结合的产业链条。

3.长城动漫的跨门类主动融合模式

长城动漫在跨门类主动融合基础上,以IP战略为核心打造泛娱乐战略体系,深度挖掘IP在影视、游戏、动漫和VR等领域的价值延伸空间,满足了用户的多元化需求。数字创意产业各子产业的内部融合,为长城动漫的发展带来了新的动力,多元化的经营丰富了长城动漫在泛娱乐产业方面的布局与发展,提升了公司的竞争力。

(四)中南传媒:跨门类融合+主动融合

1.中南传媒简介

中南传媒成立时间是2008年12月25日,是经过湖南出版投资控股集团有限公司的改制发展而来。2010年10月28日,中南传媒在上海证券交易所挂牌上市。2015年中南传媒首次跻身全球出版企业前十,位居第七;2016年公司全球出版企业排名上升至第六位,是亚洲排名最前的企业。中南传媒的多元化发展,源自社会的改革创新,其发展轨迹是"改革创新、融合发展"的鲜活案例。

2. 中南传媒的跨门类主动融合过程

中南传媒主要从事出版发行、影视动漫以及各类数字媒体等业务,在国内传媒行业享有盛誉。对于影视行业,公司主要集中力量在 IP 运营方面,中南传媒持续建设中南 E 库、中南有声书内容集成与传播平台,在语音出版、影视剧业务上实现规模效益。公司旗下拥有丰富的电视频道,比如湖南卫视、湖南经视、娱乐频道、都市频道、潇湘电影频道与金鹰纪实频道等,同时也拥有大量受观众喜爱的电视节目。其与北京博集天卷图书发行有限公司共同组建的合资企业——中南博集以新媒体公司和影业公司为平台加速推进 IP 运营,开拍网剧与电视剧。对于在线教育领域,公司的业务主要通过创新优质的数字内容,软件与硬件相互配合,将大数据作为核心技术,提供以智慧教育云、智慧校园、智慧课堂互联互通为基础的新型教育信息化方案,构建智慧教育生态系统。其中,天闻数媒主要打造包括"平台+内容+服务+运营",完整覆盖中小学课前、课中、课后和课外教学全流程的数字教育解决方案。历经多年探索发展,中南传媒在教育领域进行创新,通过媒介融合的方式,整合全领域的教育资源,各项业务互通配合,其出版业取得了成功的转型升级,在教育领域具备明显的竞争优势;此外,公司旗下贝壳网注册用户突破 160 万,并推出"优课大师"和家校共育网;中南迅智在全省建成 A 佳教育评测中心 94 家,服务学校 1700 所、学生 340 万人次,APP 注册用户突破 100 万。

3. 中南传媒的跨门类主动融合模式

中南传媒在教育行业和影视行业不断深化改革、开拓创新,通过跨门类主动融合,不仅维持了出版主业的稳定发展,也在在线教育、传播矩阵建设与内容创作等众多领域获得了较大成功。① 中南传媒既实现了数字创意产业与传统出版业的跨界融合,又实现了数字创意产业子产业(包括在线教育与影视业)的跨界融合。公司不断推动传统产业升级、拓展新的主营业务,实现了业

---

① 蔡娟、徐海瑞、张必闻:《中南传媒连续 11 年进入"全国文化企业三十强",揭秘背后的战略密码》,红网,2019 年 5 月 18 日,见 https://hn.redne t.cn/content/2019/05/18/5522199.html。

务整合和并购重组,提升了管理效率和执行能力。

第五节　主要启示

在数字经济时代,数字创意产业成为创新驱动发展、培育社会新供给与促进新消费的重要力量,其与相关产业的跨界融合成为推动产业转型升级、激发变革的全新引擎。在数字创意产业跨界融合发展方面,以京津冀、长三角、珠三角与中西部为代表的四大区域数字创意产业跨界融合已经取得了一些好的做法和经验。特别是由于在产业发展的过程中产业结构不断由简单化向复杂化演进,涉及产业跨门类的融合发展方面的经验尤其值得参考和借鉴。同时,各区域的发展环境、经济基础及创新优势等条件也是数字创意企业投入产业跨界融合这场革命的基石。

一个产业的跨界融合,首先,要打破产业内部各门类间界限,通过优化重组形成完整的产业链条,再不断向产业外部延伸渗透,推动产业结构向合理化发展;其次,受政府政策带动、市场需求拉动、企业资本驱动和科学技术推动的影响,主动融合成为各数字创意企业积极采取的跨界融合模式;最后,受产业发展支撑条件差异的影响,数字创意产业在跨界融合模式上呈现出鲜明的区域特色,发展侧重点和定位各不相同。因此,各区域既要顺应发展潮流,积极主动紧抓数字创意产业跨界融合发展,也要根据自身发展条件等区域差异采取各具特色的数字创意产业跨界融合发展模式,发挥因地制宜的乘数效应。

一、 京津冀:继续发挥跨要素融合发展优势

京津冀区域位于中国环渤海心脏地带,该区域是全国的政治中心、文化中心及科技创新中心,科技与文化等创新资源富集,高等院校和科研院所密集,在资源配置和创新实力等方面均处于全国领先水平,高新技术产业园区集聚,数字创意产业发展水平较高,数字创意企业的跨界模式以跨要素为主、跨门类

为辅;融合模式以主动融合模式为主;而跨界融合模式以跨要素主动融合为主(如新东方、中文在线等公司),也有跨门类主动融合模式(如光线传媒等公司)。中关村海淀科技园作为创新源头,是中国第一个国家级高新技术产业开发区,也是我国科教智力和人才资源最为密集的区域,拥有中国科学院、中国工程院等院所共计206家;天津滨海新区也逐渐发展成为科技研发转化的重要支撑,基本形成了连接"海淀—昌平—通州—大兴—廊坊—武清—滨海新区"的京津高科技发展主轴,这为京津冀区域的资源整合提供了优越的条件。在数字创意产业跨界融合发展战略中,京津冀区域应侧重于科技文化等要素带来的产业价值提升,继续发挥数字创意产业的跨要素融合发展优势。

二、 长三角:不断加大跨行业融合发展力度

长三角区域是"一带一路"与长江经济带的重要交汇点,作为国内产业发展高地,该区域工业基础雄厚,产业门类齐全,具备突出的集群优势,发展较为稳定,数字创意产业发展居于全国前列。第二产业更是长三角区域的传统优势,南京是老牌工业基地,合肥以工业立世,长三角地区聚集了100多个年工业产值超过100亿元的产业园区及数千家大型企业。为进一步加快其产业一体化发展,打造世界级产业集群,在数字创意产业跨界融合发展战略中,长三角数字创意企业的跨界模式以跨行业为主、跨门类为辅;融合模式则出现了主动融合为主、互动融合与被动融合模式也同时开花的局面;因此其跨界融合模式的多样性特点明显,出现了跨行业主动融合模式(如风语筑等公司)、跨行业被动融合模式(如鹿港文化等公司)以及跨门类主动融合模式(如慈文传媒等公司)等有代表性的跨界融合模式。未来长三角区域数字创意产业跨界融合发展战略中,应继续侧重于产业结构优化升级,不断加大数字创意产业跨行业融合发展的力度。

三、 珠三角：更加重视跨地域和跨文化的融合发展

珠三角区域是我国最先开放的地区,作为"中国的南大门",该区域地理位置优越,具有对外经济贸易和文化交流合作的良好区位条件,思想意识超前,发展动力强劲。外向型经济总体水平较高,外资吸引能力强,汇聚了全球创新资源,数字创意产业跨地域和跨文化发展较为显著,数字创意企业的跨界模式具有多样性,以跨地域模式为主,也有跨文化与跨门类模式等;融合模式则以主动融合模式为主,以互动融合模式为辅;因此,其跨界融合模式以跨地域主动融合模式(如腾讯、网易等公司)为主,也有跨文化主动融合模式(如华强方特等公司)以及跨门类互动融合模式(如欢聚时代等公司)等跨界融合模式。为能够充分利用开放的市场经济环境对接国际及港澳地区的创意产业,形成良好的互动关系,在数字创意产业跨界融合发展战略中,珠三角区域应坚持侧重于产业发展格局的扩大,更加重视数字创意产业的跨地域和跨文化融合发展。

四、 中西部：坚持走跨门类融合发展之路

中西部区域地域辽阔,作为国家经济发展战略的重点规划区,该地区经济基础薄弱,产业集约化程度较低,数字创意产业的发展主要依托地区枢纽位置和独特的民族文化资源,以产业内部的跨门类融合为主。中部地区经济水平一直处于我国第二梯队,西部地区地域广袤,民间文艺风情浓郁,科技文化却相对落后,产业链条相对不够健全。在数字创意产业跨界融合发展战略中,中西部地区数字创意企业的跨界模式特别钟情于跨门类融合模式,融合模式以主动融合模式为主,因此其跨界融合的模式以跨门类主动融合模式(如中文传媒、天舟文化、长城动漫与中南传媒等公司)为主;相比较其他发达地区而言,在数字创意产业跨界融合发展战略中,中西部区域应更加侧重于构建产业内部完整的产业链条,坚持走数字创意产业的跨门类主动融合发展之路。

第九章　数字创意产业跨界融合的
国际比较

自 21 世纪以来,新型产业在世界各地开始萌生并兴起,逐渐取代了传统产业的优势地位,并推动了世界各国经济的高速发展与快速增长。数字创意产业是新型产业的典型代表之一,相对其他新型产业而言,虽然其概念的界定与提出相对较晚,但其对经济发展的贡献却相对较大,因而世界各国对其发展十分重视,并力图通过许多努力来有效提高该产业的发展水平。为解决"如何做到既合理借鉴国外经验,更立足中国实情,进行消化吸收再创新与超越,推进我国数字创意产业高速成长与产业结构优化升级"问题,本章从英国、美国、日本、韩国和芬兰的代表性数字创意产业跨界融合发展情况出发,在分析其他国家数字创意产业跨界融合特点及做法的基础上,通过对比研究,得出对我国数字创意产业的跨界融合发展的重要启示。

第一节　国外数字创意产业跨界融合
发展的特点及做法

数字创意产业的蓬勃发展,推动了各国区域经济的快速增长,并为其整体经济发展做出了巨大贡献,各国从中获益匪浅。我国数字创意产业起步较晚,发展时间相对较短,虽也取得了一定的成就,例如,我国网络文学已经得到了长足发展,并走出国门获得追捧等,但与其他数字创意产业发达国家相比较而言,仍存在许多进步的空间。相对来说,英国的创意设计业、美国的电影业、日本的动画业、韩国的电子游戏业以及芬兰的在线教育业等数字创意产业发展领先,在全球十分具有代表性,在跨界融合发展方面的独到经验值得我国学习和借鉴。因此,本书拟选取上述国家的代表性数字创意产业的跨界融合进行国际经验的总结与比较分析。

一、　英国创意设计业

(一)产业概况

英国是最早提出"创意产业"这个概念的国度,作为世界工业设计的起源地,英国在创意产业发展上的经验具有很强的借鉴意义。创意产业为英国的就业做出了巨大贡献,同时也促进了英国国民经济的发展。自英国创意产业特别工作小组成立后,1997 年英国创意产业总产值约为 315 亿英镑,占英国 GDP 的 5.4%,1997—2000 年,英国整体经济增长了 2.8%,其中创意产业增长了 9.0%,发展速度远高于整个经济增幅。从 2001 年开始,英国创意产业对 GDP 的贡献值已经超过了任何一个传统制造业。截至 2016 年底,英国创意产业总增加值为 918 亿英镑,2010—2016 年,创意产业增长率约是经济平均增速的 2 倍。与此同时,全球对英国创意商品和服务的需求持续增长。英国数字、文化、媒体和体育部(Department for Digital Culture Media and Sport ,DCMS)发布的数据显示:2015 年英国 DCMS 部门为世界各地提供的服务出口价值高达 382 亿英镑,占 2015 年全年英国服务出口总额的 16.9%,较上年增长了 1.4%;同年,英国 DCMS 部门向世界各地提供的货物出口价值为 273 亿英镑,占英国商品出口总额的 9.6%,较上年相比提高了 9%。

历史悠久、发展基础雄厚的创意设计业是英国创意产业的重要组成部分,其拥有全面的发展门类,如产品及工业设计、室内与展览设计、数字与多媒体设计以及通信设计等,这些门类以其所拥有的经济价值与品牌价值而享誉世界。其中,数字与多媒体设计的企业增长和需求增长最高,英国设计业的重心正在转移到数字创意方面,并已经有所成效。伦敦已经成为全球的创意中心,有着世界一流水平的教育和设计机构,其中,有四分之三的设计机构都设有全球分部,是当之无愧的全球设计之都。就目前而言,创意产业是英国的第二大产业,仅次于金融服务业,而创意设计业是推动创意产业发展的重要动力,推动着英国经济从制造型向创意服务型、设计产业型发展。2015 年《英国设计经济报告》发布的数据显示,设计业为经济带来了 717 亿英镑的总产值,占总体经济总值的 7.2%。与设计相关的从业人员人均每年产出的经济值高达 4.74 万英镑,相较于其他经济行业的人均产值而言,高出了 41%。英国创意设计业的发展成果在全球引起了广泛关注,本书认为政府所推行的正确的产业政策为英国设计业提供了坚实的发展基础,再加上创意设计产业链的拓展创新以及英国国内文化消费环境的改变、产权保护政策和人才培养措施的实行等因素共同推动了该产业的蓬勃发展。

（二）主要特点

1. 政府在管理、政策与资金方面积极主导设计业发展

英国设计业的发展在很大程度上得益于政府的主导工作,在不同的阶段,英国政府分别采取了与产业发展相对应的政策手段,从而推动了设计业的发展,包括组织管理、政策指导和资金支持。

其一,在组织管理方面,中央政府与地方政府双管齐下,积极推动了与设计业相关的系统组织的建立和完善。英国政府通过数字文化传媒体育部和贸易工业部负责设计产业的基础研究,并在对市场进行充分研究的基础上,实施推动设计行业发展的政策。通过外交部在全世界范围内推广英国设计,让更多的人了解英国设计,并通过举行国家间设计交流的方式,将英国设计推向全世界。完善的组织结构,让英国创意设计业的发展得到了一条龙的服务,推动了英国设计在产品生产、营销等领域的发展应用,让英国创意设计业处在一个健康有序的组织框架中。

其二,在创意产业的政府政策架构方面,英国政府出台了目前全球最完整的政策架构。1998年出台的《创意产业路径文件》——英国关于创意产业的第一部政策性文件,其中明确给出了创意产业的概念和门类,提出了对创意产业的支持。英国创意产业的政策支持体系十分稳定与完善,产业的推进与发展离不开政策的制定,这些政策不仅为创意产业提供了长远的发展战略,规划和布局了创意产业的未来发展之路,也从实践的角度为创意产业的发展提供了具体行动的政策措施。英国近30年来(1988—2018年)支持创意产业发展的主要政策文件如表9.1所示。

其三,在资金支持方面,英国政府提供了融资支持、财税支持以及公共基金,鼓励企业、组织和个人在设计领域的创新发展。在融资方面,英国首都伦敦市政府颁布了《创意产业融资地图》《融资一点通》等一系列政策,对伦敦市创意产业直接进行融资支持。在税收方面,伦敦市对图书、期刊与报纸等不征收增值税,同时,制作成本低于2000万英镑的电影可获得成本20%的税收优惠,制作成本高于2000万英镑的电影可获得成本16%的税收优惠。公共基金一大部分源自国家科学与艺术基金会、艺术协会等的孵化基金和贸易工业部下设的一些基金机构,如西北地区发展基金、早期成长风险基金等。此外,英国政府为了解决企业创业初期融资难的难题,推出相关的投资援助服务,并出版"Banking on a bit"手册,引导企业或个人获得相关的援助,给予贷款的企业一定的优惠措施,为设计产业的发展筹备资金。

表 9.1　英国关于数字创意产业的主要政策文件（1988—2018 年）

时间	文件名称	主　要　内　容
1988	版权、外观设计和专利法	保护创意产业的版权,为创意产业更好发展提供保障
	英国创意产业路径文件	在人才培养、组织管理与资金支持等方面逐步推进机制建设,提供设计业的发展参考
2008	超越创意产业:英国创意经济发展报告	重视创意产业对英国整体经济的推动作用,鼓励超越创意产业,创新发展创意经济
2009	数字英国	将英国打造成为全世界数字时代的创意产业中心,通过公平清晰的法律来维护创意产业的发展,拓宽数字内容的传播广度,包括公共服务在内的内容的推广
2010	2010 数字经济法	将英国通信管制机构的管制范围由传统媒体扩大到互联网等新媒体,并对在线版权侵权、与互联网域名注册相关的权利等作了规定
2015	数字经济战略（2015—2018）	倡导通过数字化创新来驱动经济社会发展,为把英国建设成为未来的数字化强国部署战略方向
2017	数字化战略	设定了明确途径以帮助英国在启动并推进数字化业务、试用新型技术或者实施先进技术研究方面占据优势地位,将英国建设为一个现代化、具备动态的全球性贸易大国
	2017 数字经济法	建立更好的数字化基础设施并为使用数字化服务的公民提供保护,涵盖数字经济的各个方面,包括通信服务、移动电话合同、电子书借阅和抵制网络色情的保护措施
	数字技能合作伙伴	建立一个新的数字技能合作伙伴关系,填补公众的数字技能差距,帮助人们在地方一级获得以数字为重点的工作机会
2018	数字宪章	互联网应免费、开放和可用,线上人群应了解适用规则,尊重并妥善使用个人数据,采取措施保护人们尤其是儿童的线上安全,线下权利在线上应受到同等保护,新技术带来的社会和经济效益公平共享

2.设计业带动相关产业链的拓展延伸

设计业的发展需要与其他相关产业开展协作,同时满足其他相关产业的新需求。英国国内的制造业、商业服务业、批发零售业、医疗和教育业、金融业、公共管理以及建筑设施等产业,是设计业主要服务的产业部门,这些产业都是英国政府政策大力支持并处于发展繁荣期的产业。得益于这些优势产业,设计业的发展也与之相得益彰,产业链不断拓展延伸。例如,在高端制造业方面,英国将重心由单纯生产、制造产品本身,转移到基于服务的制造上面。在产品的价值链形成中,最重要的一个环节就是设计,目前英国的设计业部门服务于制造业的比重占整个设计业的 20% 以上,充分拉动了英国的高端制造业往产业价值链高端进一步拓展延伸。金融与商业服务业方面,英国作为世界现代金融体制的起源地,欧洲最大的金融中心,目前设计业部门服务于金融、商业服务业的比重在 40% 以上,使得金融业的品牌和营销取得进一步推广与发展。

3. 设计文化逐渐走进日常生活

自 20 世纪 80 年代以来,随着英国经济的快速发展,家庭的可支配收入日渐增多,在满足了基础生活条件以外,人们开始追求更高层次的生活品位,因此对创意设计业提出了更高的要求,正是这一文化和消费环境的转变,使得创意设计业不断发展与完善。人们对设计的认知不断深化加强,由传统设计拓展到日常设计体验。比如英国的婚纱设计行业,在以往只关心实用价值的基础上,开始注重消费者的参与,通过邀请民众参与婚纱设计,来创造出更符合大众品位的设计,这不仅仅提高了设计的水平,同时也加深了公众对于设计的理解和热情。文化的繁荣推动了世界各地文化盛典的举办,同时文化盛典的举办也进一步推广繁荣了文化的传播与发展。伦敦作为消费文化的典型代表之一,每年都会举办与创意设计业相关的文化庆典、旅游以及体育赛事等活动,其中伦敦设计节依靠其独特的文化魅力,吸引着世界各国的设计师以及生产厂商来到英国,参与到这一节日中。自 2003 年第一届伦敦设计节创办以来,就从未间断,每年都会在伦敦盛大举行,不仅为世界各地的设计师提供了一个互相交流的平台,也吸引了当地民众的广泛参与,市民可以通过参观、实地探索、互动与创造体验等形式充分了解创意设计行业的魅力。

4. 产权保护与人才培养得到足够的重视

设计是人的智慧产出,与知识产权息息相关,设计产业的发展离不开知识产权的保护。英国政府始终十分关注知识产权保护问题,早在 1814 年就颁布了《版权法》，之后陆续出台了三部更新的《版权法》，1949 年补充颁布了《注册外观设计法》，并在 1968 年和 1988 年分别颁布了《外观设计版权法》《版权、外观设计、专利法》来保护外观设计的知识产权。经过 200 多年的法律建设与完善，英国目前已形成了一整套以《版权法》作为核心的知识产权法律保护体系，关于设计方面的法律制定、执行以及处罚都十分健全完善，有力保障了创意产业所有者的知识产权。除了采用法律手段来保护知识产权以外，英国还通过创意产业知识产权保护机构来组建相关论坛，例如 2004 年，主管创意产业的 DCMS 部门的专利办公室和贸易产业部联合创建了关于创意产业知识产权保护的论坛，主要负责知识产权的交流与教育、创意产业的商业模式创新等。英国知识产权的保护方案，提供了一个公正的设计业平台，让企业间的竞争越发公平，极大地促进了设计业的发展。

人才的设计能力和创新能力是设计产业发展的内在动力，高素质人才是设计产业繁荣发展的保证。英国政府在创意人才的供给方面下足了功夫。其一，关注对设计人才的培养。英国的设计院校普遍能获得较多的资金投入，用于对学生进行系统性的设计知识培训，从而开发储备更多的高素质设计人才。英国大学不仅仅注重设计知识的培训，同时也将其他知识技能课程例如企业经营管理融入贯通到设计专业课程中，让设计人才既有高水平的设计技能，又有企业营业管理知识，为其以后在工作中的实践提供基础。其二，实施人才再造工程。通过创办新的创意产业课程来与业界的新需求进行对接，来提高人才的创新潜能，进而提高对接行业的创新力水平。例如，英国的产业技能委员会曾经与高校合作，利用高校提供的上百种特定课程，来进行为期三年的人才再造工程，为影视业、多媒体行业的发展提供创新源泉，通过这一工程，66%的影视业员工和 24%的多媒体业员工已提升至研究生水平，有效提升了这些行业的创新力。其三，资金支持专业机构与协会来促进设计发展。英国的一些专业机构或者协会，会得到英国政府的资金支持，投入到设计业的发展中。如艺术委员会，会将政府的出资用于大众的艺术教育中，在其资助的机构中，大约有 33 万青年被纳入创意合作伙伴计划。除此之外,英国还通过大量吸引国际资本投资,使更多的创意人才汇聚于英国伦敦。

（三）典型案例

1. Kantar 信息之美大赛——创意设计的技术融合

英国成熟的设计文化环境使其拥有众多创意设计交流平台,其中,Kantar信息之美大赛是全球创意设计可视化方面的高端赛事之一。自 2012 年起,每年面向全球征集作品。该大赛的设立以数字创意为核心,嘉奖了信息与数据可视化的优秀作品,也鼓励了将复杂信息简单化的操作方法,是此领域最知名的奖项之一,在推动创意设计业技术融合发展上具有显著影响。

该大赛主要有三个着重点。第一,看重作品呈现的创意设计。获得金奖的作品在可视化技术的实现难度上未必比其他作品更复杂,但在创意上却匠心独运,给人带来惊喜。如艺术、娱乐和文化类的金奖作品对采用类似毕加索绘画风格的方式展现毕加索的作品,堪称"神"还原。获得地图、地点和空间类别金奖的作品将美国地图做背景,用结合地图背景的树图来展现美国人如何使用土地这一宏大主题,直观而令人印象深刻。第二,着重信息服务的生活化。可视化的应用场景越来越广阔,如休闲、游戏和运动类别的金奖作品将足球场的观众声浪作可视化来和赛场赛况结合分析,在技术应用上颇具新意,且提供了"听"比赛的独特视角。第三,强调技术服务的信息表达。技术永远服务于信息表达的效率,在获奖作品中既有采用复杂新技术实现酷炫效果的,也有采用手绘漫画等传统制图手段所做的设计,无论技术如何操作,根本目的是为了使作品的信息更富表现力,更有利于作品与观者的交流。

2. 时尚先锋 Burberry 的价值生成——数字化与跨界之路

英国是时尚先锋的聚集地,有着一批优秀的全球时尚引领者,他们通过创新产品面料,开发新产品,满足市场消费者的新需求,将创意理念、潮流文化、高新科技与商业进行融合,不断促进社会与经济的协同发展。建立于 1856 年的 Burberry 品牌,是英国的一家本土服装品牌,由于其抓住了创意产业时代的机遇,将时尚设计业在数字化领域进行跨界融合,使得 Burberry 成为一个数字化、多元化的全球奢侈品牌,创造了一个有目共睹的 Burberry 神话。

Burberry 的成功得益于其创新的商业发展模式。在创意产业快速发展潮流中,互联网模糊化了实体店与线上商店的界限,Burberry 的首席创意总监敏锐地嗅到了发展的机遇,将企业品牌的定位设定为"时装业的数字化先锋"。自 2009 年开始,Burberry 的数字化发展脚步从未停歇,并带头走在数字化领域的前沿。首先,Burberry 开发了自身专属的数字平台,用于第一时间发布新产品信息,使消费者能够更全面地掌握企业产品动态。其次,通过举办数字化 T 台秀场,并将其同步到其他多媒体上进行实时播放等,来激发消费者对产品的好奇与购买欲望。最后,企业还开发了客户终端,并在实体店推广使用 iPad,便捷了消费者的购买与支付。Burberry 致力于利用高科技的数字化来为消费者创造更好的服务,从而提升企业的经营能力和品牌价值。

二、 美国电影业

(一)产业概况

美国电影因其全世界最大的内需市场、多元的移民文化、完整的现代化产业组织结构以及乐观主义精神,受到广泛欢迎。在经济层面上,美国电影的制作融合了全球资本的融合、增值与重组,加速了全球资本的流动。在政治层面上,美国电影通过影片展现其国家形象及美国精神。在文化层面上,美国电影通过银屏承接着世界多元文化的交流与对话。时至今日,美国电影创造出了诸多享誉全球的经典影片,推动了世界电影文化的发展。美国电影协会(Motion Picture Association of America, MPAA)公布的《电影市场报告》显示,北美的票房收入和观影人次一直处于较高水平。在 2018 年,北美地区总票房高达 119 亿美元,较上年增长 7% 左右;观影人次为 13 亿,较上年增长 4.8%。

其中,MPAA 成员电影制片厂出品电影数量为 107 部,而非 MPAA 成员电影制片厂出品的电影数量为 469 部,相比 2017 年增长 6%。由此可见,相较于已经形成固定商业模式的大制作电影来说,独立电影越来越受到美国电影市场的青睐。2009—2018 年北美电影票房、观影人次如图 9.1、图 9.2 所示。①

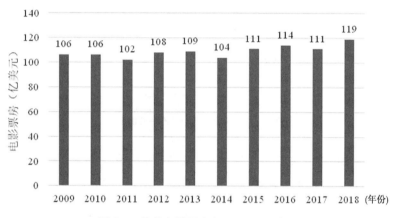

图 9.1　北美电影票房(2009—2018 年)

（二）主要特点

1. 电影业积极进行纵向整合与横向融合

首先,在纵向整合方面,北美电影业与制片、发行和放映正在不断进行纵向整合。随着哥伦比亚、迪士尼、20 世纪福克斯、华纳兄弟与环球等电影公司陆续被美国六大综合传媒巨头收购,并成为这些公司打造各自传媒帝国的核心板块,使得电影产业实力剧增。

其次,在横向融合方面,随着电影业与广播、电视、网络等的不断融合,电影价值链得到充分挖掘。关于电影产业价值链,美国好莱坞有一个"火车头理论",该理论认为,电影只是一个火车头,它起到的是拉动其他相关产业发展的作用,其本身可以不盈利。电影投资过程中,参与制造的各家公司与制片

---

① 资料来源于美国康姆斯科公司。

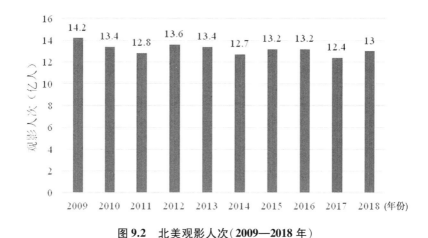

图9.2　北美观影人次（2009—2018 年）

人会一起探讨电影中元素的开发与设计,致力于将其中的某个元素打造成功并走红,通过该元素再创造后续产品的收益。因此,一部电影的票房收入一般只是整部电影全部收入的三分之一,剩下的三分之二主要来源于电影优秀元素在产业链上延伸出的其他收入,包括广告、玩具、游戏、主题公园与付费电视等。

2. 高技术融合是美国电影的突出优势

毫无疑问,科技是主导电影产业长期变革的最主要力量,在今后也将持续扮演重要角色。正是20世纪的科技创新,使电影和电视这样的媒介同其他过去的艺术形式全然不同。技术的进步对电影摄制的影响举足轻重,没有科技加持,类似《泰坦尼克号》与《黑客帝国》等电影根本不可能出现。以电影《阿凡达》为例,运用电脑的特效技术撑起了整个电影的构思和创作,而发行环节中 3D 和 IMAX 院线的引入也具有跨时代的意义。新科技能让发行商用早年难以想象的方式进行更为快速、复杂的营销活动。电视、有线电视、电脑以及其他更新的移动播放技术唾手可得,这些全新的平台对传统电影放映起到了代替和补充的效果,改变了电影制片商与发行商的经济力量,让更多的新企业能够加入到行业中来。

3.版权法律制度与开放竞争环境为电影业提供良好环境

首先,美国拥有完善的版权法来保护电影发展。美国依照法律及国际公约来解决电影发展过程中遇到的法律纠纷问题,通过金融法律以及完善的版权法来保障美国电影的稳定发展。同时,美国采取强硬的外交手段、经济制裁手段来推行其制定的国际条约,用以支撑美国电影走出国门,走向全球。美国已有多部与电影相关的法律,涉及面广,制度齐全,其中的版权法律历经了数次的修改,并成为目前对美国电影发展最有帮助的法律,这部法律参考借鉴了英国相关法律,秉承实用至上的原则,力图推动加快美国电影的发展。

其次,美国拥有公平的市场竞争环境来促进电影发展。美国是一个崇尚自由竞争的国家,在它的电影发展史中,体现除了浓厚的西方自由主义文化。虽然美国联邦政府十分关注电影的发展,但是却从来没有出台发布过任何促进电影发展的政府文件,也从来没有创设过专门管理电影发展的机构,给电影发展提供了一个充分自由的竞争市场。此外,美国电影制作过程中筹集的巨额资金从来不会直接从政府那里得到解决,基本都来自民间资本。联邦政府的这种秉持自由竞争,政府少干预的原则,让电影资金更依赖于民间资本及其他创新渠道,提升了电影发展过程中融资的灵活性。

(三)典型案例

1.好莱坞环球影城——影视与旅游的体验型融合

位于美国洛杉矶市区西北郊的好莱坞环球影城,是美国的影视中心,也是美国的文化中心之一。卡尔·莱默尔于 1912 年创建了好莱坞首家制品公司即环球影城的前身,并于 20 世纪 60 年代正式创立环球制片公司,将一些摄影棚改造成影视城,进行对外开放,以此吸引世界各地游客来参观游览。经过多年的发展,好莱坞环球影城已经发展成全球最大的以电影题材为核心的主题公园,公园里有许多实景演艺、舞台演艺等,娱乐设施带来了新颖刺激的游乐项目,使得众多游客汇聚于此,感受娱乐之都的文化魅力。好莱坞环球影城关于影视与旅游的体验型跨界融合主要体现为以下三个方面：

一是综合多元文化，丰富游览体验。好莱坞环球影城将不同的文化形式与种类进行融合，以不同于电影的其他表现形式如舞台、游戏、实景及动漫等来展示电影中的文化，这些表现形式中的文化基于影视大片，却又更胜于影视本身。多元化的文化融合，既满足了游客的多样化需求，又给游客带来了震撼的体验，冲击着游客的心灵。例如，在《木乃伊》电影火热上映之际，环球影城就在主题公园中通过游乐节目来展示古埃及文化，吸引了一批影迷和古埃及文化爱好者的前来。同时，影城也会展示一些当代的文化内容，比如像《大火灾》影片中拍摄的化学工厂火灾景象，会再现在相关演出中，又如《我爱露西》影片中的别墅，也在影城中进行相应展出。多元文化的交流与融合，使得好莱坞环球影城对游客的吸引力不断提升。

二是提升技术创新，创造多重互动体验。数字技术时代，技术条件成为满足互动体验的必要支持。好莱坞环球影城利用数字技术的提升，来淘汰一批旧节目，利用突破内容情节的技术，推出新节目。变形金刚 3D 虚拟过山车让游客在擎天柱和大黄蜂的助力下，展开搏斗并且最终取得胜利，效果震撼，仿佛身临其境。辛普森虚拟过山车基于经典动态电影，借着动画人物来展示电影特效，能呈现出失重、颠簸等真正过山车的感觉。哈利波特的魔法世界是集 360 度旋转的座椅、室内过山车与 4D 电影为一体的旅程，走进电影哈利波特的魔法学校，体验各种魔法药水、会动的可以说话的照片等。它们综合了新一代高清技术、信息科技以及数字技术，创造出多重互动体验，冲击着游客的感官，丰富了游客的体验。

三是加快品牌输出，拓展延伸产业链。环球影城的著名标志便是地球形状的 Universal 商标，通过将这一品牌作为输出核心，创新了经营管理模式，加快了服务与管理的输出。目前，Universal 标志已成为新加坡、日本等国家的地标性建筑，吸引了众多的游客前来参观。同时，通过推广影视明星的服装道具、其他代言产品以及卡通人物纪念品等，来输出品牌，满足消费者的需求，为影视城带来巨大的财富。环球影城通过优化整合资源，延长了旅游、交通与服务行业的产业链,包括广告、印刷、影视制作与网络传播等行业。同时,好莱坞街道周围建设的大小影院与高级购物商场也吸引了一大批的游客前来消费。通过品牌输出与产业链的延伸,环球影院不断扩张其经营规模,形成更大的消费一体化市场,实现了最大限度的资本增值。

好莱坞环球影城以现今的数字技术为突破口,将影视业与旅游、交通、服务等行业进行跨界融合,创造出了一个又一个精彩的好莱坞电影大片,并以影城中引人入胜的活动与节目来吸引更多的影迷,搭配建设周边的购物与娱乐场所,丰富消费者的消费需求,使得票房与艺术有机融合,是影视业与旅游、服务业跨界融合的成功范例之一。

2.影游互生和影游联动——影视与游戏的跨界共生

影视与游戏的跨界合作呈现出"影游互生"和"影游联动"两种主要方式。"影游互生"是将影视作品改编成游戏或游戏改编为电影,它是影视业与游戏产业之间进行资源整合、艺术再造的改编方式。"影游联动"则是更多地强调影视业与游戏产业之间的联动发展,合作同步,将电影和游戏两种娱乐形态整合进行跨界融合,是使 IP 整体价值放大的产品运营模式,关键词在"联",通过双方企业的宣传,粉丝的交互感染,从而产生"一加一大于二"的共振效果,实现强强联合的目的。

首先,影游互生。从 20 世纪 90 年代后期以来,美国通过游戏改编的电影层出不穷。从技术角度看,"影游互生"看似并不困难,直接将游戏的内容生搬硬造成电影内容即可,但是这种缺乏情节逻辑设计、不遵循故事叙述技巧的电影,只能称为游戏情节视频,一般最后都比较失败。同样,影视作品改编成游戏也并不是那么容易的事情,如果也只是换汤不换药的做法,直接将电影情节套入游戏中,那么也只能成为"烂游戏"。因此,"影游互生"如果只追逐其中的大 IP,生搬硬套"生"出的衍生品是无法成功的。现在的电影制作商以及游戏厂商已经认识到回归内容、回归用户才是"影游互生"的核心,游戏并不是叙述性的媒介,而影视也不是交流互动性的媒介,两者要互生就必须通过内容的生动、用户的满意来达成,从而推动影视与游戏的深层融合。

其次,影游联动。影响"影游联动"是否成功的要素包括 IP 的热度、影剧人气程度、游戏的品质、营销的环境以及周边联动的灵活性等。一部受欢迎的影片,其改编的游戏并不见得也一样受欢迎。例如,20 世纪 80 年代,环球影业制作并上映的知名科幻电影《E.T.》一时之间成为最火热、最吸金的电影,并拿下了当年的北美票房冠军。随后,雅达利公司便开始寻求与环球影业合作,推出了一款与电影《E.T.》同名的游戏,预期依靠电影《E.T.》的热度,来吸引一大波粉丝。然而最终结果却在意料之外,雅达利公司只注重 IP 的热度,却忽视了消费者真正在乎的内容和质量。《E.T.》游戏制作非常粗糙,造成了卡带库存的大量积压,最后导致雅达利公司背负巨额亏损,不得不破产清算,还引起了一连串的其他游戏公司相继关门。

美国影视业在"影游互生"和"影游联动"的尝试尽管不如预期,未能尽数大获成功,但是这些案例能够给影游共生实践提供丰富的经验教训,启示今后影视业在与游戏业的跨界融合发展更加明晰二者界限的内涵,回归内容核心,注重用户体验,进行产品运营模式的创新与合作。

三、 日本动画业

(一)产业概况

动漫产业是日本的核心产业,已经成为日本第三大产业。日本是全世界最大的动漫产品生产国和出口国,被誉为"动漫王国"。随着数字技术的日益广泛与深入,日本动画业成为动漫产业的主力军。根据日本动画协会发布的报告显示,2013 年起,日本动画业产值稳步上升,截止到 2017 年底,总产值达 21527 亿日元,首次突破 2 万亿日元大关。其中,占比最大的为海外市场、动画商品化销售及游戏市场,三者分别占比 24.30%、46.21% 与 12.48%,体现出日本动画业出口导向、衍生品开发和跨界融合的显著特征。2002—2017 年日本动画产业总产值如图 9.3 所示①。2015 年开始,日本动画产业海外市场急剧增长,至 2017 年,国内外市场的产值差距已缩小到 1700 亿日元以内,海外产值即将超过国内市场(见图 9.4)。这标志着日本动画已经正式走出国门,摸索出较为成熟的海外市场盈利模式。

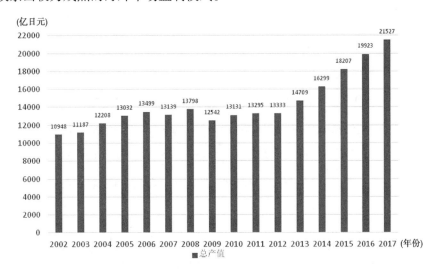

图 9.3　日本动画产业总产值(2002—2017 年)

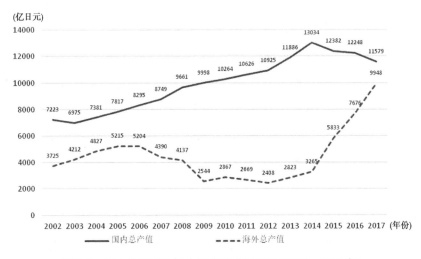

图 9.4　日本动画产业国内和海外市场对比(2002—2017 年)

---

①　资料来源:《アニメ産業レポート2018》,日本动画协会。

（二）主要特点

1. 政府在战略上高度支持产业发展与国际输出

1996 年, 日本将动漫产业确定为国家第二位的重要产业, 动画成为"无烟重工业"的重要支柱产业, 主推工业化大生产、动画产业链的构建等。具体从个人、项目与企业三个层面来创造战略实施的环境与条件: 从个人层面来说, 政府通过海外研修、国际交流、国内培养与举办世界 COSPLAY 大赛等举措, 积极为提高创作人员和制作人员的水平创造条件。在项目层面, 对动画电影制作进行资金支持, 只要能通过政府相关专业部门审查, 拍摄动画的部分经费就可以得到国家补偿, 刺激了动画出品的精品化。在企业层面, 通过政府直接拨款、设立产业基金、提供贷款与减免税收等政策为企业提供直接或间接的资金支持, 营造企业良好成长环境。

日本政府全方位推行"文化立国"战略。如《文化艺术振兴法》对动画产业的支持实现了立法保障;《内容产业促进法》规定了国家、地方公共组织以及内容作品制作者的责任和义务, 还明确了振兴内容产业所需要采取的必要政策措施, 并指出了各个相关行政机关必须互相密切配合。

在日本政府对动画产业发展支持的政策文件中, 相关内容规定阐述得非常详细清楚。比如对动画项目支持金的规定: 海外研究人员每天的补贴根据当地消费水平而有差异, 因此, 在文件中详细地列举了指定城市, 甲、乙、丙三类地区, 分别为 14 个城市、24 个国家或地区、48 个国家或地区和 10 个地区。各种情况在文件中都能找到对应的规定, 针对有歧义的字句, 政府还专门设立了窗口接受咨询。

此外, 日本政府积极推行动画外交, 通过向受援国无偿播放、外交礼品赠送、推出哆啦 A 梦"动画文化大使"等方式把动画产品作为文化大使向世界各地传播。从 1997 年开始, 日本政府每年都会举办"文化厅媒体艺术节", 表彰包括动画产品在内的优秀媒体艺术作品, 促进媒体艺术的发展。相关政府还成立了内容产业全球战略研究会,负责研究、审议内容产业中的国际化行动、政策,并拿出大量的预算资金用于各种动画产业发展项目的支持。

2.法律法规的健全与管理机构的设置是产权保护的前提

对于各种侵犯著作权、商标权、专利权行为和各种盗版行为,日本政府均予以严厉的打击,使得产业链条上的各个利益体都能得到充分保护,动画产业链的良性循环得以完善,极大地促进了产业的提升发展。

早在 1970 年,日本政府就颁布了《著作权法》,旨在确定关于表演、录制品、作品和广播作者的权利,随后又陆续出台了《知识产权基本法》等法规。2002 年,确定了"知识产权战略大纲",为实现"知识产权立国计划",明确了战略方向。

日本政府专门为动漫产业设置了相关机构。例如,动漫行业协会负责管理知识产权,充分发挥了桥梁作用:产学研合作,知识产权研发、管理、运用与保护平台,动漫产业知识产权的公共管理和服务的平台搭建,为企业在动漫产业链的各个阶段提供专业的运营管理和维权服务,保护了整体动漫产业链的知识产权。2002 年,作为后援的经济产业省自发组织了"日本动画制作者联盟",获得了法人资格,并正式改名为"日本动画协会",有 27 家公司加盟。"日本动画协会"从整体上更加有利于把握统计的信息,了解动画产业的概况。

3.跨界产品开发是产业融合的重要途径

日本动画聚集的高人气使衍生品具有市场保障,粉丝经济也使动画与其他行业的跨界融合成为重要突破口。

日本动画的衍生品是以动画形象作为商标,充分挖掘其人文价值和品牌价值。经过设计师精心的设计,制造出的一系列可供售卖的服务或产品,比如音像制品、电影、书籍小说、游戏、软件产品界面、玩具、动漫形象模型、服饰、食品与化妆品等。经典动画片蜡笔小新、奥特曼等品牌的玩具等带来了可观的经济效益。

在动画产业的跨界融合方面,手游动画不分家是最具特色的现象,逐渐出现的动画式手游或者手游衍生出来的动画产品,已经到达数千亿日元,并且还在持续猛增中。日本动画和游戏相互借助彼此的人气,相互改编,实现共赢。

此外,日本动漫旅游以其自身浓厚的个性色彩,也得到了各国市场的关注和消费者的追捧。特色主题公园、特色旅游景点和特色旅游节、展览等层出不穷,大大促进了日本旅游业的发展。日本动漫旅游主要包括动漫展馆式、主题公园式、动漫节会式与综合式四大模式,东京动漫中心、宫崎骏动漫世界、京都国际漫画博物馆与杉并动画博物馆是日本四大动漫旅游圣地。在 COSPLAY(角色扮演)方面,日本也做得比较出色。COSPLAY 多是动画爱好者社团自行发起,根据动画人物形象制作的相关服饰和道具,在舞台上表演,或者演绎简单的剧情。COSPLAY 在日本由于庞大的粉丝数量使之发展成一个相对独立完整的产业,在制作成 COSPLAY 道具时服饰和相关道具还会以版权形式取得收益。

（三）典型案例

1. 熊本熊与熊本县——动画形象的全球热

2011 年,贯穿九州的新干线全线开通,熊本县政府看准机遇,有意做了一系列特殊的推广活动,吸引乘客在熊本站下车,熊本熊(Kumamon)应运而生。2011 年 11 月 27 日,羽生市举办的"羽生吉祥物峰会"公布了排名第一的熊本县政府营业部长兼幸福部长:熊本熊,同时它也是日本第一位作为吉祥物的公务员。熊本熊凭借自己呆萌的形象、独特的授权运营方式,在日本本土及海外均获得了超乎想象的欢迎,成为在世界上拥有极高人气的吉祥物,为振兴熊本县经济、宣传熊本县名气贡献了不小的力量。

2013 年,日本熊本县政府斥资约 4600 万日元建熊本熊广场。广场还设有熊本交流区与物产情报区等,并定期发布有关熊本熊的资讯。2014 年 3 月,熊本电气铁道建造熊本熊电车,行走路线主要来回藤崎宫前县和御代志县。外观为银色怀旧列车,大大的熊本熊在车头与车尾。2017 年,熊本县发布的数据显示:"熊本熊"的周边产品销售额达到 1408.742 亿日元。熊本熊现已布满日本全国各地,从路边的指示牌、出租车车身与自动贩卖机到商店里的食品包装等,以它为中心设计的周边产品不计其数,而呆萌的熊本熊表情包更是火遍全球网络。

四、 韩国电子游戏业

(一)产业概况

《2017 韩国电竞产业分析报告》指出,2016 年韩国电竞产业规模达到830.3 亿韩元,较上年增长了 14.9%。韩国市场占全球电竞市场的 14.9%,自身影响力仍不断在全世界范围内扩大,能够间接测量广告效果的赞助商市场规模达 212 亿韩元,吸金能力排在第三位,仅次于足球和棒球。

2008—2011 年,韩国文化产业出口保持了 22.5% 的高增长速度,2012 年的出口额创历史新高 46.12 亿美元,贸易顺差达到 29.38 亿美元。其中,游戏产业是韩国文化产业的出口主力,多年来一直占据大半壁江山。2012 年,游戏产业的出口占韩国文化产业出口总额的比重为 57.2%。电子游戏作为数字创意产业的组成部分,在其中充当着一个复杂的角色。从被冠以"不务正业"到作为亚运会的比赛项目之一,从不被重视到新兴产业的崛起,韩国打造了一个电子游戏强国。

1998 年《星际争霸》发行,韩国电视台以此制作了《Bisu Flash》等节目,通过电视台来播放游戏比赛,并植入广告,收获了流量和资本的双丰收。随着节目的播出,电子竞技逐渐走向了大众的视野,这个模式的成功,让韩国发现了电竞产业的契机。2005 年,韩国建造了第一个电竞馆——首尔龙山电竞馆。2007 年,亚洲室内运动会引入"电子竞技",将其作为正式比赛项目。2012年,电子竞技正式被提名为 2020 年奥运会的比赛项目。2014 年,韩国电子游戏年产值高达33.6亿美元,位居全球第六。游戏出口占整个"韩流"文化输出的百分之五十,已然成为韩国的国民经济的支柱之一。

(二)主要特点

1.政府在政策、财力与建设方面的规划

韩国政府对文化产业发展在法律及政策上予以大力的扶持。首先,为了振兴游戏产业建立了游戏振兴院,其主要职责包含财政上支持韩国游戏企业的游戏制作和出口,制定与游戏相关的法律法规,培养游戏产业相关人才等方面。其次,在游戏产业振兴院成立以后,游戏产业发展的重点逐渐变为游戏开发和游戏市场的开拓。另外,韩国还在国内搭建了超高速互联网络,为网络游戏产业奠定了坚固的基础。韩国政府颁布的涉及电子游戏产业的政策措施如表9.2所示。

表9.2 韩国政府促进电子游戏产业发展的政策措施

时间	政策措施及内容
1993	颁布了《文化畅达五年计划》,强调文化产业化概念
1998	制定了文化强国政策
	制定了《文化产业发展推进计划》,并颁布了《文化产业促进法》《文化产业振兴基本法》等法律
1999	金大中政府将文化相关预算提高了40%,使文化预算首次占到国家财政总预算的1%。同年出台《税收减免管理法》《特别税收待遇管理法》鼓励包括文化产业在内的新兴行业规范、快速发展
	韩国文化观光部制定了《文化产业发展5年计划》,同年,韩国政府颁布了《文化产业基本法》《音乐、游戏与视频法》
2000	发布了《文化产业蓝图》
2001	发表了具体的实践计划《内容韩国蓝图21》
	颁布了《文化财产保护法》
2004	《创意韩国》中提出"在2012年使韩国进入世界五大内容产业强国行列",为此,韩国政府提出"3C战略"即"内容 Contents、创新性 Creativity、文化 Culture"三大战略
2005	发表《文化强国 C-Korea2010》

时间	政策措施及内容
2006	修订《文化产业基本法》
2008	发表《文化蓝图 2012》
2011	发表《内容产业振兴基本计划》
2013	提出以年均 11.7%增速提高文化相关预算,争取在 2017 年使文化财政在国家财政总预算占比达 2%

近日,韩国政府宣布,投入 5000 亿韩元用于扶持文化内容产业,未来三年的发展重心将放在文化内容产业上,并表示未来电竞内容将会成为韩国旅游产业的重要组成部分之一。同时,计划在 2022 年前要达成规划 100 片电竞俱乐部专属用地、推动当地居民举办业余级电竞赛事、打造地区性电子竞技活动设施、在体育馆周边设立电竞周边商店、打造电子游戏体验馆以及体育旅游直播中心五个目标。

2. 电竞职业化使游戏业更加规范

1999 年,为迎接电子游戏竞技的发展,韩国三部委共同批准成立了职业电子竞技协会(Korea eSports Association,KeSPA),成为韩国具有官方背景的电竞行业组织。协会涉及《星际争霸》《星际争霸 2》《刀塔》《英雄联盟》等多款知名游戏,几乎覆盖韩国电竞的全部。它以中间人的身份,连接俱乐部、选手与赛事组织方,使得几个部分能及时沟通和相互协调。通过严格的条例,KeSPA 确定了韩国电竞的选秀模式、联赛体系,帮助政府在监督各个环节的同时,保证俱乐部和选手的商业利益。

KeSPA 建立之后,战队及选手的管理渐趋规范化、专业化。随着游戏《星际争霸》的大热,KeSPA 开始与两大赛事 OSL 和 MSL 进行深度合作,选手想要参加相关联赛则需要通过 program 测试,并行使比赛监督权。并且,KeSPA 定期发布的选手排名,也是评判选手的权威认证。正是因为 KeSPA 对赛事良好的运作和选手的管理,使得韩国的电竞职业化不断完善。

3.专业人才的培养推动产业健康有序发展

为了支持游戏产业的发展,韩国成立了多所电竞学院,数十所学院成立了和网络游戏相关的专业,包括游戏设计和开发,还有其分类和规划。比如,在理工学院设立了网游研发的专业,在文学院设立了类似网游创作的专业,在艺术学院设立游戏绘图相关的专业等。这些专业培养院校每年都可以向韩国社会贡献大批的网游专业人才。另外,韩国政府还提出成绩优异的人才可以免服兵役,部分游戏大赛的获奖选手还能够被推免进入大学。

在韩国,产业和教育密不可分。在政府引导下,韩国高校与网游公司的合作机制得到了广泛传播,高校向众多企业输送专业人才,同时企业为高校提供实习基地、最新经验及参考案例等。专业人才的培养大幅提高了韩国网游的规格和品质,让韩国网游朝更加专业和完整的方向进步。

另外,为了培养出更多能够适应网游产业发展和变化的标准专业人才,针对网络游戏开发和设计各个环节进行的人才能力鉴定,韩国进一步确定了网络游戏的国家技术资格的鉴定方式,如网络游戏策划、制图和编程等方面。这个资格鉴定要求每年进行 4 次的考核才能继续持有资格证书。这种鉴定模式使得韩国网游从业人员更加专业化,从而进一步推动了网游产业的标准化。通过专业人员的设计和策划,最重要的是在专业游戏学校的系统教育下,韩国制作出了大量体现韩国民族文化价值和有利于本国文化价值观传播的优质网游产品。

4.主动寻求跨界融合来推动自身及相关产业的发展

当电子竞技在韩国在处于初期发展阶段的时候,韩国电视台就将其搬上荧幕,让星际争霸的玩家、选手在电视节目中进行比拼。而 OGN(On Game Net)电视台从最初的星际争霸比赛直播,到英雄联盟的韩赛区的转播,再到韩国电子竞技赛事组织与 OGN 宣布计划进军美国市场,未来将投资超过 1 亿美元举办比赛并制作其他的电竞内容,OGN 一直位于电视电子竞技游戏媒体的前端。

SKT 俱乐部的英雄联盟分部接连获得 2013 年全球总决赛冠军、英雄联盟 2015 年与 2016 年全球总决赛冠军、英雄联盟 2017 年全球总决赛亚军,是当之无愧的韩国顶级俱乐部。为了解决选手的薪酬与培养问题,SKT 引入各类赞助,如直播平台、电脑外设代言和零食代言等,增加电竞变现能力。近年来,韩国电竞产业开始引进国外的投资来不断完善电竞产业资金链、品牌宣传与社会效应,如中国的虎牙直播在韩赞助的 HUYA Tiger,苏宁集团在韩收购的 LONGZHU 战队等。2017 年韩国电竞选手平均年薪是韩币 9770 万元,比上年增长了 52.5%。同时,电竞产业也促进了其他相关产业的发展。2016 年电竞产业的生产带动效果规模达到了 1637 亿韩元,附加价值规模高达 633 亿韩元。

（三）典型案例

1. 韩国电竞 Gen.G 俱乐部的新春——不断尝试边界突破的协同发展

全球化电子竞技俱乐部 Gen.G 成立于 2017 年,目前在韩国、美国和中国均设有办公室,旗下各分部均有着参加世界级大赛的顶尖实力。Gen.G 俱乐部执行主席及联合创始人周凯文（Kevin Chou）曾是北美移动游戏开发公司 Kabam 的联合创始人,Kabam 在 2016 年出售给网石游戏后,周凯文建立了 KSV（即现在的 Gen.G）。在守望先锋联赛中,Gen.G 是首尔王朝战队的母公司,从首尔王朝开始,Gen.G 先后收购和建立了八支职业战队,涉及项目包括《守望先锋》《英雄联盟》《绝地求生》《皇室战争》《堡垒之夜》《使命召唤》和《APEX 英雄》。

2019 年 4 月 17 日,Gen.G 俱乐部宣布获得 4600 万美元的融资。投资者聚集了体育娱乐和技术领域的领军人物。Gen.G 还同三星电子、游戏硬件制造商雷蛇、计算机网络产品公司网件、高端坐具制造商喜迪世以及家具品牌 DESKER 等企业达成了赞助协议。

2.韩国游戏《绝地求生》的奇迹——以赛事合作拓展市场

在过去数十年的电子游戏开发中,几乎都是欧美游戏公司垄断了知名游戏的开发(见表9.3)。

表9.3　全球著名电子游戏开发情况

游戏名称	发行时间	发行公司	发行公司地区
魔兽争霸	1994	Blizzard Entertainment	美国
星际争霸	1998	BlizzardEntertainment	美国
反恐精英	2000	Valve Software	美国
英雄联盟	2009	Riot Games	美国
部落冲突:皇室战争	2012	Supercell Oy	芬兰
DOTA2	2013	Valve Software	美国
炉石传说	2014	Blizzard Entertainment	美国
守望先锋	2016	Blizzard Entertainment	美国

注:本书仅以主流电竞为例。

在数十年间,韩国更多的是充当着一个游戏玩家的角色。但是,2017年由韩国的蓝洞公司旗下的 PUBG Corporation 开发的战术竞技类游戏《绝地求生》,异军突起,成为现象级游戏。

该游戏内容主要是最多容纳100名玩家同时进行游戏,玩家通过收集地图武器资源,在不断缩小的安全区域与其他玩家进行对抗,最后生存下来的玩家就是胜者。这种沙盒游戏冲击了几近垄断的 MOBA 游戏市场,并且创造了最快创下100万份出售纪录的 Steam 抢先体会游戏、最快创下1亿美元收入的 Steam 抢先体会游戏、第一款在 Steam 渠道创下200万最高同时玩耍人数的著作、玩耍活跃度最高的 Steam 渠道游戏、在 Steam 渠道同时在线人数最高的抢先体会游戏、在 Steam 渠道同时在线人数最高的非 Valve 游戏著作、在 Steam 渠道第一款到达最高玩耍人数的非 Valve 游戏著作等7项吉尼斯纪录。此外,在2017年的 The Game Awards 中《绝地求生》也入围了"年度最佳游戏"

"最佳多人游戏"与"最佳继续运营游戏"三个奖项。在《绝地求生》的推动下,蓝洞 2017 年市值大涨了 5 万亿韩元。

2019 年,韩国电视台 OGN 宣布将和《绝地求生》的厂商进行合作,巨资打造北美赛区。作为《绝地求生》北美赛事的独家合作伙伴,OGN 帮助打造北美首个《绝地求生》职业联赛——National PUBG League(NPL),100 万美元的奖金池使它成为美国最大的《绝地求生》联赛。这项新的赛事在加州 Manhattan Beach 的新场馆中进行,该场馆专门为"吃鸡"类游戏打造,可以容纳 100 名比赛选手与 500 名左右的观众。除了"吃鸡"比赛,OGN 其他赛事如 OGN Super League(OSL)、OGN Super Match(OSM)等都会以轮换的方式在场馆中与美国观众见面。总而言之,OGN 将与 PUBG 公司的合作项目视作开发北美电竞市场众多行动中的第一步。

然而,在面对人数暴增的玩家以及政府、社会的大力支持下,蓝洞公司却未能尽善尽美地扩大自己的游戏版图。由于大量的外挂①存在,导致游戏失去平衡,玩家无法公平进行游戏情况下,玩家数量骤减。据 Steam 平台统计,从 2018 年 11 月 19 日到 11 月 25 日的销售排名来看,《绝地求生》已经滑落到第五名。游戏技术的更新和保障,现成为蓝洞公司的重大问题。

五、 芬兰在线教育业

(一)产业概况

芬兰是北欧的一个小国,人口虽少,但国家成就却令人瞩目。在创新能力、国民幸福指数、社会福利、高等教育和培训等方面,芬兰均获得了诸多国际殊荣。这些辉煌的成就,很大程度上要归功于芬兰的教育。在全球教育界,芬兰令世人瞩目。

芬兰国家教育局由芬兰国家教育委员会(FNBE)和芬兰国际交流中心

---

① 外挂一般指通过修改游戏而为玩家谋取利益的作弊程序。

(CIMO)合并而成,以"发展教育和终身学习,促进国际交流与合作"为使命,旨在发展芬兰人民的教育、学习和能力。在信息化和数字化时代,芬兰从国家层面进行了教育信息化规划。芬兰国家教育委员会发布了"信息化芬兰"计划,推广 ICT(Information and Communication Technology,信息通信技术)相关政策,涉及更多的是跨部门立法和政策文件,重点关注短期项目和具体行动方案。ICT 战略规划《与时俱进、以人为本、竞争有力的芬兰(2007—2015)》决议设立"万家信息化"项目,旨在推进 ICT 普及应用,促进芬兰的整体生产水平和国际竞争力。

然而,最新研究结果表明,信息化数字教育并不一定全然产生积极作用,也有可能在某些方面阻碍学习进程。原因在于,虽然学生们对数字化设备用起来得心应手,但却很容易被这些设备分散注意力,比如笔记本电脑或平板电脑,经常被学生在课堂上使用来做一些学业之外的事情。本书认为,这样的状况并不代表在线数字教育的失败,而是提醒人们要特别注意数字教育工具的正确使用方式。

(二)主要特点

1. 擅长将知识教育融入趣味游戏

芬兰寓教于游的方式主要是教育游戏的开发与应用。教育游戏实质上是电子设备游戏与教育应用的结合性产物。电子设备游戏这一数字媒介对教育的价值及备受关注,新型媒体和技术在教育领域中的应用是教育信息化领域关注的重点。

芬兰政府对基础教育进行了个性化、游戏化改革。尽管芬兰首都赫尔辛基被称为"游戏之都",但芬兰的孩子并没有沉迷于玩游戏,反而更爱阅读和学习。例如,2016 年,芬兰实施了 K9 新的教育标准,将课程全面活动化、游戏化和项目化,学生们既减轻了学习的负担,又保持了学习的竞争力,充分体现了教育游戏的优越性。

芬兰许多公司也纷纷投入教育游戏的开发。例如,Lightneer 是一个专注于开发教育娱乐产品的公司,通过对教育和游戏的研究和制作,找到了教育性和趣味性之间契合点与平衡点。该公司第一个角色扮演类游戏 Big Bang Legends 在 2017 年正式上线,这款游戏与欧洲核子研究组织共同研究开发,通过用游戏的方式给孩子们展示了原子、粒子与核聚变等概念,并将化学元素周期表拟人化处理,让学生在游戏的同时,理解相关知识。

2. 数字化的学习环境是教育业融合发展的基础

移动互联网技术、社交软件与网络教学平台等技术在芬兰得到了充分的发展与普及,对教育质量的改善起到重要作用。芬兰文教部提出的面向全国的"ICT 校校通工程"是为"万家信息化"项目设立的工作组,大力改进基础设施、教辅材料、校园管理、学习环境、校际合作和产学合作等方面。通过使用 ICT 技术来提高教师教学技能与素养,推动 ICT 与教学实践相结合。

对于教师而言,重要工作之一就是充分发挥数字化学习环境在教育教学中的应用能力。芬兰的教师需要使用 Moodle、iCloud 等虚拟学习环境开展教学与研究,充分发挥信息技术的作用,促进信息技术与教学、研究的融合。例如,芬兰的一个无边界课堂项目包括来自芬兰、希腊和美国的中小学生和教师,学生们使用手机视频体验平台合作创建、共享数字故事视频,让学生在数字平台中学会协作、共享、反馈和帮助,培养学生们解决问题的能力和创造力。

此外,芬兰专门成立了数据库构建的公司,搭建了所有学校的管理系统,所有学生的各项信息都被收录其中,还可以作为沟通学校与家长的桥梁,也能大力促进学生的学习。

3. LUMA 中心体系推动教育主体和对象的跨界与交流

在芬兰,LUMA 代表着自然学科和数学,相当于其他地方的 STEM①。芬兰教育部组织和开展的 LUMA 项目,由国家 LUMA 中心和不同大学多个

---

① STEM 是科学(Science)、技术(Technology)、工程(Engineering)、数学(Mathematics)四门学科英文首字母的缩写。

LUMA 分中心共同负责,旨在改进 STEM 教育实践和增强学习兴趣,并将个人的、职业的和社会的目标,通过一系列非正式的活动结合在一起。

教师可以通过访问各种开放平台随时学习知识,也可以利用开放网络平台组织教学与合作研究。LUMA 科学教育中心不仅为教师提供了在职培训课程,让参与教育设计项目的老师紧密合作、实施课程,同时也能增强自身整合学科教学知识的能力。现在,教师可以与学生共同解决问题,也可以与校外的专家、职业人士进行联系,与科技领域的很多公司开展的合作,能够促进跨界合作、集体智慧共享。

同时,学生也能够使用该平台建立与校外资源的联系,了解工作生活与商业生活。LUMA 不仅通过开展国际"黄金时代少年营"和 STEM 俱乐部来使学生阅读在线杂志和观看视频、亲自观察和思考、积极探索日常事物,实现科学、技术、艺术和情感教育,还编辑和发表多种多样的网络在线杂志,激发青少年和教师对 STEM 教育的兴趣,并为他们提供相应资源支持,如青少年可以免费获取和阅读来自大学的 STEM 领域专家、工商企业专业人员等编辑的在线杂志,并通过社区讨论,以图文并茂的形式来咨询、分享和传播,有效培养了学生参与 STEM 教育的兴趣和积极态度。未来,越来越多的学习活动将发生在校园外,可以突破时空界限不断地向他人学习。

（三）典型案例

1. Grapho Game——教育与游戏的跨界融合

Grapho Game 由芬兰研究团队开发,是一款与培养读写能力有关的教育游戏,教学效果显著。在教育部门的大力支持下,芬兰学生可以免费使用 Grapho Game。自发布以来,Grapho Game 在芬兰已经帮助了近 20 万名儿童学习阅读。Grapho Game 的研究者还在世界其他地区开展了广泛的国际合作,同时致力于教育公益事业,为赞比亚、坦桑尼亚与肯尼亚等非洲国家的儿童开发了当地语言游戏版本,以帮助提升当地儿童使用本国语言的阅读能力,并开展了一系列教育实证研究。

Grapho Gam 在游戏的设置中精心考虑了教育性与激励性。第一,提供自适应的游戏内容与即时反馈。Grapho Game 游戏会根据学习者的个体水平进行动态调整,提供相应难度的挑战,将训练难度保持在儿童适应的最佳水平,使儿童可以准确完成大约 80% 的训练,获得积极反馈,有利于保持积极自我概念,促进持续参与,确保学习时间,并通过提供即时反馈来指导正确拼写。第二,提供个性化设置与激励。游戏中有许多学习者可以自由控制的元素,例如,自主选择游戏角色的外观、决定下一关的任务以及安排游戏角色在地图上的前进方向等,这些个性化设置能够让学习者在使用过程中更具有自主性,也能激励学习者持续学习。第三,提供适合不同学习者的多个版本。芬兰语的 Grapho Game 共有四种版本,游戏内容从基本的字母与发音连接练习,到提升阅读流利水平的不同阶段练习都有所涵盖,已经掌握基本解读技能的儿童可以使用强化版本游戏。Grapho Game 还注重开展国际合作,与国外研究者共同开发了适合多个国家儿童使用的不同语言版本,充分考虑学习过程的可能困难,在实践中也取得了良好效果。

Grapho Game 对教育游戏的设计开发具有重要启示。其一,在儿童阅读学习的研究领域具有较强的专业性,并为这款游戏设计了不同学习内容的版本,游戏面向的对象逐渐扩展到更广泛的儿童群体。其二,应用自适应技术促进儿童的学习发展,有利于为学生提供个性化辅导,学生可以独立使用游戏进行学习。其三,重视不同的语言环境和文化背景下教育游戏培养儿童读写能力的实际效果,全面考虑教学策略、教学对象与教学时间等因素的影响。

2. 芬兰 MOOC 平台 Eliademy——跨时空教学

Eliademy 是芬兰的大型开放式网络课程平台,其宗旨是使每个人都得到教育机会。Eliademy 的课程来源包括各大高等院校、专家、培训机构和普通大众,服务对象包括教育内容的提供者与消费者。

Eliademy 平台功能具有四个特点：一是简便创建课程。即时创建和编辑网上课程、论坛和测验，添加和分享文件和多媒体到课程，只需点击按钮，可视化编辑器可以让课程变得像一本昂贵的教科书，并且，在 Eliademy 上创建的课程具体定价完全由用户决定。二是多项终端操作。用户可以从 Mac、PC、平板电脑和智能手机随时随地访问 Eliademy，比如在平板上创建一个完整的课程，在浏览器里预览所有的课程文件（包括微软 Office），甚至在手机上完成一个测验。三是学习进程管理。提供教学日历的功能，每个学生都可以在上面找到所有指定的课程、小测和重要的截止日期。同时为了保证学生收到所有重要的教学更新，还提供新闻订阅和邮件通知的功能，学生可以在上面个性化设定自己的学习计划。四是教学管理系统。只需要添加学生的邮件地址，他们马上就可以加入一个完全由教师支配的学习管理系统。Eliademy 给教师和学生提供免费的网络教室，用于创建、分享和管理课程。高等院校、教练与兴趣小组等单位都可以轻松创建免费的教学管理系统并且支配所有的教材。Eliademy 友好智能的用户界面十分简洁易用。教师可以通过论坛、视频、图片、新闻、可视化通知与日历等随时随地和学生互动。

芬兰在线教育平台 Eliademy 作为一个教育编辑平台，通过技术融合，针对个性化的教学需求，挖掘在线教育的主要内核，跨时空地为学生提供可获得性更高的教育机会，为教师提供高效的教学方式和渠道，更重要的是，该平台能够实现师生之间更准确、快速与友好的互动。

3. Dikaios 牵手中国企业——跨国合作与市场融合

芬兰互联网教育龙头企业 Dikaios 是在线教育领域的专业服务商，致力于提供在线教育系统的专业产品和系列解决方案，目标客户广泛覆盖 K12、高等教育和职业教育领域。2012 年，Dikaios 公司推出芬兰首个国家级电子化系统，2014 年获得了芬兰国家教育部门 IT 专属服务供应商资格，2018 年，Dikaios 产品和服务在芬兰中小学市场的占有率接近 50%。

2018 年 10 月 15 日,芬兰 Dikaios 牵手金州奥丰,进入中国在线教育市场。中国市场竞争激烈,但是在线学习平台产品良莠不齐,大部分产品和服务尚需提升和完善,持续服务和盈利能力较弱。而 Dikaios 公司的在线学习系列解决方案在芬兰的教育部门、出版商、高等学校与中小学广泛使用并获得认可。战略合作协议约定,北京金州奥丰环境科技有限公司提供的 3+1 即"三个平台(中国环保网、中关村与节能环保专委会)+绿查云"服务,致力于为 Dikaios 进入中国市场提供专业服务,成立中芬合作工作组,负责 Dikaios 公司的产品和服务在中国市场的推广和市场开发工作。

2018 年 11 月 7 日,Dikaios 与星环大学就大数据在线教育领域的合作进行了交流与探讨。星环大学通过实验室共建、学科共建、公关互动、实习就业、人才认证与行业赛事等措施已与国内外众多高校和教育机构建立稳固、深度的合作。未来,双方将发挥各自优势,在大数据人工智能课程开发、渠道共享等方面展开合作,推进大数据人工智能"产学研用"的无缝结合,为大数据产业培养和输送专业人才,拓展大数据人工智能认证培训课程在芬兰乃至整个欧洲的市场。

2018 年 11 月 8 日,Dikaios 与环球网校就职业在线教育领域的合作进行了交流与探讨。环球网校借助互联网语音、直播互动等技术,率先在教育领域应用大数据和人工智能学习,已成为集网上书店、在线学习、在线模考、考试资讯与社区交流等,科学化、一体化和规模化的平台。未来,双方将发挥各自优势,在中芬乃至中欧职业在线教育课程、产品和渠道等业务展开相关合作,通过"互联网+专业服务"的模式,为海外的创新公司和专业组织提供"一站式"中国市场进入与技术交易服务。

Dikaios 与中国企业的一系列跨国合作反映了在线教育市场融合的重大需求,通过业务合作,Dikaios 将进一步打开中国新市场,拓展欧洲现有市场。

第二节　数字创意产业跨界融合中外
对比分析

一、　文化基础

数字创意产业的核心竞争力在于其文化性、创意性和智力性。世界各国都很重视文化资源的挖掘和发挥,促进文化资源与数字技术的对接与整合,为数字创意产业的发展奠定人文基础,以文化软实力推动产业延伸发展已是大势所趋。

例如,英国人有较强的个体主义倾向,崇尚自由,文化上强调自我与个性,包容和多元的文化环境为创意灵感的形成营造了良好的氛围,容易激发人们的创新意识,从而更有利于数字创意产业的发展。美国人崇尚个人英雄主义,人们的创新思维和冒险精神往往较强,在创意的领域具有一定的优势。

而中国人的集体主义倾向较强,思维受群体规范的影响更大,这在一定程度上制约了创意思维,压抑了创造力,数字创意产业的发展往往受到约束,不易产生突破性成果。但是,中华民族源远流长的历史文化沉淀成为数字创意产业的宝贵源泉,新时代多元文化的交融更使数字创意产业有机会得到新的创造和发展。

二、　创新能力

数字创意产业的核心要素包括人才、知识与技术创新平台等高级生产要素,是成本优势与差异化优势的基础。美国依托资金实力、完整体制和先进技术取得了突出创新能力,日、韩遇到一定的瓶颈,但我国在这一方面仍是任重道远。

美国是世界上最早重视和开发无形资产的国家,美国创意上市公司成立得比较早,规模较大,资金雄厚,发展比较成熟,投入充足的研发资金来增强自身创新能力,在普华永道发布的《2017 年全球创新 1000 强》中,美国领跑全球,全球十大创新企业中有 9 家都属于美国,日本亟待培养全球性的数字创意上市企业,韩国亟须提升无形资产的竞争力。

相较而言,中国的数字创意产业在全球范围内的独特优势并不明显:企业、个人的自主创新能力较弱;技术创新、制度创新、管理创新和商业模式创新等多方面尚未充分推进;依托文化基础进行创造性转换的能力需要加强。未来,我国应不断拓展思路,突破瓶颈,提高创新能力,积极发挥在世界数字创意产业发展中的示范和带动作用。

三、 政府支持

全球各国政府推广的创意产业政策具有资本和税收制度多样化、强化创意产业平台监管、强调人才培训和行业咨询、扩大产业的营销渠道和网络、帮助产业研发等共性,但是各国政府支持的侧重点仍存在一些不同之处。

例如,美国政府采取宽松的融资政策来吸引国外资金,并鼓励数字创意企业采取多样化的渠道来获得资金支持。英国对创意产业的政府领导主要体现在组织规划上,形成了较完整的组织领导和政策协同体系,并在融资、财税、基金与企业援助等方面给予资金上的支持。日本对数字创意产业的政府支持则体现在战略选择上,从 1996 年开始实施"文化立国"战略,把数字内容产业作为新兴战略产业,并强调文化输出,使得动漫产品在国际上保持较高竞争力。

我国目前已明确将发展数字创意产业作为重要任务,并纳入到战略性新兴产业的五大支柱体系中,将数字创意产业放在了促进经济转型发展的战略高度。通过团结全国创意领域的团体和个人,共同推动中国数字创意产业的跨界融合发展。但是与美、英、日相比,我国对中小企业提供的资金支持政策还不够完整,税收优惠政策的覆盖面较窄,持续时间较短,文化输出也不够强劲,限制了数字创意产业的持续发展。

四、 产权保护

数字创意产业的高创意、高技术与高附加值的特性使其对知识产权保护的需求尤为强烈,它的无边界融合趋势也更使知识产权在产业跨界融合发展过程中存在较多的侵权可能,因而,对数字创意产业的产权保护是十分重要的任务。

英国健全的产权保护法律法规体系为数字创意产业的发展提供了一个公平的市场环境,最近还出现了旨在降低知识价格、加快信息流动与加强技术应用的事务所跨领域合作的新趋势。日本政府也越来越重视知识产权保护问题,已具有较为完备的知识产权保护制度。美国知识产权保护工作主要依靠各个相关部门来协调完成,制定了比较完备的知识产权保护法律体系,保证了美国创意产业的顺利发展。

相较英、日、美,目前我国的知识产权保护基础还较为薄弱,法律法规体系仍然存在不适应、不完善的情况:民族品牌被国外抢注,自主产权精品少,衍生产权开发不够,盗版侵权行为屡见不鲜;企业普遍忽略无形资产的可模仿性,缺少战略规划;相关法律、法规在产权保护的内容与范围等方面还留有空白等。

五、 产业集聚

创意产业园区具有示范、集聚与辐射的作用,企业之间信息传播和人才交流都较为快捷,产业间互动互补,有效提高企业竞争力。因此,许多国家都非常重视创意产业园区的集聚建设,鼓励推进各种创新要素的集成和发展。

总体来看,英国创意产业内部呈现出较强的集聚性。英国伦敦拥有多个创意产业集聚区,如伦敦 SOHO 传媒产业聚集区、伦敦东部霍克斯顿区与伦敦西区文化艺术聚集区等,具有发展特色鲜明、产业链条完整和经营模式多样的特点。在与外界互动过程中,这些集聚区与智囊团、职业培训机构和行业协会等机构进行合作,充分发挥集聚区的价值。

与英国相比,我国数字创意产业在产业集聚上存在一些缺陷:政府层面还缺乏统一规划,模式缺乏灵活性和多样性,抑制了创意的发散性与辐射性;企业之间缺乏互动,园区缺乏完善的互动平台,协同效应较弱,需要加强信息共享和共同发展;集群相对年轻,商业咨询、市场策划和商品推广等机构尚未开发完全。

六、 国际水平

在数字创意产业的发展历程中,各国的发展基础、发展方式和发展道路不一致,使得当前世界各国数字创意产业跨界融合的发展步调尚不一致。

日本创意产业结构趋向于各行业综合化、均衡发展,走"范围经济"之路,多项活动共享一种核心专长,在动漫行业、珠宝设计和摄影行业具有竞争优势,但在电影、建筑设计与时装设计等领域缺乏出口竞争力。美国数字创意企业以跨国公司占主导地位,具有很强的国际竞争力,同时,信息技术产业、旅游产业和教育产业等创意服务相关产业发达,"拉升效应"明显,是美国创意服务保持竞争优势的有力支撑。

与日、美相比,中国数字创意产业开始走向专业化发展道路,寻求"规模经济",但总体来说在国际竞争中比较滞后。我国数字创意服务与数字创意产品发展不同步,制约了产业整体发展。虽然数字创意企业数量多但规模小,竞争力还有待进一步提高。此外,行业竞争力存在差异性,在设计、工艺品、时装等劳动密集型部门具有竞争优势,但在视听和出版等创意密集型和智力密集型的部门则处于相对劣势地位,效益延伸需以跨界融合模式进行转型升级。

第三节　主要启示

英国的设计业、美国的影视业、日本的动画业、韩国的电子游戏业以及芬兰的在线教育业作为全球的领先行业,其跨界融合的成功经验值得我们借鉴,目前面临的挑战也值得我们反思。本书通过对这些国家数字创意产业跨界融合发展的分析与比较,立足我国实际情况与产业发展阶段,得出以下启示。

第一,政府主导具有重要指导作用。

数字创意产业发展较好、跨界融合程度较高的国家,都将数字创意产业作为主导性的战略产业,通过多种强有力的政策措施和手段来推动产业融合发展,提升竞争力。目前,我国依旧存在数字创意产业融合发展的宏观政策与产业发展不匹配的情况,借鉴国外的成功经验,我国政府应高度重视数字创意产业的跨界融合发展,在国家(政府)层面上进行统筹和规划,在地区层面注重差异化发展,在社会层面做好产权保护。

第二,要素供给具有重要支撑作用。

世界各国的数字创意产业竞争实则是技术竞赛,推动科技创新与成果转化是提升数字创意产业竞争力的关键。西方发达国家的共同做法是加大科技投入力度、加快科技创新在数字创意产业领域的成果应用与转化、提高数字创意产品的科技含量,形成自主创新的数字创意品牌与资产。因此,我国需要从以下几个方面着手努力:以技术创新为先驱,以人才培育为核心,以金融支持为保障,才能更好地促进数字创意产业跨界融合发展。

第三,跨界协作具有重要推动作用。

就世界经验来看,美国的电影业和日本的动漫业之所以领先全球,关键在于其创造性的整合内外资源的能力,特别是对信息和知识的整合。目前,我国文化、旅游等资源丰富,但很大一部分仍未发挥出应有的价值。因此,我国数字创意企业需要加强资源利用能力,提升数字创意产业的竞争力。我国数字创意产业跨界融合发展需要从三个方面着力:一是促进集聚化的资源整合,二是寻求广泛化的跨界融合,三是鼓励多样化的模式创新等。

第四,品牌输出具有重要示范作用。

国际上耳熟能详的品牌大部分都是国外企业,这些品牌均以跨界融合为途径,以产权保护为依托,不断在时间、空间和产品服务方面进行延伸,并在跨界融合的过程中产生极高的附加值。与此同时,经济全球化的发展使世界各国的文化交流更加便捷和深入。英国设计、日本动画、美国影视和芬兰在线教育都在"走出去"的路上表现非常积极,在国际上主动进行跨地区、跨行业融合。虽然我国文化经历了几千年的发展与传承,但这些资源要素并未完全发挥出应有的价值,尤其对外文化交流和传播严重"入超",受到外来文化的冲击远远大于文化输出的影响。因此,我国一方面需要加强本土数字创意品牌的培育,另一方面要注重中国文化的输出,进而推动数字创意产业的跨界融合,带来高竞争力和高附加值。

第十章 我国数字创意产业跨界融合发展的对策建议

当前,数字创意产业已成为我国数字经济的重要组成部分,也是我国产业创新发展、协同发展的重点领域。未来,数字消费更加活跃,产业体系更加完善,政策保障更加完备,一批经济效益和社会效益突出、创新能力和核心特色较强的数字创意领军企业将喷涌而出。为促进数字创意产品和服务供给质量不断提升、供给结构不断优化、供给效率不断提高,跨界融合是重要道路。为了能够更好地服务数字创意产业跨界融合活动,进一步促进我国产业体系转型升级、提质增效,推动我国经济高质量发展,本章结合数字创意产业的发展特征,基于前述理论研究、实证检验、区域差异与国际比较分析,从国家、政府、市场、社会四个层面针对性地提出推进我国数字创意产业跨界融合发展的具体对策与建议。

第一节 国家层面:做好战略选择与顶层设计

本节站在国家战略的高度,将数字创意产业发展的一般规律与数字创意产业发展的国情相结合,探讨推动我国数字创意产业跨界融合发展总的指导思想、基本原则与重点任务等。

一、　指导思想

我国数字创意产业跨界融合发展的指导思想是,以习近平新时代中国特色社会主义思想为指导,贯彻落实党的十九大和十九届二中、三中、四中、五中全会精神,牢固树立创新、协调、绿色、开放、共享的新发展理念,深入学习治国理政的新理念、新思想、新战略,坚持创新在我国现代化建设全局中的核心地位,持续推进数字创意产业创新发展,塑造产业发展新优势;在数字创意产业的跨界融合中,注重发挥政府主导的重要指导作用、要素供给的重要支撑作用、跨界协作的重要推动作用与品牌输出的重要示范作用;以推动产业高质量发展为主题,以深化供给侧结构性改革为主线,以文化创意、科技创新、产业融合为核心,以满足人民群众高品质、高标准、多样化与创新性的数字创意需求为目标,坚持稳中求进工作总基调,不断加强数字创意产业的原创力和创新力建设,构建以知识群、技术群与产业群三者相互融合的生态环境,注重人才的培养、制度的保障与文化的支撑,加快数字创意产业跨界融合发展与培育新型文化业态,使数字创意产业主动适应新发展阶段和"文化+"、"互联网+"等新趋势,促进以可持续发展为核心的智能化发展,加强人民群众的获得感与幸福感,提高中华文化在信息化、数字化和网络化时代的创新凝聚力与核心竞争力,为推动经济高质量发展、构建"双循环"新发展格局、建设创新型国家和世界科技强国、建设社会主义文化强国、实现"两个一百年"奋斗目标和中华民族伟大复兴中国梦提供强大的支撑。

二、　基本原则

立足我国数字创意产业实际情况与产业跨界融合发展阶段,同时对比分析英国、美国、日本、韩国以及芬兰等国家数字创意产业跨界融合发展的成功经验与面临的挑战。本书认为,我国数字创意产业跨界融合发展应遵循以下四项基本原则:

（一）系统布局与协调发展原则

制定数字创意产业跨界融合发展的系统性与整体性战略,优化数字创意产业发展上下游结构,加快创新能力建设、体制机制改革和政策环境营造的协同发展,不断提高数字创意产业创新活力,充分激发投资吸引力。系统布局数字创意产业项目建设,推进项目、人才与基地统筹布局,更好地发挥社会主义制度集中力量办大事的制度优势,集中力量发展重大项目,实现重大项目与新任务的有机衔接,当前急需与长远发展的梯次接续,同时还需确保数字创意产业与其上下游产业、其他传统产业之间能够形成有效对接,树立全局观念,注重整体性的把握,权衡各方利益,协调各方资源,实现有效落实。通过发挥各级政府部门的政策指引、组织协调与规划引导作用,针对数字创意产业的技术研发、产业发展以及行业应用不同阶段,制定相应的发展策略,针对数字创意产业跨界融合发展的薄弱环节、制约瓶颈和重点领域,完善政策措施,加强数字创意产业跨界融合发展的政策引导作用。

（二）创新驱动与优化供给原则

坚持自主创新,通过技术研发与科技创新,加强数字创意产业原创力,提升发展新动力,优化供给质量,创造更多优质有效供给,推动数字创意产业内容、技术、模式与业态创新,培育网络消费、定制消费、体验消费、智能消费、互动消费等新型消费,提升人民群众的文化消费水平。以创新驱动为核心,通过深入贯彻实施创新驱动发展战略,不断推动大众创业、万众创新,聚焦核心关键技术的突破,提升技术、人才、资金及制度的保障水平,增强产业的自主创新能力,增加数字创意产品和服务的附加价值和核心竞争力;以人民群众为中心,以社会主义价值观为指导,坚持社会主义先进文化的前进方向,将优秀的文化资源融入到数字创意产业中,优化产品供给,提高文化内涵,讲好中国故事,弘扬中国精神,以数字创意产业的跨界融合发展推动实现数字创意产业的社会效益与经济效益的统一发展。

（三）开放包容与多向融合原则

开放和融合是加快数字创意产业跨界融合的客观要求，要立足于国内与国际两个市场，倡导"共商、共建、共享"发展理念，以更加包容的方式和更加开放的态度，构筑互利共赢的数字创意产业合作体系。以讲好中国故事为着力点，以国内大循环吸引全球数字创意资源要素，协同推进国内产业发展和国际创新合作，坚持经贸往来和人文交流、高水平走出去和高质量引进来并重，积极参与全球数字技术研发与治理，推动我国数字创意产业的多向跨界与深度融合发展，不断提高数字创意产业发展的核心竞争力。以产业链、创新链和价值链协同发展为途径，加快推进数字创意产业创新资源的全球流动与优化配置，培育产业发展新模式与新业态，发展特色产业集群，促进区域经济发展，打造创新经济集聚发展新局面。

（四）市场导向与政府保障原则

推动数字创意产业跨界融合发展最终要靠人和主体来完成，要形成在国家战略指引下，以政府为主导、以市场为主体，社会组织与公众积极参与的多元主体协同体系，尤其要正确处理好政府与市场的关系，遵循数字创意产业市场规律，营造一个公平的竞争环境，提高市场活力，坚持以应用为发展导向，以供给侧为重点，充分宣传推广新产品与新服务，增强产品吸引力，将市场潜在需求转化为现实供给，通过消费升级来促进产业的升级，充分发挥企业的主体作用，给予企业更多的技术路线自主选择权和产品标准制定权，加快创新成果的商业化应用，形成企业竞争优势。更好地发挥政府的规划指引、政策引导、市场监管与安全保障等作用，针对数字创意产业发展的薄弱环节、制约瓶颈等，精准施行政策措施，营造更好促进数字创意企业发展的营商环境，构建数字创意产业良好生态体系。

三、 重点任务

为了坚决贯彻执行我国数字创意产业跨界融合发展的四项基本原则,在我国"十四五"时期,要着力落实好推动我国数字创意产业跨界融合发展的五个重点任务,具体包括:

(一)引导数字创意产业跨界融合的发展方向

一是推进产业战略性协同发展,提高数字创意产业社会效益。在统筹全局的前提下,围绕指导思想,根据基本原则,从国家顶层设计的高度对我国数字创意产业进行系统性规划,从地方具体情况的基础对产业区域发展进行具体分析;加强产权保护意识建设,完善产权法律体系,促进市场规范建设,使数字创意产业健康快速发展;推进数字创意产业人才职业化、复合化培养,增加数字创意产业就业岗位类型和数量,满足更多数字创意产业就业需求;无形但却有力地引导我国数字创意产业跨界融合发展。

二是增加数字创意产业有效供给,拉动数字创意产业消费需求。一方面,提升数字创意产业文化内涵,提高数字创意产品质量,加强创新技术投入,提高数字创意产业原创力;深化"互联网+",促进创新链和产业链有效对接,积极探索个性化定制、精准化营销、协作化共赢与网络化共享的新型商业模式,构建多元化、创新化的数字创意文化业态。另一方面,抓住数字创意产业发展机遇,基于用户付费习惯养成、互联网支付手段升级与知识产权环境优化等有利条件,推动新型消费扩容提质,充分挖掘市场消费潜力,补齐内容短板、丰富服务模式和提升消费体验,创造市场需求,创新盈利模式,拓展数字创意产业产品门类。

三是促进数字创意产业的内外部融合。一方面,促进数字创意产业细分行业的内部融合,鼓励对优秀传统文化资源的提炼与开发,对具有民族特色、区域特点的数字创意产品加强挖掘与创作,实现文化与科技的创新融合,形成具有鲜明特色的创意产品。另一方面,加快数字创意产业与其他产业的跨界融合发展,推进数字创意产业与消费品工业、高端制造业与现代服务业等实体经济的深度融合;创新数字创意产业在社交网络、新型媒体和电子商务方面的应用,推动数字创意在农业、教育与健康等其他领域的集成应用和融合发展。

(二)着力发展数字创意产业重点领域的跨界融合

一是提质升级现有数字创意产业。坚持以品牌化发展为战略,打造动漫、影视业等优质品牌,推动数字创意产业向"全年龄段"与"全产业链"方向发展;发展基于互联网和移动智能终端的传播运营,积极开拓新业态;促进数字创意产业与网络文学、游戏以及音乐等产业进行交叉融合发展,拓展延伸产业链与价值链;针对游戏产业,以游戏内容价值为导向,提升游戏的品质与内涵,加强游戏创作相关评价奖惩体系的构建,对国产原创游戏的品牌产品、团队进行培养,提升游戏企业综合竞争力,支持适合各个年龄层次参加的网络游戏、电子游戏以及家庭主机游戏,尤其是具有教育和益智功能的游戏;为电竞直播与电竞比赛提供一个健康有序的发展平台。

二是增强数字创意产业创新实力。不断丰富网络文化产业的表现形式,提升文化内涵,增强文化凝聚力;投入研发可穿戴设备、智能硬件、应用软件与沉浸式体验平台等产品,保护数字创意产业知识产权、提升文化消费水平;加强网络文学、网络音乐及网络表演等产业的创新力,提高文化品位;推进网络文化产业链相关环节的相互融合与沟通;鼓励数字艺术展示产业在推动公共生活、地区发展与文物艺术展示等方面的创新;加强创意设计和在线教育的行业规范,提高服务创新能力。

三是超前布局数字创意产业前沿领域。重点布局颠覆性技术创新与应用领域,以技术创新为动力,推动数字创意产业产品、模式和业态创新;促进虚拟现实产业健康有序发展;增加无人机、机器人等装备配置到数字创意产品生产过程中,加快智能制造、三维(3D)打印等技术在数字创意产业领域的应用,为数字创意产业跨界融合发展提质增效。

（三）建设数字创意产业跨界融合的创新生态体系

一要协同发展创新主体。培育具有较强核心竞争力的大型数字创意企业；支持中小微数字创意企业向"专业化、特色化、创新型"方向发展，形成比较优势；强化数字创意产业创新驱动，引导领军企业联合中小企业和科研单位布局创新链；支持在数字创意产业领域开展众创、众包、众扶与众筹等；以数字创意企业为主体，打造产学研用联合的数字创意产业创新中心，构建孵化与投资对接、创新与创业融合、线上与线下结合的数字创意服务平台。

二要全面优化创新环境。建设数字创意产业发展策源地，为数字创意产业的优势产业进行集群发展提供指导；结合"一带一路"倡议、京津冀协同发展、长三角、珠三角、中西部等区域发展战略，形成若干数字创意产业发展集聚区。鼓励企业参与国际分工与合作，推动产业链全球布局，实现产业链资源优化整合。积极构建集技术、标准、司法与行政为一体的数字创意知识产权保护体系；规范数字创意产品版权交易市场；搭建数字创意产业展示交易平台，借助数字创意会展方式，宣传数字创意产品与服务，促进数字创意产业发展。

三要建立健全标准体系。健全技术创新、知识产权与标准化互动支撑机制；优化数字创意产业生产流程、产品和服务的质量管理体系，完善虚拟现实、交互娱乐等领域的产品、技术和服务标准的相关制度；加快数字创意标准行业组织建设，为数字创意产业跨界融合发展提供体系保障。

（四）加大数字创意产业跨界融合发展的政策保障力度

一是财税金融政策方面，要发挥好投资政策，用好各类财政资金；对符合规定的申报高新技术企业按照一定的优惠税率征税，对数字创意企业经营过程中符合条件的创意与设计费用支出，可享受税前加计扣除政策，加大对数字创意产业融资力度。

二是创新服务和人才培养方面,要加快数字创意产业创新中心建设和智库建设;对数字创意方向的部分文化部重点实验室进行评定;对数字创意领域的重大课题和创新研究项目等进行大力支;加大数字创意产业人才培养力度,培养兼具文化内涵、技术水准和创新思维的数字创意产业人才。

三是产业监管方面,国家和政府一方面要放松对数字创意产业的准入规制等,防止违法干涉数字创意产业的跨界融合等乱作为行为,让市场在数字创意资源的优化配置中起基础性作用与决定性作用,充分发挥数字创意企业的活力,政府做到"不该为时不作为",做到"不越位、不错位";另一方面,政府要"在该出手时就出手","该作为时积极作为",做到"不缺位",要积极探索符合数字创意产业的监管方式,构建一套完善的事前事中事后监管体系;建立健全创意文化市场警示名单、黑名单制度,改善行业管理规制,打造数字创意企业信用监管体系,保障数字创意产业跨界融合更好发展。

(五)保障数字创意产业跨界融合的四个作用力协同发力

如前所述,数字创意产业跨界融合的四个作用力是指政府主导的重要指导作用、要素供给的重要支撑作用、跨界协作的重要推动作用与品牌输出的重要示范作用这四个作用力。在数字创意产业的跨界融合中,要在国家、政府、市场与社会层面,遵循系统布局与协调发展原则、创新驱动与优化供给原则、开放包容与多向融合原则,以及市场导向与政府保障原则等原则,着力保障政府主导的重要指导作用、要素供给的重要支撑作用、跨界协作的重要推动作用与品牌输出的重要示范作用这四个作用力协同发力,在我国形成一个在国家战略下,以政府为主导、以市场为主体,社会组织与公众积极参与的多元主体协同体系,"心往一处想,劲往一处使",共同推动数字创意产业跨界融合发展。

第二节　政府层面：充分发挥政府主导职能

政府主导在数字创意产业跨界融合发展中起着指导作用。国家对于数字创意产业跨界融合确立的指导思想、基本原则与重点任务等战略思想与顶层制度设计，均要由各级政府部门来具体落实。政府需要完善政策体系，整合各部门的资源，发挥好政府在数字创意产业跨界融合发展中的主导作用，协调好政府、社会与市场等多方面的关系，加快和完善数字创意产业体制和机制改革，做到政府引导、政策扶持、资金支持，为数字创意产业跨界融合营造一个适宜发展的外部营商环境，推动数字创意产业实现持续、快速、协调与健康发展。因此，为了将党和国家的制度优势转化为实实在在的治理效能，政府应该着力做好以下工作：

一、　做好统筹协调

（一）做好数字创意产业各领域的前瞻布局

政府应该以全球视野布局产业发展，根据各领域的具体发展阶段，进行前瞻性战略定位，以取得数字创意产业跨界融合发展的独特优势。一要大力发展数字创意技术装备，加强数字创意基础技术研发，全力发展虚拟现实、混合现实、模式识别、全息成像与计算机视觉等新型软硬件产品，以数字创意技术推动产品创新、模式创新和业态创新；二要深入挖掘设计服务产业发展潜力，推动设计创新成为制造业、日常消费与城乡建设等领域的核心能力，构建高端化工业设计、差异化消费设计、特色化建筑设计与精准化广告设计等数字创意产业同步发展的全新格局；三要加强数字创意内容创新供给，推进创意内容源头的原创能力建设，鼓励全民创意、创作联动等新方式，充分发挥数字技术对内容创作的支撑作用，丰富数字创意内容表现形式，提高对传统优秀文化资源的创造性转化和创新性发展,有效提升数字创意内容的品质和内涵。

(二)做好组织领导与产业体系的统筹规划

当前,促进数字创意产业跨界融合发展的首要任务就是要突破分散的管理体制、避免政策碎片化现象,通过加强统筹规划形成促进数字创意产业蓬勃发展的工作合力。一方面要鼓励设立数字创意产业发展工作领导小组,加强政策统筹力度,共同拟定发展战略和目标任务,通力合作、研究、制定发展规划和政策,协调产业布局及重大发展问题,充分发挥其在顶层设计方面的决策作用。另一方面要做好数字创意产业体系建设的规划工作,制定技术路线图和产品、服务指导目录完善产业体系标准,对重大科技经济活动的市场风险、实施效果与效率进行评估和审议,建立健全产权评议体系;组织建立重点企业、产业和区域发展状况的统计指标和统计制度,形成科学完善的产业运行监测体系;设立数字创意产业发展专家智库,开展重大专项课题研究,提高政府决策科学化水平。

(三)做好部门之间与地区之间的数字创意产业协调发展

在国家(政府)统筹规划的基础上,通过加强各地区、各部门的协调配合,有助于确保各项工作部署落到实处,提高数字创意产业跨界融合发展政策的精准支持力度。

一是发展改革部门、财政部门、工业和信息化部门以及科技部门等相关部门建立高级别常规协调机制,对发展任务进行分解,逐项明确牵头单位,做好协调、调度和推进工作,推动数字经济的融合渗透和有效管理服务,为数字创意产业跨界融合发展创造良好条件。

二是在地区层面注重差异化发展。国外在推进数字创意产业跨界融合发展过程中,常常依据区域特点,挖掘区域特色内容。例如英国就非常注重各地文化资源的挖掘与转换,努力打造区域特色的创意产业园区。我国各地必须结合实际条件,响应中央政府的号召,以地方政府为主导,配合区域经济战略,综合考虑区域竞争比较优势、综合效益和可持续发展等方面因素,对丰富而独特的资源进行有效开发与整合,重视各类生产要素的整合,根据数字创意产业各个子产业的特点,因地制宜支持数字创意产业跨界融合发展;加强数字创意产业的市场、财务、技术和趋势研究,集中资源,重点扶持具有核心竞争力的数字创意企业。从前文第八章数字创意企业已经采取的跨界融合模式案例来看,未来京津冀区域应侧重于科技文化等要素带来的产业价值提升,继续发挥数字创意产业的跨要素主动融合发展优势;长三角区域数字创意产业跨界融合发展应继续侧重于产业结构优化升级,不断加大数字创意产业跨行业主动与互动融合发展的力度;珠三角区域应坚持侧重于产业发展格局的扩大,更加重视数字创意产业的跨地域和跨文化主动与互动融合发展;中西部区域应更加侧重于构建产业内部完整的产业链条,坚持走数字创意产业的跨门类主动融合发展之路。

三是强化地区联动,各地区要结合本地实际情况,做好与顶层规划的对接工作,在积极配合政策执行的同时建立地区联动机制,避免各地重复建设和盲目上项目,促进地区分工协作,实现差异化发展下的协同发展。要根据各区域的发展环境、经济基础及创新优势等条件选择数字创意产业跨界融合的时机与重点领域。数字创意产业在跨界融合模式上应呈现出鲜明的区域特色,发展侧重点和定位各不相同。因此,各区域既要顺应发展潮流,积极主动紧抓数字创意产业跨界融合发展,也要根据自身发展条件等区域差异采取各具特色的数字创意产业跨界融合发展模式,发挥因地制宜的乘数效应。

四是加强评估监督和绩效评价,明确各项任务发展阶段,实施中期评估并预测发展形势,及时调整政策,保障目标完成,同时对各项任务的推进、实施进度进行责任主体的绩效考核等,确保各项任务的顺利推进。

（四）促进数字创意产业集聚化的资源整合

政府应进行规划和组织建设数字创意产业集聚园区,充分发挥集聚效应,共享产业资源,提高整个数字创意产业的规模实力和经营效率;积极培育龙头企业,带动中小型数字创意企业的发展、集聚和跨界融合;合理使用市场资源,使市场在资源配置中占据基础性位置与发挥决定性作用;鼓励对文化因子的挖掘,整合文化资源,以跨界融合促进数字创意产业的内涵提升和持续发展。

二、 加大政策支持

（一）加大政府财政税收的支持力度

我国数字创意产业跨界融合现象日益普遍,当前总体处于中高度融合阶段,政府政策在产业发展中往往起到引领作用,因此应充分发挥政府职能,加强财税统筹规划。一要发挥财政资金的引导作用,完善数字创意产业发展专项资金的使用、管理与监督规则,对数字创意技术设备制造、数字文化创意活动、创意设计服务、数字创意以及融合服务等重点领域确定专项经费扶持的详细实施细则,明确扶持的范围和标准。二要创新方式吸引社会投资于数字创意产业跨界融合发展。主要体现在通过促进政府和社会资本(PPP)合作,激发民间投资活力,盘活社会存量资本,构建涵盖金融、规划设计、建设施工与运营管理等在内的"产业+"PPP模式的综合性解决方案,进一步共同设立一批投资资金对数字创意产业的跨界融合活动开展投资运作,形成对数字创意产业多元化、可持续的资金投入机制。三要完善数字创意产业跨界融合的税收优惠政策体系。基于系统性、针对性与协调性要求,从总体上考虑构建促进数字创意产业集聚发展的税收政策体系,综合运用税收减免、即征即退与贴息补贴等优惠政策推动数字创意产业跨界融合的蓬勃发展。四要保证政策实施的效率和精准性。明确数字创意产业的总体发展规划与发展目标,以及未来跨界融合发展的政策导向,保证政策实施的精准性和产业发展的合理性;完善和优化数字创意产业发展的监督机制,确保政策实施的效率和质量,新兴产业通过跨界融合带动传统产业发展,实现数字创意产业跨界融合从"有"到"优"的转变。

(二)激发相关金融机构服务的积极性

在我国,有效发挥出数字创意产业的比较优势需要强有力的金融支持,数字创意产业的跨界融合也需要以金融支持作为保障。

首先,金融机构的作用方式和效果对于数字创意产业跨界融合与产业的健康发展有着举足轻重的作用,因此应该激发中国人民银行、开发性银行、商业性银行等各类金融机构服务数字创意产业跨界融合的积极性,充分发挥各自优势,提供创新型的银行服务支持。对于中国人民银行来说,要切实履行自身职能,对国内金融机构提供适应数字创意产业跨界融合发展的融资政策支撑。结合数字创意产业的生命周期特征,创新对金融机构的信贷监管方式和信贷管理办法,对大力支持数字创意产业跨界融合发展的金融机构降低存款准备金率、再贴现率等,充分调动金融机构积极性。对于国家开发银行来说,要利用其自身信用优势,对向数字创意产业跨界融合提供贷款的银行提供资产证券化服务,以为商业银行投资数字创意产业跨界融合提供风险保障。对于普通商业银行来说,可以基于自身业务模式,不断向业务链的上下游延伸,构建以自身业务为核心的投融资生态。通过创新对数字创意产业资产价值评估的模式,围绕"创意、技术"等核心资产,积极加快信贷创新,量身定制金融服务方案,以满足数字创意企业在不同生命周期阶段的资金需求,最终推动数字创意产业跨界融合发展。

其次,数字创意产业的跨界融合涉及面非常广,政府经常给予中小企业以金融援助,但仅靠政府资金支持是不能保障持续发展的,国外常通过多样化的基金与多渠道的融资来维持数字创意企业运营。只有适应数字创意产业发展的需要,不断加强金融支持与服务,才能更好地促进数字创意产业跨界融合发展。

(三)优化数字创意企业的融资结构

数字创意企业一般轻资产比重较高,缺乏贷款抵押物,较难获得银行信贷支持,因此政府应该积极出台融资政策,引导数字创意产业积极创新融资方式,优化融资结构。一要提高直接融资比重,支持多种融资方式。一方面数字创意企业可以通过发行债券募集资金,丰富债务融资渠道,改善债务融资结构;另一方面积极有序发展股权融资,降低财务杠杆,增强数字创意企业的融资能力。二要合理确定负债结构。一般来说,短期负债的利息负担要低于长期负债,但由于到期日近,也往往承担了更高的财务风险。因此,数字创意企业需要结合市场利率、经营规模和产品的销售状况合理确定流动负债与长期负债的比重,以获取最大的杠杆收益。三要创新融资渠道。数字创意企业可以通过开展融资租赁、知识产权抵押融资、开发性融资、企业间资产置换与交叉重组等创新型融资模式来拓宽融资渠道,要强调投融资渠道的拓宽,实现数字创意产业投资主体多元化,并鼓励开发各种研发基金、创新基金与投资基金等,为数字创意产业的跨界融合注入活力。四要加快落实区块链共识机制应用,降低数字创意企业融资成本。区块链技术建立了一种"技术背书"的信任机制,能够在信用未知或信用薄弱的环境中形成可信任的纽带,节约信用形成所需的时间和成本。因此区块链技术的运用有利于解决数字创意企业的资信问题,在跨界融合中降低资产转移成本。要创新金融服务,设立数字创意金融机构,提供专业化的金融服务,开发适合数字创意产业特征的金融产品,并建立风险补偿机制,为数字创意产业的跨界融合提供保障。

三、 完善政府监管

(一)构建数字创意产业跨界融合监管体系

在数字创意产业跨界融合的监管方面,要注意放松规制与强化监管相结合。

一方面,政府放松规制,要求政府优化数字创意产业发展营商环境,主动适应经济变革,进一步放宽数字创意企业的市场准入条件、简化审批程序,深化适应新业态、新模式、新产业发展的商事制度改革,减少政府"看得见的手"对企业生产经营和投资活动等市场"看不见的手"的过多干预,各级政务服务中心应积极提升政务服务水平,转变政府职能、实施"一站式办理"服务模式,进行"最多跑一次"行政审批改革,简化数字创意企业的办事流程。通过放松政府规制,减少政府行政干预,给数字创意产业跨界融合"松绑",使数字创意产业跨界融合在程序上更加简化、方法上更加灵活,内容上更加多样化,从而有助于企业以市场为导向,充分发挥积极主动性,充分发挥市场的决定性作用,开创数字创意产业跨界融合的新局面。

另一方面,要强化监管,要求政府切实做到以下三点:一是要积极探索符合数字创意产业的监管方式,以数字创意产业的信用监管为中心,构建一套完善的数字创意产业的事前预防、事中事后监管体系;二是要加强市场监管,建立健全数字创意文化市场警示名单、黑名单制度,改善行业管理规制,建立适应互联网传播和用户创造内容趋势的内容监管机制,对产品内容严格管控,建立和完善数字创意产品相关审核制度以提高整体质量,并严厉打击盗版,过滤不良低劣产品,打造数字创意企业信用监管体系;三是要适当引导数字创意产品发展方向,加强企业社会责任意识建设,保障数字创意产业跨界融合更好地发展。

（二）培育数字创意消费需求推动跨界融合发展

培养消费者对于数字创意产品的消费需求,构建稳固而强大的数字创意市场,对数字创意产业的跨界融合发展具有重要意义。一是提高消费者对数字创意产品与服务的良好消费体验,通过完善数字创意产业消费领域基础设施、丰富消费载体来提升消费体验,促进消费形式的多元化演变,推动数字创意产业的跨界融合发展;二是应加大数字创意产业跨界融合的宣传力度,发挥政府对舆论的引导作用,使数字创意消费这一理念深入人心,增加人民群众的讨论度和参与度,满足人民日益追求美好精神生活的需要;三是注重数字创意产业的消费者权益保护,对行业存在的虚假宣传、实物不符等行为进行惩治,切实保护数字创意产业的消费者权益,创造良好的消费环境,提高消费者的满意度,推动数字创意产业跨界融合发展。

（三）强化对数字创意产业跨界融合的知识产权保护

知识产权保护体系对数字创意产业跨界融合发展尤为重要。首先,政府要履行好科学立法的职能,即在国家知识产权保护法律制度下,在遵循上位法的前提下,履行政府的关于数字创意产业跨界融合的知识产权保护的行政立法职能与政策制定职能,在政府决策层面保障在数字创意产业跨界融合方面的依法决策、科学决策与民主决策。其次,政府要履行好严格执法的职能,这一部分的职能是政府在数字创意产业跨界融合的知识产权保护中最主要的职能,政府要做到"有法必依、违法必究",积极倡导尊重知识产权保护的企业的跨界融合活动,对于在数字创意产业跨界融合中对知识产权的违法与侵犯行为应当予以严厉惩罚,该追究责任的坚决追责,为数字创意产业跨界融合的知识产权保护创造一个良法善治的优良营商环境。

四、 促进国际化价值分工

（一）建设合作共享的数创平台

数字创意产业发展的载体是数字创意企业，在国家大的发展战略下，政府应该建设数字创意企业公共服务平台，从信息交流服务、品牌推广服务、市场营销服务、人力资源管理服务与创业孵化服务等方面为数字创意企业提供合作和交流的平台。国内方面，应尽快建立政府管理部门公共服务平台，为数字创意企业提供市场监测服务，并鼓励研究机构为政府管理部门提供人才、资金等政策方面的研究和咨询服务；建立数字创意产业投资人公共服务平台，吸引大量社会资本注入数字创意企业，进一步提供数字创意企业跨界融合的资金保障；建立数字创意产业消费者公共服务平台，为消费者提供全面且优质的服务。国际方面，积极推动数字创意企业国际平台的搭建与共享，促进数字创意产业的资源和要素在国际间流通共生，促进全球范围内的数字创意产业的跨界融合发展。

（二）对标全球化的国际化战略

政府应该配合国家对外发展战略、全球发展战略推出数字创意产业对外发展战略，借助国际化战略实现数字创意产业跨国发展、跨文化发展与跨界融合发展。对标"一带一路"倡议、亚洲文明对话大会等国家对外发展战略，克服我国全球发展战略中的文化短板。建立"一带一路"沿线国家数字创意产业联盟、打造"一带一路"沿线国家数字创意 IP 智库，充分利用国内国外市场和资源，积极推进数字创意企业与"一带一路"沿线国家开展国际交流和合作，加强培育带有中国特色且具有国际竞争力的数字创意企业和产品等本土品牌。在本土品牌培育方面应当注意：一要充分依托特色文化资源，打造具有自主知识产权的数字创意优势品牌；二要保护本土化数字创意品牌的成长，在外来品牌的压制下，为本地品牌的发展留有一定的空间；三要积极探求本土品牌的跨界能力，在数字创意产业与国内外各行各业的跨界融合过程中，加强品质控制，打响品牌知名度，并向全世界数字创意领域输出成功的数字创意产业跨界融合的中国模式。

（三）打造具有产业竞争力的全球价值链

美国等西方发达国家凭借其各类资源优势在传统行业全球价值链中长期占据高附加值的主导地位，而中国在嵌入传统行业全球价值链过程中一直处于劣势地位，生产规模虽大，但价值分配极低。中国应当抓住数字创意产业跨界融合的发展机遇，充分利用数字创意产业全球价值链极强的衍生效应、共享效应、嫁接效应和外溢效应，发挥中国品牌输出的重要示范作用，注重中国文化的输出。政府需要打造一套对外文化交流、营销的道路，对数字创意企业实行灵活、宽松的外贸政策，放宽产品出口审批权，以数字化的形式把中国文化的元素和内容传播出去，更好地讲好"中国故事"；数字创意企业需要通过并购等形式快速走向国际化，促进国际合作，形成强大的影响力，加强海外跨界融合，将中国文化融入外国产业之中，推动数字创意产业的跨界融合，带来高竞争力和高附加值。通过建立数字创意产业全球价值链重构的理论范式和新型战略模式，在新时代的国际分工中，努力打造中国在数字创意产业全球价值链中的主导地位，掌握新兴产业背景下的主动权，提高中国的国际地位和数字创意产业竞争力。

第三节　市场层面：重视企业主体作用

企业既是社会主义市场经济的重要主体，也是数字创意产业跨界融合的先行者。从我国现有的数字创意企业的跨界融合模式来看，如光线传媒、中文传媒与中南传媒等企业的跨门类主动融合模式；欢聚时代的跨门类互动融合模式;新东方、中文在线的跨要素主动融合模式;风语筑的跨行业主动融合模式;鹿港文化的跨行业被动融合模式;腾讯与网易的跨地域主动融合模式以及华强方特的跨文化主动融合模式等,体现了这种"既跨且融"的特点。为了推动数字创意企业跨界融合的"星星之火"化成数字创意产业跨界融合的"燎原之势",企业也大有可为,应优化自身资源配置,将更多资源投入到高知识性、高附加值的产业链中,并深度挖掘消费需求,在新资本的驱动和新技术的推动下重塑商业形态,将自身核心竞争力与新的市场需求有效嫁接,塑造数字创意产业跨界融合发展的新模式和新业态。具体来说,应注意做到以下几个方面:

一、 重视主体培育

(一)加强数字创意企业的创新培育

培育一批自主创新能力强的主体,一要推进产学研用一体化,支持拥有创新成果的大学生、科研人员开展自主创业活动,形成一套能够实现互惠共赢、共同发展的合作驱动机制,为推进产学研用创新关系的深化和发展提供动力;二要重点培育一批创新型数字创意龙头企业,掌握核心技术,支持骨干企业创建国家创新型试点示范企业,奋力参与国际标准的制定,争取更多的话语权;三要建立创新补偿机制,保护数字创意企业开展跨界创新活动的积极性,并给予先行先试政策,包括建立数字创意产业及关联产业的项目立项及项目审批绿色通道、推进"证照分离"改革和"零见面"登记,以及建立数字创意产园区的便利措施等。

(二)发挥数字创意企业跨界协作的重要推动作用

一方面,数字创意企业应主动寻求广泛化的跨界融合。数字创意产业的跨界融合强调以创意为龙头,以内容、渠道、媒体与需求等为关键战略环节,大力开发一系列衍生产品和服务。如源自美国的电影衍生品概念,就是指票房之外的下游产品,包括音像制品、主题公园、电子游戏、纪念品、图书和服饰等,这些衍生品可以在相当长的一段时间里持续创造源源不断的收益。纵向来说,我国要有效提升包括创作、制造、销售、服务与关联产品的开发,加强数字创意企业的经营管理能力。横向来看,数字创意产业要主动探求与其他产业的共通点,提升横向协同能力,在产业之间实现跨界融合,推进数字创意产业与其他产业的共同创新发展。

另一方面,要鼓励数字创意企业多样化的模式创新。价值创造是商业模式的核心要义,如韩国、芬兰等国家十分注重商业模式的调整与开发,使得人与企业的价值得到共同提升,对数字创意产业的结构升级也具有重大的推进作用,实现电子竞技职业化与在线教育共享化,成为历史性的创举。我国如何在激烈的市场竞争中取得优势,还需要加强商业模式的创新和管理:以用户需求为导向,紧跟时代发展特征,注重个性化、多元化的产品与服务模式创新;以优势能力为核心,利用业务外包,注重组织间的分工协作,发挥成本效应;以持续发展为要求,科学研判市场走向,不断调试和改革,通过数字创意产业的跨界融合,以模式创新强化用户价值体验。

(三)增强数字创意优势企业的辐射带动能力

数字产业园和数字产业基地等的建设为企业跨界融合提供了很大的便利,然而目前许多行业仍存在产业集聚不足等问题,限制了数字创意企业的跨界融合活动。一要加强梯度培育,分门别类建立成熟型、成长型与种子型后备数字创意企业库,形成分类推进、梯次发展与动态管理的创新主体培育新格局;二要扩大辐射范围,逐步带动数字创意中小企业的发展和集聚,提高数字创意产业集聚水平,充分发挥集群效应,推进数字创意型中小微企业数量和质量双提升;三要做好经验推广,及时总结报送典型经验和做法,加强宣传报道,积极举办经验交流会和现场观摩会等,强化数字创意企业典型带动,形成示范效应,加强跨界融合先进经验、典型做法的推广应用。

（四）发挥数字创意产业链条和网络结构的优势

构建复合型的数字创意产业链，是价值增值的重要方式。数字创意无边界的特征，能使产业链条往多个方向延伸发展。一要横向实现更多元的价值增值，推动多种衍生品开发，在衍生品延伸的领域中进一步扩大市场，提升知名度；二要在纵向链条上实现一体化整合，增强数字创意企业的经营管理能力，拓展业务范围，加强内容创意在整个链条上的影响力，创造更多的附加价值；三要学会利用网络位置的优势，增强数字创意企业的吸收学习能力，把握好知识溢出和技术溢出所带来的机遇，在产业集聚的生态圈中共同成长。

二、 提高企业质量

（一）提高数字创意产品质量

数字创意产品和服务质量水平的高低直接决定着消费者的购买意愿以及市场的需求程度。一要积极应对政府监管，增强企业自主创新能力，不生产假冒伪劣产品；二要鼓励优质 IP 产生，建立创新激励机制，加快企业对于优质 IP 的挖掘和培育，提高产品的附加值；三要适当引导数字创意产品发展方向，加强企业的社会责任意识建设，建设企业良好的信用体系；四要数字创意企业加大研发力度，注重研发质量，研究数字创意资源的发展规律，保持对市场的敏锐反应，构建完整的产业链并充分挖掘其价值，更好满足不同层次消费者的需求，提高数字创意产品与服务的质量，使数字创意产业跨界融合发展能够引领社会持续健康发展。

（二）加强数字创意企业在线付费服务

数字创意产业的快速发展离不开在线业务的方便快捷性。一方面，鼓励商业模式创新。鼓励企业将线下业务和线上业务进行有机结合,支持实体店通过互联网展示产品与提供服务,缩短数字创意企业和顾客的时空距离,可以降低消费者的信息获取成本、提高获取的信息质量,进而刺激消费欲望。另一方面,提供技术援助。对存在技术弱势的数字创意企业提供相关技术服务,通过加快大数据技术、云计算技术、区块链技术、人工智能技术、地理位置服务与生物信息识别等高新信息技术在线上付费业务的创新和应用,优化企业的在线业务流程、提高数字创意企业在线业务运营效率。

三、 推进内外部融合创新

(一)促进数字创意产业内部的有效融合

数字创意产业作为技术高度密集、创新异常活跃的产业领域,须依托要素禀赋发挥资源优势,为产业发展激发创新动力。数字创意产业内部行业之间关系紧密,应重视各子行业的相互支持性发展,有组织地使它们相互带动、齐头并进。一方面是各子行业基于共同的 IP、共同的技术、共同的业务或共同的市场进行跨门类深度融合,推动文化内容与技术等要素集聚创新,打造文化价值与现代科技高度融合的优秀文化品牌,培育新的商业生态,提供新供给,引领新消费;另一方面则要切忌盲目地"举一反三",在跨界融合过程中,需要特别注意每一行业的独特之处,不同行业对创意内核的展现方式不一,如果不精心研究转换,就会发生"张冠李戴"的现象。

(二)加强数字创意产业外部的广泛融合

数字创意产业的高附加值和无边界特征使其能够广泛参与其他产业发展过程,外部跨界融合是数字创意产业发展的必然趋势。一要促进数字创意产业与先进制造业、现代服务业等实体经济的深度融合,数字创意企业间要打破技术、人才与内容等方面的屏障,形成协同创新、多元共生的发展格局;二要加强数字创意在电子商务、社交网络等领域的应用,利用虚拟现实、社交电商与"粉丝"经济等新型模式来挖掘消费需求;三要强调数字创意产业与旅游业的深度融合,鼓励旅游领域的新模式、新业态;四要支持数字创意、数字技术在农业、教育、健康等其他领域的集成应用和融合发展。

(三)寻求数字创意及相关产业的模式创新

数字创意产业在内外部的融合过程中,不断催生新产品、新业态与新模式,创造新供给与新动力,实现数字创意产业创新发展。反过来,数字创意产业的模式创新,又能进一步促进产业的内外部跨界融合。一要在产业跨界融合过程中进行模式创新,寻求产品和服务在创新、传播与营销等方面的共通点,并不断进行调整,以适应市场需求;二要持续开拓进一步的模式创新和新的边界,使得数字创意产业跨界融合的深度和广度进一步扩大;三要优化创新环境,建设数字创意产业发展策源地,面向数字创意技术创新提升、数字内容创新发展等层面,研究和布局"文化+技术"的创新模式,并引领周边产业领域协调发展。

第四节 社会层面:厚植广泛性参与沃土

一、 培育公平法治保护产权的社会环境

(一)以社会主义核心价值观引领知识产权保护制度

如前所述,在国家与政府层面为数字创意产业的知识产权保护划定法律红线、建立健全知识产权保护机制至关重要。我国已经在法律制度层面为知识产权权益的保护提供了较强的法律依据,为企业在制定知识产权保护制度及规范上指明了方向。鉴于数字创意产业具有知识集聚的特点,没有知识产权法律制度的保障,数字创意企业就会因产权问题难以进行跨界融合,失去持

续创新的动力。数字创意产业涌现出大量的新型产品和新兴服务,急需扩大产权保护范围;数字创意产品更迭迅速,急需提高产权保护效率;数字创意产业面临着严重的侵权问题,由于违法成本不高,该现象难以肃清。因此,在社会层面做好数字创意产业的知识产权保护更带有根本性、长期性与广泛性。换句话说,健全知识产权保护制度,就要以社会主义核心价值观为引领,在全社会树立起保护知识产权的氛围与理念,构建集保护范围广、效率高与力度大的数字创意产业知识产权保护体系,为数字创意产业的跨界融合提供一个公平法治的社会土壤与环境。具言之,需要针对数字创意产业发展遇到的现实问题,尽快制定相关制度,采取多种措施,加强宣传力度,积极推进知识产权保护法律法规的贯彻落实。同时,在全社会形成保护知识产权的良好氛围,加大对侵权、盗版等违法行为的打击力度,保障自主创新者的基本利益,为我国数字创意产业的跨界融合营造一个规范、健康与有序的外部环境,指引我国按律付费、有序发展的消费方向。

(二)建立数字创意产业的社会信任机制

数字创意产业内外部通过多种形式跨界融合,数字创意各产业和企业之间会产生频繁的互动,社会信任的缺失会导致数字创意产业各主体间无法有效交流,造成绩效下降和资源浪费。因此,要建立跨界融合的社会信任机制,以推动数字创意产业跨界融合的资源共享和深度合作。一方面要建立社会交流平台,促进企业与其他社会主体增加联系和进行深度交流,充分、自由地表达诉求,从而实现各类资源的集聚、整合与联动创新,形成协同合作网络;另一方面要加强社会诚信文化建设,高度重视并认真做好社会诚信体系建设工作,利用教育宣传手段,强化人们的诚信精神与责任意识,以社会主义核心价值观引导人民群众,构建数字创意产业的社会信任机制,积极推动数字创意产业的跨界融合创新发展。

二、 加强社会各界主体的广泛参与

（一）建立全社会参与的知识产权保护机制

建立多种社会力量参与的知识产权保护平台，建立"政策引导、企业主体、社会参与"的运作机制。构建社会公众广泛参与的知识产权保护机制、强化知识产权保护的公众举报与奖励机制、构筑知识产权保护的新闻媒体监督机制、探索建立知识产权保护的公益诉讼制度、完善知识产权保护的网格化管理机制等。在数字创意产业发展中，政府政策引导方向，大型企业带动引领产业产权保护制度的完善，中小微企业在创新转化成果上发挥作用，消费者提高维权意识，不消费盗版产品，营造便利、公平的营商环境，使数字创意产业中各要素高效率流通，加强数字创意产业融合的深度和广度。

（二）掀起数字创意产业的社会创新热潮

数字创意产业跨界融合发展需要具备极强的创新意识与氛围的社会环境。因此，在国家与政府发展战略规划下，遵循新发展理念，在全社会继续大力培育和养成创新创业的精神与意识，继续鼓励与提倡大众创业、万众创新活动，继续推动文化产业大发展大繁荣，相关部门应依据科技水平和产业发展需要分析数字创意产业创新人才需求信息，积极制定数字创意人才计划，培养一批有内容创造力和技术运用力的数字创意人才；给予宽松的环境，维护人才的利益，营造包容多元的创新氛围；学习借鉴国外培训项目与内容，如美国的工业造型设计项目、意大利的公共艺术设计项目等；调整人才教育结构，重视对复合型人才、营销人才的培养，用社会大众的创新创业热情来推动数字创意产业的跨界融合发展。

三、　加固全社会创新基石

（一）加强创新型人才体系的配套建设

人才是数字创意产业发展的根本，要推进数字创意产业发展水平的持续提升，建立人才配套体系刻不容缓。数字创意产业"既跨且融"模式不仅能打破跨界的边界，还能通过不同行业、产业、区域与文化之间要素的共通点，实现资源的灵活配置，带动社会利益相关者利益的增长，打造完整的利益链条，充分发挥"既跨且融"模式主客体双赢的优势，提升跨界融合的社会效应。在人才培育方面，加快建立人才培育与产业发展联动机制，深化产教融合，如建立学科专业设置，在数字技术、创意战略等领域加强学科建设和专业性人才储备；推进职工技能提升和岗位转型工作，引导更多就业者有序跨界转岗就业；为创新人才培养提供制度保障和政策保障。在人才引进方面，推进高端人才引进工作，以数字创意产业跨界融合的重大项目为依托，引进并重点支持能够突破关键技术、推动创新发展的高层次人才；加大国际人才引进力度，搭建国际人才引进平台，建立海外人才特聘制度；建立健全柔性化人才引进政策，完善人才激励制度和配套服务政策。

（二）促进创新性知识技术研发转化

数字创意技术为数字创意产业的发展提供创新支撑，针对数字经济领域与实体领域加速融合的态势，应加强数字创意技术领域与应用场景和行业的紧密对接。在增强跨界研发创新方面，一要完善跨界创新体系，建立产业跨界融合发展研究中心、技术中心和公共服务中心，推动我国高新技术企业取得数字化创新和创意设计成果的重大突破；二要推进与数字创意产业发展紧密相关的重大技术研发，加强 VR、人工智能等数字技术在生产领域的应用；三要简化科研管理链条，完善研发服务、技术交易等配套服务，提高创新效率和效能。在提高科技成果转化率方面,一要建立科研与数字创意产业间有效的纽带关系,加快形成需求导向型科技创新模式,科研供给与市场需求相适应;二要健全科技成果转化与推广机制,完善国家财政资金资助的科技成果信息共享机制,完善国家财政政策的服务和引导,促进科技成果与市场有效对接;三要拓宽成果孵化渠道和方式,加强政产学研合作,构建多层次科技成果支撑平台体系,推进科技孵化器建设工作,鼓励社会各方资本设立创投基金,发挥政产学研优质资源的辐射带动和溢出效应,加快数字创意产业科技成果的孵化和转化。

(三)提升数字创意文化内容核心功能

文化内容是数字创意产业发展的源泉和动力,产业的可持续发展需借助传统文化的转化创新和数字内容的产生。

首先,以数字创意产业的创新为驱动。针对高新技术的研发与运用,给予投资、财税、准入许可、产品流通等方面的政策优惠,提高技术含量,增强核心竞争力;重点支持共通技术的研发与应用,打破技术和产业边界,以技术共通点推进数字创意产业的跨界融合创新发展,拓展产品与服务的边界;加强产学研用一体化建设,落实相关政策,使得技术成果实现效用价值。

其次,在传统文化创新性开发和创造性转化方面,一要着力创新优秀传统文化,赋予其新的时代内涵和现代表达形式。推动创意设计在传统文化领域的应用,开展"创意设计+传统文化"新模式,助力文创产品的开发;二要数字化转化,为传统文化"赋能"。利用 AR、VR 等数字艺术呈现技术,加快中华传统文化资源的数字化进程,为传统文化提供现代的数字化展现和解读,带动其重新广泛传播;三要推进中国传统文化与国际化的深度融合,优势互补,推陈出新,丰富创作风格和艺术形式的多元化。

最后,在促进优质原创内容产出方面,一要充分调动高层次人才的能动性,依托优势文化内容和创意资源,使之形成创意生产能力;二要增强互联网、数字技术、人工智能等高科技形态与优质文化内容的融合渗透,把"有意义"的故事变成"有意思"的产品,重点鼓励数字创意产业的技术创新和内容创新,实现技术创新和内容创新两者并驾齐驱式发展;三要加大原创内容的扶持力度,推动文学、影视与游戏等多个内容价值链领域加快布局,推动数字创意企业进行跨地域和跨文化合作,注重内容产出,并鼓励本土游戏、动漫向其他国家地区输出,提升数字内容的国际竞争力。

参 考 文 献

中 文 文 献

埃弗雷特·罗杰斯：《创新的扩散》（第五版），电子工业出版社 2016 年版。

安老板、麻酱：《文化自信下的中国主题乐园》，《现代青年》2018 年第 11 期。

白国庆、许立勇：《大遗址的数字传播与城市文化空间拓展》，《深圳大学学报（人文社会科学版）》2016 年第 2 期。

陈宪：《论产业跨界融合对服务经济的影响》，《科学发展》2010 年第 7 期。

陈宪、韩太祥：《文化要素与经济增长》，《经济理论与经济管理》2008 年第 9 期。

陈颐：《跨界融合与跨界治理：论"一带一路"战略下两岸产业合作创新》，《福建论坛（人文社会科学版）》2016 年第 2 期。

陈接峰：《着力发展安徽数字创意产业》，《安徽日报》2018 年 7 月 10 日第 6 版。

陈柳钦：《技术创新、技术融合与产业融合》，《云南科技管理》2007 年第 6 期。

陈美华：《全媒体视域下的区域出版产业竞争力评价与提升研究》，博士学位论文，南昌大学，2018 年。

陈少峰、李源：《文化产业的产业变动与商业模式创新》，《北京联合大学学报（人文社会科学版）》2017 年第 2 期。

曾岚婷、林文：《"互联网+"形势下两岸产业跨界融合相关问题分析》，《海峡科学》2017 年第 5 期。

程晓丽、祝亚雯：《安徽省旅游产业与文化产业融合发展研究》，《经济地理》2012 年第 9 期。

但红燕、徐武明：《旅游产业与文化产业融合动因及其效应分析——以四川为例》，《生态经济》2015 年第 7 期。

戴鹏：《A 公司电子书产品营销策略研究》，硕士学位论文，北京理工大学，2016 年。

邓安球：《文化产业发展理论研究》，博士学位论文，江西财经大学，2009 年。

丁柏铨：《媒介融合：概念、动因及利弊》，《南京社会科学》2011 年第 11 期。

方付建：《新技术应用的社会效应研究——以打车软件为例》，《科技管理研究》2015 年第 11 期。

方世敏、王海艳：《基于系统论的农业与旅游产业融合：一种粘性的观点》，《经济地理》2018 年第 12 期。

房子微：《光线传媒并购新丽传媒中的高估值问题研究》，硕士学位论文，辽宁大学，2018 年。

冯超：《文化产业与旅游产业融合度研究——以西安为例》，硕士学位论文，西安外国语大学，2014 年。

冯燕：《占比规上两成：河北战略新兴产业驶上快车道》，《中国经济导报》2019 年 3 月 15 日第 2 版。

冯秀丽、郑书清、齐方圆：《京津冀协同发展背景下的区域文化资源开发利用与有效整合对策研究》，《科技风》2015 年第 19 期。

傅才武、江海全：《文化创意产业在"两型社会"建设中的功能作用与价值定位》，《中国地质大学学报（社会科学版）》2009 年第 4 期。

高煜、刘志彪：《我国产业结构演进特征及现实问题：1978～2006》，《改革》2008 年第 1 期。

高智、鲁志国：《产业融合对装备制造业创新效率的影响——基于装备制造业与高技术服务业融合发展的视角》，《当代经济研究》2019 年第 8 期。

高黛云：《互联网情境下网络文学 IP 运营分析》，《西部学刊》2019 年第 9 期。

高诗晗：《区块链在文化产业的应用及发展建议》，《中国市场》2018 年第 14 期。

龚雪：《零售业融合发展的内在机理研究》，《中国商贸》2014 年第 33 期。

龚雪：《零售商与制造商的动态战略联盟》，《企业管理》2015 年第 2 期。

顾强、董瑞青：《我国战略性新兴产业研究现状述评》，《经济社会体制比较》2013 年第 3 期。

韩若冰：《数字文化创意与动漫文化产业的生态化发展》，《济南大学学报（社会科学版）》2018 年第 4 期。

何卫华、熊正德：《数字创意产业的跨界融合：内外动因与作用机制》，《湖南社会科学》2019 年第 6 期。

贺正楚、吴艳、张蜜等：《我国生产服务业与战略性新兴产业融合问题研究》，《管理世界》2012 年第 12 期。

洪振挺：《文化创意产业与相关产业融合发展的机理研究》，《中国市场》2016 年第 26 期。

侯兵、周晓倩：《长三角地区文化产业与旅游产业融合态势测度与评价》，《经济地理》2015 年第 11 期。

胡慧芳：《战略性新兴产业的内涵、属性与新思维》，《东南学术》2014 年第 5 期。

胡永佳：《产业融合的经济学分析》，博士学位论文，中共中央党校，2007 年。

胡宇辰：《产业集群效应的经济学分析》，《当代财经》2004 年第 11 期。

花建：《文化产业集聚发展对新型城市化的贡献》，《上海财经大学学报》2012 年第 2 期。

花建：《文化创意产业与相关产业融合发展的四大路径》，《上海财经大学学报》2014 年第 4 期。

华正伟：《我国创意产业集群与区域经济发展研究》，博士学位论文，东北师范大学，2012 年。

黄晓华：《湖北文化产业蓝皮书：湖北文化产业发展报告（2018）》，社会科学文献出版社 2018 年版。

黄润中：《紧紧抓住数字化新机遇，阔步迈向银行转型发展新时代》，《中国银行业》2018 年第 2 期。

李彪、王永祺：《2017 年媒介融合趋势：从单向度融合到多层次融合》，《出版广角》2018 年第 3 期。

李锋、陈太政、辛欣：《旅游产业融合与旅游产业结构演化关系研究——以西安旅游产业为例》，《旅游学刊》2013 年第 1 期。

李君：《艺术品产业与新兴文化产业的跨界融合发展问题研究》，《山西财经大学学报》2016 年第 S1 期。

李璐：《信息资源产业与文化产业融合的实证分析——基于中国上市公司 1997 年—2012 年数据》，《情报科学》2016 年第 3 期。

李楠、乔榛：《国有企业改制政策效果的实证分析——基于双重差分模型的估计》，《数量经济技术经济研究》2010 年第 2 期。

李炎、胡洪斌：《中国区域文化产业发展报告（2016—2018）》，社会科学文献出版社 2018 年版。

李百兴、王博、卿小权:《企业社会责任履行、媒体监督与财务绩效研究——基于 A 股重污染行业的经验数据》,《会计研究》2018 年第 7 期。

李凤亮、宗祖盼:《科技背景下文化产业业态裂变与跨界融合》,《学术研究》2015 年第 1 期。

李凤亮、宗祖盼:《中国文化产业发展:趋势与对策》,《同济大学学报(社会科学版)》2015 年第 1 期。

李凤亮、宗祖盼:《跨界融合:文化产业的创新发展之路》,《天津社会科学》2015 年第 3 期。

李凤亮、宗祖盼:《文化与科技融合创新:模式与类型》,《山东大学学报(哲学社会科学版)》2016 年第 1 期。

李凤亮、宗祖盼:《经济新常态背景下文化业态创新战略》,《北京大学学报(哲学社会科学版)》2017 年第 1 期。

李美云:《广东市场中介服务业的产业关联特点及发展思考》,《经济地理》2004 年第 5 期。

李少多:《互联网背景下印刷制造业与文化创意产业的跨界融合研究》,《新闻爱好者》2017 年第 3 期。

李文莲、夏健明:《基于"大数据"的商业模式创新》,《中国工业经济》2013 年第 5 期。

黎文靖、郑曼妮:《实质性创新还是策略性创新?——宏观产业政策对微观企业创新的影响》,《经济研究》2016 年第 4 期。

厉无畏:《产业融合与产业创新》,《上海管理科学》2002 年第 4 期。

厉无畏、王慧敏:《产业发展的趋势研判与理性思考》,《中国工业经济》2002 年第 4 期。

连远强:《供给侧跨界耦合视角下产业创新发展研究》,《科技进步与对策》2016 年第 20 期。

练红霞:《岭南文化在建筑空间中的运用》,《科技创新与应用》2013 年第 3 期。

梁伟军:《农业与相关产业融合发展研究》,博士学位论文,华中农业大学,2010 年。

梁伟军、易法海:《农业与生物产业技术融合发展的实证研究——基于上市公司的授予专利分析》,《生态经济》2009 年第 11 期。

梁学成:《丝绸之路经济带:旅游业先行发展路径与对策研究》,中国经济出版社 2015 年版。

刘柏、王馨竹:《"营改增"对现代服务业企业的财务效应——基于双重差分模型的检验》,《会计研究》2017 年第 10 期。

刘澄、顾强、董瑞青:《产业政策在战略性新兴产业发展中的作用》,《经济社会体制比较》2011 年第 1 期。

刘婕、谭华芳:《旅游与房地产业的关联融合度研究》,《经济体制改革》2011 年第 2 期。

刘仁:《数字创意:经济新动力遭遇侵权盗版之痛》,《中国知识产权报》2016 年 10 月 14 日第 9 版。

刘枭:《大数据技术对文化创意产业的颠覆和创新——两岸创意经济研究报告（2017）》,厦门理工学院文化产业与旅游学院,2017 年。

刘鑫、武兰芬:《面向专利技术融合的 3D 打印产业化路径选择研究》,《科技进步与对策》2017 年第 22 期。

刘洪昌:《中国战略性新兴产业的选择原则及培育政策取向研究》,《科学学与科学技术管理》2011 年第 3 期。

刘凌瑜:《以"文化+5"模式促进长沙文化产业跨界融合发展》,《现代商贸工业》2018 年第 35 期。

刘明宇、芮明杰、姚凯:《生产性服务价值链嵌入与制造业升级的协同演进关系研究》,《中国工业经济》2010 年第 8 期。

刘祥恒:《中国旅游产业融合度实证研究》,《当代经济管理》2016 年第 3 期。

刘维维:《媒体融合的内涵、趋势及其对传统媒体的价值分析》,《出版广角》2017 年第 9 期。

刘祥恒:《旅游产业融合机制与融合度研究》,博士学位论文,云南大学,2016 年。

刘晓东:《基于价值增长机制的文化创意产品价值共创研究》,博士学位论文,东华大学,2017 年。

刘晓明:《产业融合视域下我国体育旅游产业的发展研究》,《经济地理》2014 年第 5 期。

刘彦缨:《京津冀产业协同发展路径分析研究》,硕士学位论文,天津理工大学,2018 年。

刘玉堂、周学新:《从边缘到主流:游戏产业在中国文化产业界的角色转换——以电影《魔兽》风靡和电竞加入亚运为例》,《中国文化产业评论》2019 年第 1 期。

柳旭波:《产业融合对产业结构理论的新发展》,《长白学刊》2006 年第 2 期。

陆国庆:《中国中小板上市公司产业创新的绩效研究》,《经济研究》2011 年第

2 期。

路红艳:《基于跨界融合视角的流通业创新发展模式》,《中国流通经济》2017 年第 4 期。

吕涛、聂锐:《产业联动的内涵理论依据及表现形式》,《工业技术经济》2007 年第 5 期。

吕洁华、刘艳迪、张滨:《林业产业融合度测算及其影响因素分析——以黑龙江省国有林区为例》,《林业经济》2018 年第 5 期。

罗珉、李亮宇:《互联网时代的商业模式创新:价值创造视角》,《中国工业经济》2015 年第 1 期。

罗小龙、沈建法:《跨界的城市增长——以江阴经济开发区靖江园区为例》,《地理学报》2006 年第 4 期。

罗月江:《互联网产业与传统零售业产业融合度测算及影响因素分析》,硕士学位论文,华南理工大学,2014 年。

蒋肖斌:《敦煌会是下一个世界性超级 IP 吗》,《中国青年报》2018 年 1 月 16 日。

马健:《产业融合理论研究评述》,《经济学动态》2002 年第 5 期。

马健:《产业融合论》,南京大学出版社 2006 年版。

梅一:《跨界融合:互联网+背景下传统工艺产业的突围之道》,《邯郸学院学报》2016 年第 1 期。

潘道远、李凤亮:《区块链与文化产业——数字经济的新实践趋势》,《文化产业研究》2019 年第 1 期。

彭强:《对互联网跨界融合知识产权保护的若干研究》,《电子知识产权》2014 年第 12 期。

彭春丽、黄朝峰:《战略性新兴产业军民融合式发展的产业融合分析——以核能产业为例》,《科技进步与对策》2014 年第 22 期。

齐亚伟、刘丹:《信息产业发展促进区域产业结构合理化的灰色关联分析》,《经济经纬》2014 年第 4 期。

乔玢:《跨界融合,既要"跨"更要"融"》,《出版参考》2015 年第 11 期。

覃子夏、储星星:《中国文化产业跨所有制兼并重组可行路径分析》,《现代商业》2014 年第 26 期。

单元媛、罗威:《产业融合对产业结构优化升级效应的实证研究——以电子信息业与制造业技术融合为例》,《企业经济》2013 年第 8 期。

单元媛、赵玉林:《国外产业融合若干理论问题研究进展》,《经济评论》2012 年第

5 期。

邵云飞、党雁、思梦:《跨界创新在突破性技术创新模糊前端的作用机制》,《科技进步与对策》2018 年第 22 期。

沈建法:《城市跨界发展与融合——港深案例研究》,《城市规划》2013 年第 6 期。

沈杰群:《网络文学行业好"年轻",95 后用户和作家占比激增》,《中国青年报》2019 年 3 月 22 日。

沈蕾、靳礼伟:《我国科技服务业与制造业技术融合对产业结构升级的影响》,《科技进步与对策》2015 年第 8 期。

宋朝丽:《跨界融合背景下出版文创的产业布局思考》,《出版广角》2017 年第 22 期。

宋红坤:《信息技术驱动的新兴产业形成机制研究》,硕士学位论文,复旦大学,2009 年。

史美娟:《暴风科技回归 A 股案例研究》,硕士学位论文,新疆财经大学,2018 年。

宋河发、万劲波、任中保:《我国战略性新兴产业内涵特征、产业选择与发展政策研究》,《科技促进发展》2010 年第 9 期。

苏海燕:《山东产业跨界融合对服务业的影响》,《合作经济与科技》2018 年第 4 期。

汤洪俊、朱宗友:《农村一二三产业融合发展的若干思考》,《宏观经济管理》2017 年第 8 期。

汤文仙:《技术融合的理论内涵研究》,《科学管理研究》2006 年第 4 期。

唐德森:《科业变革和互联网渗透下的产业融合》,《科研管理》2015 年第 S1 期。

唐运舒、冯南平、高登榜:《要素转移与聚集融合发展的机理与路径分析》,《当代经济管理》2013 年第 3 期。

陶文杰、金占明:《企业社会责任信息披露、媒体关注度与企业财务绩效关系研究》,《管理学报》2012 年第 8 期。

滕东晖、万新明、高俊光等:《用户需求+跨界知识,打造突破性创新产品——HOPE 平台的跨界融合》,《清华管理评论》2019 年第 Z1 期。

田涛:《传统市场与网络市场跨界融合研究》,《互联网天地》2014 年第 5 期。

田韵含、尹佳奇:《新东方与好未来对比分析》,《现代经济信息》2018 年第 24 期。

涂静:《产业融合的经济学分析》,《现代管理科学》2017 年第 8 期。

汪芳、潘毛毛:《产业融合、绩效提升与制造业成长——基于 1998—2011 年面板数据的实证》,《科学学研究》2015 年第 4 期。

王博、张刚:《中国数字创意产业发展研究——基于产业链视角》,《中国物价》2018 年第 3 期。

王卉、胡娟:《跨界整合:互联网环境下传统内容企业转型升级的路径选择》,《中国出版》2016 年第 19 期。

王兰:《跨界融合塑造共赢新生态》,《汽车观察》2018 年第 12 期。

王琦、吴冲:《企业社会责任财务效应动态性实证分析——基于生命周期理论》,《中国管理科学》2013 年第 S2 期。

王洋:《2018 年文化产业保持平稳增长》,《光明日报》2019 年 2 月 13 日。

王盈、罗小龙、许骁等:《双子城跨界融合研究——杭州临平与嘉兴海宁跨界发展的实证研究》,《经济地理》2015 年第 8 期。

王发明:《互补性资产、产业链整合与创意产业集群——以动漫产业为例》,《中国软科学》2009 年第 5 期。

王海妹、吕晓静、林晚发:《外资参股和高管、机构持股对企业社会责任的影响——基于中国 A 股上市公司的实证研究》,《会计研究》2014 年第 8 期。

王洪海:《基于投入产出表的山东省服务业内部跨界融合发展分析》,《价值工程》2017 年第 28 期。

王建琼、侯婷婷:《社会责任对企业可持续发展影响的实证分析》,《科技进步与对策》2009 年第 18 期。

王建峰:《区域产业转移的综合协同效应研究》,博士学位论文,北京交通大学,2013 年。

王素莲、赵弈超:《R&D 投资、企业家冒险倾向与企业创新绩效——基于不同产权性质上市公司的实证研究》,《经济与管理》2018 年第 6 期。

王鑫静、程钰、王建事:《中国制造业与信息产业融合的绩效及影响因素研究》,《企业经济》2018 年第 9 期。

王新新:《战略性新兴产业发展规律及发展对策分析研究》,《科学管理研究》2011 年第 4 期。

王悠然:《中部城市创新驱动发展战略实施路径及成效对比分析——以武汉市和郑州市为例》,《创新科技》2018 年第 12 期。

王资博:《民族地区文化产业跨界融合发展的路径思考》,《贵州民族研究》2015 年第 10 期。

威廉姆森:《资本主义经济制度》,段毅才、王伟译,商务印书馆 2002 年版。

韦伯:《工业区位论》,商务印书馆 2010 年版。

温素彬、方苑:《企业社会责任与财务绩效关系的实证研究——利益相关者视角的面板数据分析》,《中国工业经济》2008 年第 10 期。

武娟、刘晓军、庞涛等:《虚拟现实现状综述和关键技术研究》,《广东通信技术》2016 年第 8 期。

吴雷:《高端装备制造业原始创新中技术投资模式选择研究》,《工业技术经济》2013 年第 7 期。

吴福象、朱蕾:《技术嵌入、产业融合与产业结构转换效应——基于北京与上海六大支柱产业数据的实证分析》,《上海经济研究》2011 年第 2 期。

夏朝羡:《区块链技术视角下网络版权保护问题研究》,《电子知识产权》2018 年第 11 期。

夏光富、刘应海:《数字创意产业的特征分析》,《当代传播》2010 年第 3 期。

夏家弯:《跨界行为、战略变革与组织绩效:资源整合能力的调节作用》,硕士学位论文,华南理工大学,2018 年。

夏毓婷:《服务业跨界融合的特征和形成机理》,《南通大学学报(社会科学版)》2016 年第 5 期。

肖志勇:《国内外产业融合的发展趋势》,《环球市场信息导报》2015 年第 49 期。

肖叶飞、刘祥平:《传媒产业融合的动因、路径与效应》,《现代传播(中国传媒大学学报)》2014 年第 1 期。

谢宏斌:《产业融合视域下文化创意产业发展的实现路径——基于科技与文化融合的视角》,《改革与战略》2012 年第 12 期。

解学芳、陈思函:《"5G+AI"技术群赋能数字文化产业:行业升维与高质量跃迁》,《出版广角》2021 年第 3 期。

解学芳、臧志彭:《人工智能在文化创意产业的科技创新能力》,《社会科学研究》2019 年第 1 期。

熊勇清、李世才:《战略性新兴产业与传统产业耦合发展的过程及作用机制探讨》,《科学学与科学技术管理》2010 年第 11 期。

徐思盈:《长沙文化产业发展现状与问题研究》,《西部论丛》2017 年第 11 期。

徐盈之、孙剑:《信息产业与制造业的融合——基于绩效分析的研究》,《中国工业经济》2009 年第 7 期。

徐咏虹:《广州蓝皮书:广州文化创意产业发展报告(2018)》,社会科学文献出版社 2018 年版。

徐咏虹:《广州蓝皮书:广州文化创意产业发展报告(2019)》,社会科学文献出版社 2019 年版。

薛晓东、谢梅:《数字传媒产业自组织运营模式研究》,《电子科技大学学报(社会科学版)》2007 年第 1 期。

颜维琦、曹继军:《三省一市,共绘长三角文化新图景》,《光明日报》2018 年 12 月 5 日第 8 版。

叶堂林、刘秉镰、张贵:《协同创新:京津冀经济转型突围的原动力》,《光明日报》2019 年 2 月 26 日第 7 版。

易耀秋:《江苏跨江联动开发对长三角区域经济发展格局的导向价值》,《现代经济探讨》2003 年第 9 期。

杨桦、任海:《我国体育发展新视野:整体思维下的跨界整合》,《北京体育大学学报》2014 年第 1 期。

杨成长:《产业跨界融合呈现五大趋势》,《中国证券报》2014 年 10 月 24 日第 A04 版。

杨建芳、龚六堂、张庆华:《人力资本形成及其对经济增长的影响——一个包含教育和健康投入的内生增长模型及其检验》,《管理世界》2006 年第 5 期。

余猛、吕斌、孙建欣:《都市圈中不同级别城市的跨界整合》,《城市规划学刊》2009 年第 3 期。

张冰、余可:《"互联网+"视域下体育与旅游产业融合策略研究》,《商业经济研究》2017 年第 4 期。

张菲:《新常态下京津冀文化创意产业协同发展的研究》,《人力资源管理》2017 年第 5 期。

张辉、岳燕祥:《全域旅游的理性思考》,《旅游学刊》2016 年第 9 期。

张曾芳、龙平:《论文化产业及其运作规律》,《中国社会科学》2002 年第 2 期。

张洪生:《虚拟现实技术与文化产业的发展》,《传媒》2016 年第 24 期。

张秀武、林春鸿:《产业集群内技术创新扩散的空间展开分析及启示》,《宏观经济研究》2014 年第 11 期。

张亚倩:《基于产业关联视角的江苏旅游产业融合实证研究》,硕士学位论文,扬州大学,2017 年。

张琰飞、朱海英:《西南地区文化产业与旅游产业耦合协调度实证研究》,《地域研究与开发》2013 年第 2 期。

张艳辉:《创意产业的融合功能研究:共生演化视角》,《社会科学》2015 年第 5 期。

赵玉林、李丫丫:《技术融合、竞争协同与新兴产业绩效提升——基于全球生物芯片产业的实证研究》，《科研管理》2017 年第 8 期。

赵玉林、汪美辰：《产业融合、产业集聚与区域产业竞争优势提升——基于湖北省先进制造业产业数据的实证分析》，《科技进步与对策》2016 年第 3 期。

郑刚、胡佳伟：《新东方的互联网转型与变革》，《清华管理评论》2018 年第 6 期。

郑明高：《产业融合趋势下的企业战略》，《中国流通经济》2010 年第 6 期。

郑添元：《人工智能与伦理法律问题的思考》，《商业经济》2018 年第 4 期。

郑自立：《文化科技融合助推文化产业高质量发展的机理与策略》，《当代经济管理》2019 年第 2 期。

周伟：《发现跨界营销的规律与模式》，《声屏世界·广告人》2015 年第 4 期。

周霞、王朝晖：《动漫文化视域下弘扬中国精神的研究》，《改革与开放》2019 年第 5 期。

周宇、惠宁：《试论产业融合的动因、类型及其对经济发展的影响》，《山西师大学报（社会科学版）》2014 年第 5 期。

周黎安、陈烨：《中国农村税费改革的政策效果：基于双重差分模型的估计》，《经济研究》2005 年第 8 期。

周荣庭、宋怡然、田红林：《2017 年度数字创意产业研究述评》，《中国社会科学报》2018 年 1 月 3 日。

朱磊、蔡礼辉：《两岸经济合作的新时代与新模式——以"两岸跨界融合新模式"共建现代化经济体系》，《亚太经济》2018 年第 1 期。

庄仲乔：《产融结合促进我国战略性新兴产业成长的理论与实证分析》，《人文杂志》2018 年第 11 期。

外 文 文 献

Alfonso Gambardella，Anita M. McGahan，"Business-Model Innovation：General purpose Technologies and Their Implications for Industry Structure"，*Long Range Planning*，Vol. 43，No. 2，2010，pp. 262-271.

Banker，R. D.，Charnes，A.，Cooper，W. W.，et al.，"Constrained Game Formulations and Interpretations for Data Envelopment Analysis"，*European Journal of Operational Research*，Vol. 40，No. 3，1989，pp. 299-308.

Bower，J. L.，"Not all M&As are Alike—and that Matters"，*Harvard Business Review*，

Vol.79,No.3,2001,pp.92-101.

Brusoni,S.,Geuna,A.,"An International Comparison of Sectoral Knowledge Bases:Persistence and Integration in the Pharmaceutical Industry",*Research Policy*,Vol.32,No.10,2003,pp.1897-1912.

Buursink,J.,"Becoming Twin Citizens in Minneapolis and St Paul:A Case of Territorial Integration",in Society of South African Geographers,*Contemporary City Structuring*,*Cape Town:IGU Commission on Urban Development and Urban Life*,1996,pp.78-92.

Cecilia Mark-Herbert,"Innovation of a New Product Category-functional Foods",*Technovation*,Vol.24,No.9,2004,pp.713-719.

Chesbrough,H.,Schwartz,K.,"Innovating Business Models with Co-development Partnerships",*Research Technology Management*,Vol.50,No.1,2007,pp.55-59.

Curran,C.S.,Bröring,S,Leker,J.,"Anticipating Converging Industries Using Publicly Available Data",*Technological Forecasting and Social Change*,Vol.77,No.3,2010,pp.385-395.

Doganova,L.,Eyquem-Renault,M.,"What Do Business Models Do?",*Research Policy*,Vol.38,No.10,2009,pp.1559-1570.

Felicia Fai,Nicholas von Tunzelmann,"Industry-specific Competencies and Converging Technological Systems:Evidence from Patents",*Structural Change and Economic Dynamics*,Vol.12,No.2,2001,pp.141-170.

Gambardella,A.,Torrisi,S.,"Does Technological Convergence Imply Convergence in Markets? Evidence from the Electronics Industry",*Research Policy*,Vol.27,No.5,1998,pp.445-463.

Gordon,R.,"The Meanings and Implications of Convergence",in Kevin Kawamoto (ed.),*Digital Journalism: Emerging Media and the Changing Horizons of Journalism*,Lanham,MD:Rowman & Littlefield Publishers,2003,pp.57-74.

Hacklin,F.,"Management of Convergence in Innovation:Strategies and Capabilities for Value Creation Beyond Blurring Industry Boundaries",*Springer Science & Business Media*,2007.

J.Rohlfs,"A Theory of Interdependent Demand for a Communications Service",*The Bell Journal of Economics and Management Science*,Vol.5,No.1,1974,pp.16-37.

Ke Rong, Yongjiang Shi, Jiang Yu, "Nurturing Business Ecosystems to Deal with Industry Uncertainties",*Industrial Management & Data Systems*,Vol.113,No.3,2013,pp.

385-402.

L. Rosenkopf, A. Nerkar, "Beyond Local Search: Boundary Spanning, Exploration, and Impactin the Optical Diskind Ustry", *Strategic Management Journal*, Vol.22, No.4, 2001, pp. 287-306.

Lang, G., "Time Konvergenz: Einige Überlegungen aus Volkswirtschaftlicher Sicht", Volkswirtschaftliche Diskussionsreihe, Institut für Volkswirtschaftslehre der Universität Augsburg, 2003.

Lind, J., "Ubiquitous Convergence: Market Redefinitions Generated by Technological Change and the Industry Life Cycle", in DRUID Academy Winter 2005 Conference, 2005, pp. 27-29.

M. Guadalupe, O. Kuzmina, C. Thomas, "Innovation and Foreign Ownership", *The American Economic Review*, Vol.102, No.7, 2012, pp.3594-3627.

Matti Karvonen, Matti Lehtovaara, TuomoKässi, "Build-up of Understanding of Technological Convergence: Evidence from Printed Intelligence Industry", *International Journal of Innovation and Technology Management*, Vol.9, No.3, 2012.

Michael Gort, Steven Klepper, "Time Paths in the Diffusion of Product Innovations", *The Economic Journal*, Vol.92, No.367, 1982, pp.630-653.

Moon-Soo Kim, Chulhyun Kim, "On a Patent Analysis Method for Technological Convergence", *Procedia-Social and Behavioral Sciences*, Vol.40, 2012, pp.657-663.

Nachison, A., "Good Business or Good Journalism? Lessons from the Bleeding Edge", in A presentation to the World Editors' Forum, Hong Kong, 2001, p.5.

Nathan Rosenberg, "Technological Change in the Machine Tool Industry, 1840-1910", *The Journal of Economic History*, Vol.23, No.4, 1963, pp.414-443.

Nicholas Garnham, "From Cultural to Creative Industries", *International Journal of Cultural Policy*, Vol.11, No.1, 2005, pp.15-29.

Pavitt, K., "Innovating Routines in the Business Firm: What Corporate Tasks Should They be Accomplishing?", *Industrial and Corporate Change*, Vol. 11, No. 1, 2002, pp. 117-133.

Pennings, J.M., Puranam, P., "Market Convergence & Firm Strategy: New Directions for Theory and Research", In ECIS Conference, The Future of Innovation Studies, Eindhoven, Netherlands, 2001, p.20.

Raymond Vernon, "International Investment and International Trade in the Product Cycle", *The Quarterly Journal of Economics*, Vol.80, No.2, 1966, pp.190-207.

Shen, J., "Not Quite a Twin City: Cross-boundary Integration in Hong Kong and Shenzhen", *Habitat International*, Vol.42, 2014, pp.138-146.

Wirtz, B.W., "Convergence Processes, Value Constellations and Integration Strategies in the Multimedia Business", *International Journal on Media Management*, Vol.1, No.1, 1999, pp.14-22.

网 络 文 献

艾瑞咨询研究院:《2018 年中国动漫行业研究报告》,见 http://www.199it.com/archives/808558.html。

蔡娟、徐海瑞、张必闻:《中南传媒连续 11 年进入"全国文化企业三十强",揭秘背后的战略密码》,红网,2019 年 5 月 18 日,见 https://hn.redne t.cn/content/2019/05/18/5522199.html。

工业和信息化部:《工业和信息化部关于印发大数据产业发展规划(2016—2020)的通知》,见 http://www.cac.gov.cn/2017-01/17/c_1120330820.htm。

工业和信息化部信息中心:《2018 中国泛娱乐产业白皮书》,见 https://www.useit.com.cn/thread-18323-1-1.html,2018-3-23。

《国务院关于印发"十三五"国家战略性新兴产业发展规划的通知》,见 http://www.gov.cn/zhengce/content/2016-12/19/content_5150090.htm,2016-12-19。

江西新华发行集团公司企业管理部:《图书市场监测报告(2017 年 5 月)》,见 https://max.book118.com/html/2019/0523/8063052116002024.shtm。

李春雨:《"十三五"期间四川将加快促进数字创意产业蓬勃发展》,四川新闻网,2017 年 2 月 17 日,见 http://news.eastday.com/eastday/13news/auto/news/society/20170217/u7ai6506610.html。

马卡:《网易宣布收购〈底特律〉开发商 Quantic Dream 部分股份》,IT 之家网,2019 年 1 月 29 日,见 https://www.ithome.com/0/407/799.htm。

前瞻产业研究院:《中国电影产业市场前瞻与投资战略规划分析报告》,见 https://bg.qianzhan.com/report/detail/316/130827-8d3572c5.html。

首都影视发展智库、首都广播电视节目制作业协会、清华大学影视传播研究中心等:《中国电视剧产业发展报告 2019》,见 http://www.sohu.com/a/303982428_505774。

四川文化创意产业研究院、中国人民大学创意产业技术研究院、文化品牌评测技术文化和旅游部重点实验室:《中国西部省市文化产业发展指数(2018)》,四川新闻网,2019年1月24日。

深圳中商情大数据股份有限公司:《2019年中国在线教育行业市场现状及未来发展前景预测》,见 https://baijiahao.baidu.com/s? id = 1636304513874914093&wfr = spider&for=pc。

腾讯电竞、超竞教育、电子竞技杂志:《2019年度中国电竞人才发展报告》,见 http://www.sohu.com/a/317571320_505663。

文化部文化产业司:《文化部关于推动数字创意产业创新发展的指导意见》,见 http://zwgk.mcprc.gov.cn/auto255/201704/t20170424_493319.html#,2017-4-11。

张江舟:《陕西成为我国人工智能技术发展重要引领地26个科研成果世界领先》,群众新闻网,2019年2月26日,见 http://www.sxdaily.com.cn/2019-02/26/content_1469210.html。

中国科技发展战略研究院:《中国区域科技创新评价报告2018》,中国经济网,2018年10月29日,见 http://www.ce.cn/。

中国信息通信研究院、华为公司、虚拟现实内容制作中心:《中国虚拟现实应用状况白皮书(2018)》,见 http://www.sohu.com/a/257226916_395737。

中国信息通信研究院:《中国数字经济发展白皮书(2021)》,中国新闻网,2021年4月26日,见 http://www.inpai.com.cn/news/new/20210426/96992.html。

中国音数协游戏工委(GPC)、伽马数据(CNG):《2018年中国游戏产业报告》,见 http://www.sohu.com/a/283483215_263856,2018。

中国音数协游戏工委、伽马数据、国际数据公司:《2015年中国游戏产业报告》,见 http://www.ce.cn/culture/whcyk/cysj/201601/18/t20160118_8350335.shtml。

周科:《千帆竞发浪潮涌,百舸争流正逢时——十八大以来我国文化产业发展成就综述》,中国共产党新闻网,2017年6月5日,见 http://cpc.people.com.cn/n1/2017/0605/c64387-29318229.html。

左志红:《中文传媒:为转型升级赋予新动能》,中国新闻出版广电报网,2019年4月17日,见 https://www.chinaxwcb.com/info/551955。

图 表 索 引

后　记

　　数字创意产业是我国新时代的战略性新兴产业之一。本人对战略性新兴产业的关注与研究始于 2009 年,2011 年我申报的"战略性新兴产业的金融支持效率研究"课题获得国家社会科学基金一般项目立项资助,其后,由本人担任负责人的"湖南大学战略性新兴产业发展研究中心"成立,本人带领课题组与研究中心成员,实行"两手抓"策略,一手抓"深入企业、政府与社会实际"进行调查研究,一手抓"认真研读该领域理论文献"进行创新性研究,不仅如期完成了国家社科基金项目研究预期目标,而且也促使本人坚定了继续在该领域研究下去的决心,也找到了进一步研究的视角与主题——我国数字创意产业的跨界融合研究,并于 2017 年获得国家社会科学基金一般项目资助。

　　本书是我主持完成的国家社会科学基金项目"我国数字创意产业跨界融合研究"(17BJY002)最终研究成果。全书的思想观点、研究设计、框架布局、主要章节、修改定稿等由我完成。湖南大学刘细良教授协助我参与了全书的修改与润色,她的细致认真,令全书清爽增色不少;我的访问学者张显春教授、何卫华副教授、左芊副教授、周艳红副教授,博士生熊一鹏、刘臻煊、姚柱等参与了课题研讨及书稿写作的讨论,他们的发言,给了我不少启发与灵感;我的硕士生杨雁婷、顾晓青、魏唯、王艺锦、李家沅、谭沁、李超楠、张晓阳、常贺娇、郭敬平等参与了实地调研、文献查阅、资料整理以及部分章节初稿的起草工作。在此,对所有参与者的辛勤工作表示衷心感谢!

感谢全国哲学社会科学工作办公室给予的课题研究资助!感谢课题结项匿名评审专家对我研究工作的认可与肯定,尤其感谢他们高屋建瓴地对书稿完善提出的宝贵建议!感谢人民出版社陈登老师为本书出版付出的心血!

感谢书中涉及的国内外学者,他们的论著给了我有益的启迪。

感谢所有关心我、帮助过我的人!

最后,尽管本书凝聚了本人与课题组成员的大量精力与心血,但是由于本人眼界、知识、能力的限制,书中缺憾与不足在所难免,敬请各位专家、学者、同人指正,谨致谢意! 吾当汲取精华,继续求索!

熊正德

2020 年 9 月于岳麓山下

责任编辑：徐嫒君
封面设计：石笑梦
版式设计：胡欣欣

图书在版编目（CIP）数据

我国数字创意产业跨界融合研究/熊正德 著. —北京：人民出版社,2021.11
ISBN 978－7－01－023785－5

Ⅰ.①我… Ⅱ.①熊… Ⅲ.①数字技术-应用-文化-产业-产业发展-研究-
中国 Ⅳ.①G124-39

中国版本图书馆 CIP 数据核字（2021）第 195577 号

我国数字创意产业跨界融合研究

WOGUO SHUZI CHUANGYI CHANYE KUAJIE RONGHE YANJIU

熊正德　著

人 民 出 版 社 出版发行
（100706 北京市东城区隆福寺街 99 号）

北京汇林印务有限公司印刷　新华书店经销

2021 年 11 月第 1 版　2021 年 11 月北京第 1 次印刷
开本：710 毫米×1000 毫米 1/16　印张：22
字数：302 千字

ISBN 978－7－01－023785－5　定价：65.00 元

邮购地址 100706　北京市东城区隆福寺街 99 号
人民东方图书销售中心　电话（010）65250042　65289539